格付機関の役割と民事責任論

Die Rolle und zivilrechtliche Haftung von Ratingagenturen

EU法・ドイツ法の基本的視座

久保寛展［著］
Kubo Hironobu

中央経済社

はしがき

格付は本書が対象とする企業や債券等の信用度を表すもの以外にも，さまざまな場面において見出される。
身近なところでは，一例として毎年発刊されるミシュランガイド上での星印（一つ星から三つ星）あるいは食べログによる星印の獲得数による飲食店の評価等は，一種のランキングとしての格付を意味するものであろう。このような一般的な場面でも使用される広い意味での格付は，その利用者側にとっては格付の客体の信用度がどの程度のものなのかをシンプルに認識・理解できることに利点がある。それゆえ飲食店の場合，そもそも当該飲食店の情報（単純にうまいのかまずいか，高いのか安いのかなど）に乏しい利用者にとっては，星印やランキングは非常に分かりやすい情報獲得のための指標として機能するであろう。

企業や債券等の場合でも，格付は個人投資家にとって重要である。とりわけ財務分析等の能力に乏しい個人投資家が格付に置く信頼は高いものがあり，むしろ格付を信頼せざるを得ない状況にあるのが通常であろう。しかしながら，それだけインパクトがある格付そのものに重大な欠陥があったような場合や格付の表明が適時に行われなかった場合，その結果として損害を被った投資家や債券等の発行者は，格付を表明した格付機関に対し何も請求できないのであろうか。
昨今の世界的な金融危機の発生は格付機関による格付もその一因としてあげられるが，金融危機はむしろこうした問題点を浮き彫りにしたことにも特徴がある。

それでは，そもそも格付機関は金融資本市場においてどのような役割を果たし，いったいどのような（民事）責任を負うのか。こうした根本的な疑問を少しでも解きほぐすために，EU 法やドイツ法を基本的視座に据え考察したのが本書である。その具体的内容は本文にゆずるが，金融資本市場での格付機関のゲートキーパーとしての役割はわが国でも非常に大きいことからすると，やはりこうした疑問を明らかにする意義は十分に存在するように思われる。

最後に，本書は（公益財団法人）日本証券奨学財団（Japan Securities Scholarship Foundation）の出版助成金を受けて刊行されたものである。この場を借りて，今回の出版助成に対して感謝申し上げる。

平成30年12月

福岡大学文系センター棟922研究室にて

久保　寛展

目　次

第５編　EU の主要構成国における格付機関に対する民事責任規制

第6編　格付機関に対する損害賠償の訴えと国際裁判管轄

第7編　格付機関の格付に対する信頼と金融機関の取締役の責任
―ドイツにおける経営判断原則との関係において―

〔初出一覧〕

第1編　序　　論

- 書き下ろし

第2編　格付機関の歴史的生成過程

- 「格付機関の歴史的生成過程」福岡大学法学論叢61巻3号575-612頁（2016年）

第3編　格付機関の役割と法的規制

- 「格付機関の役割と法的規制―EU法およびドイツ法の視座」福岡大学法学論叢62巻4号835-881頁（2018年）

第4編　EU法における格付機関の民事責任規制の法的根拠

第5編　EUの主要構成国における格付機関に対する民事責任規制

- 第4編および第5編：「EU法における格付機関の民事責任規制の法的根拠」同志社法学68巻1号305-359頁（2016年）および「投資家に対する格付機関の契約責任―ドイツにおける『第三者のための保護効を伴う契約』法理を基礎として―」同志社法学62巻6号477-515頁（2011年）

第6編　格付機関に対する損害賠償の訴えと国際裁判管轄

- 「格付機関に対する損害賠償の訴えの国際裁判管轄―EU法およびドイツ法の視点から」福岡大学法学論叢62巻3号529-557頁（2017年）

第7編　格付機関の格付に対する信頼と金融機関の取締役の責任

―ドイツにおける経営判断原則との関係において―

- 「格付機関の格付に対する信頼と金融機関の取締役の責任―ドイツにおける経営判断原則との関係について」早川勝＝正井章筰＝神作裕之＝高橋英治〔編〕『ドイツ会社法・資本市場法研究』（中央経済社・2016年）370-394頁

第8編　結　　語

- 書き下ろし

第1編

序　論

第1章
本書の出発点

本書は格付機関[(1)]に焦点を当て，その役割および民事責任の可能性を論じるものである。格付機関は金融資本市場（株式市場，債券市場，短期市場または信用デリバティブ市場等）のゲートキーパー[(2)]として市場に組み込まれ，周知のように現在，その存在意義はすでに確立したものになっている。市場経済も格付機関なしには十分に機能を発揮するのが困難になる可能性もある。その意味では，格付機関は金融資本市場において強力な存在意義を有することから，証券の発行者や証券自体のリスクを簡潔な符号または記号によって表す格付機関の格付は，市場に対して相当強いインパクトを与える。しかしながら，米国ではかつて10億ドル相当の高額な対価を伴う格付分析がわずか90分以内に作成さ

（1） 格付機関の「機関」から，あたかも公的機関を想起させ誤解されやすいことから，少なくともわが国では格付会社と呼ぶのが一般的である（三井秀範〔監〕＝野崎彰〔編〕『詳説：格付会社規制に関する制度』（商事法務・2011）２頁および３頁の注１）。しかし，英語では「Credit Rating Agencies」，ドイツ語では「Ratingagenturen」という用語が使用されている現状から，以下，本書でも「格付機関」という名称を使用することにする。もっとも，格付機関であれ，格付会社であれ，本書で厳密に区別しているわけではない。

（2） ゲートキーパーとは，投資者に対して「確認（verification）」および「認証（certification）」のサービスを提供する「評判の仲介機関（reputational intermediary）」であるとされる者をいい，会社の信用度を評価するサービスを提供する「格付機関」も含まれる（野田耕志「米国における証券市場のゲートキーパーの有効性」上智法学論集52巻１・２号47頁（2008），黒沼悦郎『金融商品取引法』（有斐閣・2016）190-191頁を参照）。もっとも，民間企業にすぎない格付機関に市場のゲートキーパー的な公的役割を期待するのはおかしいのではないかとの疑問も呈されているが（渡辺信一「格付会社は市場のゲートキーパーか？」資本市場321号33頁（2012），同「格付会社は市場のゲートキーパーか？―信用格付けの理論と現実」証券経済学会年報48号152頁（2013），高橋正彦「証券化と格付機関規制」証券経済学会年報48号152頁（2013）），本書では，民間による市場アクセスのコントロールという意味でゲートキーピングを理解し，かつ格付機関はこれを果たす者としてゲートキーパーを理解する。

れた事実[3]や，リーマン・ブラザーズが破綻に直面していたにもかかわらず，スタンダード・アンド・プアーズ（Standard & Poor's; 以下，S&Pとする）が「A＋」もしくは「A」の等級の格付を維持していた事実[4]，さらに，ドイツでは格付機関が年金生活者である個人投資家から3万ユーロの損害賠償を請求された事実[5]等が存在し，これらの事実から格付機関が厳しい非難を受けたのは記憶に新しい。格付機関は金融資本市場のゲートキーパー的役割を果たすにもかかわらず，なぜ当該状況が生じてしまったのか，また格付機関はこのような事実に対して投資家等に責任を負う余地はないのか，このような疑問が本書の出発点である。

（3） Sam Jones, When Junk Was Gold - Part 2, Fin. Times (London), Oct. 18, 2008, p. 16. "One analyst recalls rating a $ 1bn structured deal in 90 minutes".

（4） Berger/Stemper, Haftung von Ratingagenturen gegenüber Anlegern, WM 2010, S. 2289. 日本経済新聞2010年5月30日朝刊5面でも，リーマン・ブラザーズは破綻直前まで投資適格とされていたことが指摘される。

（5） OLG Frankfurt/M., Urteil vom 28.11.2011 - 21 U 23/11, AG 2012, S. 182 = BB 2012, S. 215 = RIW 2012, S. 249 = WM 2011, S. 2360 = ZIP 2012, S. 293.

第2章
本書の構成

本書は，全体の要約である第8編を除けば，7編から構成され，主要な内容は第2編以降である。第2編では，格付機関規制の基礎的研究として，格付機関の歴史的生成過程を扱う。最初に歴史的過程を取り上げたのは，金融資本市場への影響力が強い格付機関または格付に関して，法的規制に係る考察をより深く進めるならば，格付機関の生成にいたる歴史的背景も視野に入れる必要があると考えたからである。そこで，この過程を明らかにするため，まず格付機関の前身となるものは存在したのか，もし存在したのであればどのようにその前身が格付機関として生成されたのかを念頭に検討し，次に格付機関または格付がどのように拡大し，どのような批判が生まれたのかという視点からの考察を行う。

その際，便宜上，ジョン・ムーディー（John Moody）によってはじめて鉄道会社の株式・社債に格付された1909年を境として，大まかにそれ以前を第一期，それ以後を第二期として整理し，考察を進める。とりわけいつ格付機関の前身が登場したのかは，結論として1841年にニューヨークでルイス・タッパン（Lewis Tappan）によって設立された信用興信所（Kreditauskunfteien）にあったとされ，ここでは，個々の債務者の性格や財産状況の調査を担当する信用調査員（Kreditkorrespondenten）が独自のネットワークを通じて商人の信用度判定に重要な情報を収集し，収集された情報に基づく事実を関心あるビジネスパートナーや債権者に信用調査書（credit report）として有償で提供したことが判明する。とりわけこのような信用興信所に格付機関の萌芽を見出すことができる。この信用調査員には，エイブラハム・リンカーン（Abraham Lincoln）等，米国の元大統領も所属していたことは興味深い。

第3編では，第2編を受けて，格付機関の役割と法的規制を扱う。第3編の前半部分では，主として現在の格付機関が金融資本市場においてどのような役割を果たすのか，また格付機関による格付がどのような経済的意義を有するのかを中心に論じる。そこでは，格付機関の主要な役割として第一に，すべての市場参加者に対し非対称的な情報へのアクセスを可能にするということがあげられる。つまり，格付機関は，さまざまな金融商品に結合した信用リスクに関して統一的かつ簡明な情報（格付）を提供することで，投資家と企業（発行者）との間に発生する情報の非対称性の解消に寄与しうるということである。

この寄与は多数の新たな金融商品の複雑さが増せば増すほど妥当し，格付機関は投資家の情報コストを引き下げ，かつ金融商品の価格の透明性も改善させる。その場合，多数の小口投資家にとって信用リスクの詳細な分析はほとんど実用的ではなく，むしろ格付機関の格付による標準的で簡潔な信用度判定の方が，まさに事後の方向性を決める重要な要因になる。第二に，格付が金融資本市場における証券発行のチャンスを高める一種の証明書，または品質保証スタンプとしての経済的意義を果たすものであるということである。証券の潜在的発行者の側でも，特定の投資家層の関心を得るために潜在的投資家に対し，格付という客観性ある一定の内部情報を任意に提供することで情報の非対称性を引き下げることができる。このような「シグナリング」をもって，発行者は潜在的投資家に対し，債務者としての信用度や堅実さのシグナルを発することができる。この意味において，格付という「証明書」の付与も格付機関の役割の一つに数えられる。

次に，第３編の後半部分では，法的規制としての利益相反問題への対応と競争の促進を中心に論じる。本書が主要な対象とするEUでは，格付機関規制につき2009年の格付機関規則[6]と2011年の第一次変更規則[7]，さらに，2013年の第二次変更規則[8]が重要であるが，これらの規則の決定的な要素としてあげられるのが，①格付機関の公認機関としての登録手続，②登録された格付機関に係る行為ルール，ならびに③欧州証券市場監督局（European Securities and

（6） Verordnung (EG) Nr. 1060/2009 des Europäischen Parlaments und des Rates über Ratingagenturen vom 16. 9. 2009, ABl. EG Nr. L 302/1 vom 17.11.2009.

（7） Verordnung (EG) Nr. 513/2011 des Europäischen Parlaments und des Rates vom 11.5.2011 zur Änderung der Verordnung (EG) Nr. 1060/2009 über Ratingagenturen, ABl. EU Nr. L 145/30 vom 31.5.2011.

（8） Verordnung (EU) Nr. 462/2013 des Europäischen Parlaments und des Rates vom 21.5.2013 zur Änderung der Verordnung (EG) Nr. 1060/2009 über Ratingagenturen, ABl. EU Nr. L 146/1 vom 31.5.2013.

Markets Authority; ESMA）による格付機関の監督の3点である。このうち，②の行為ルールに関する重要な規制が，発行者支払モデルから生じる利益相反の回避または予防に係る措置であるので，利益相反規制を中心に論じる。EUの取締りでは，一例として再証券化商品（Wiederverbriefungen）に係る格付契約の場合において，格付機関に対し当該再証券化商品につき原則として4年を超えて格付を表明することが禁止されたほか（第二次変更規則6b条1項），これに関連してローテーションシステムや格付プロセスの透明性および客観性の増加，格付機関の独立性も指向されている。このような格付機関または格付に特有の規制に言及したい。

第4編では，第2編と第3編を受け，次の重要課題としての格付機関の民事責任論に移る。前述のように，金融危機の過程ではリーマン・ブラザーズが破綻に直面していたにもかかわらず，S&Pはリーマン・ブラザーズに「A＋」もしくは「A」の等級の格付を維持していた事実などが問題になった。それでも米国では，格付は裁判上そもそも憲法修正第一条の「言論の自由」によって保護されうるものと判断されてきた。格付機関は情報仲介者でもあり(9)，格付による情報の非対称性の解消によって，投資家等は前もって固有の情報を入手することなく合理的な投資決定を行うことができる。しかし，そのような役割は前述のような事実によって果たされることなく，格付機関の注意の程度が著しく欠如していたのではないかとの疑義を深めただけであった。そこで，実務でも格付機関への法的処置が喫緊に必要ではないかとの認識が広まり，EUでは2013年の第二次変更規則35a条の創設によってはじめて，格付機関の民事責任規制が設けられることになった。

現在ではこの明文規定に基づき，格付機関が故意または重大な過失により本規則に基づく付録III所定の行為義務に違反する場合，格付機関は不法行為責任として投資家および発行者に対し損害賠償義務を負わされることになる。本編では，この35a条の創設にいたる立法過程と35a条の具体的内容，とくにその責任成立要件と法律効果等に焦点を当て，今後の課題と展望を論じることにしたい。この背景で重要なのは，責任の根拠を判断する上で，格付を利用する投資家と格付機関との間に直接的な契約関係が存在しないことである。発行者と格付機関の間での契約関係に基づく場合（依頼格付）には，両者間の格付契

(9)　この観点は，とりわけLeyens, Informationsintermediäre des Kapitalmarkts, 2017, S. 3を参照。

約の存在から契約法ルールに基づく責任追及が考えられないわけではないが，投資家の場合はそもそも契約関係が存在しない。したがって，投資家は投資決定に際して格付機関の評価（格付）を信頼せざるをえない場合でも，契約関係の不存在のために投資家による格付機関の民事責任の追及に対して実際上の困難を伴ったのである。第二次変更規則35a 条の創設はその欠陥を埋める目的で，立法的解決を図ったことが重要である。

続いて第５編では，EU の主要構成国において格付機関に対する民事責任がどのように扱われているのかを論じる。その意味では，第４編の EU 規則上の民事責任規定と連続するが，ここでは構成国としてフランス，イギリス，ドイツおよびオーストリアを取り上げる。

前述のように，法的観点からすれば，とりわけ投資家と格付機関との間での直接的な契約関係の不存在が問題であるが，そうであるならば，格付機関の不法行為責任の追及可能性も考慮される必要がある。この可能性につき，フランス法ではすでに明文規定（通貨金融法 L. 544-5条）をもって，イギリス法では2013年のレギュレーションによって立法的解決が図られており，格付機関への不法行為責任追及の可能性が法律上認められているが，オーストリア法では学説によって主張される，いわゆる客観法上の注意義務（objektivrechtlicher Sorgfaltspflichten）違反の形で責任追及が可能にされる。他方，ドイツ法の場合には，いまだ立法的解決は図られておらず，契約法の解釈に基づく責任追及に重点が置かれているのが現状である。この現状は，ひとえに一般不法行為の成立範囲が狭いことに起因しているが，ドイツ法の学説ではこれを補うため，いわゆる「第三者のための保護効を伴う契約（Vertrag mit Schutzwirkung zu Gunsten Dritter)」法理を基礎に，格付機関の民事責任追及の可能性が論じられてきた経緯がある。

本編では，主としてドイツの判例・学説を中心に，その理論的検討を行うことに主眼を置く。一般的に不法行為責任だけでなく契約責任としての追及可能性も認められることは，通常，被害者救済の範囲を拡大する効果が認められる。格付機関も格付契約を媒介に，投資家が格付判定を通じて発行者との関係に接触してくることを容易に想定できることからすると，今後は格付機関のゲートキーパー的性質から，格付機関の民事責任が広く認められる傾向に向かうように思われる。もっとも本編では，EU の主要構成国を対象とするが，わが国でも名古屋高裁平成17年６月29日判決において格付機関の責任を論じた裁判例があることから，考察の流れのなかで一つの章を割り当て，この裁判例も扱っている。

第6編で扱うのは国際裁判管轄の問題である。契約責任であれ，不法行為責任であれ，投資家等が格付機関に対して損害賠償の訴えを提起する場合に避けられないのが国際裁判管轄である。たとえば，親会社のS&Pの所在地が米国にあることからすると，第4編で検討した第二次変更規則に基づき，ドイツの投資家がEU域内で格付機関の民事責任を追及する場合，当該親会社が国際裁判管轄を有するかどうかが問題になる。EUでは格付機関の民事責任は常に国境を超える問題を生じさせるため，第二次変更規則による民事責任が貫徹されるだけでなく，各構成国の法が問題である場合でも，当該構成国の不法行為責任（または契約関係上の第三者責任）に基づく追及の余地が残されなければならない。

しかし，人的にも空間的にも第二次変更規則の適用範囲はEU域内に制限されるほかなく，被害者（投資家または発行者）に対して直接に親会社に民事責任が及ぶ実効的な措置を検討する必要がある。現状では困難な側面があることは否定できないが，ただし，ドイツのフランクフルト上級地方裁判所2011年11月28日判決(10)では，外国の格付機関の主たる財産がドイツの裁判所の管轄区域内にあり，かつ当該訴えが十分な内国関連性を有する場合には，当該格付機関に対する投資家の損害賠償の訴えについて，ドイツの裁判所が土地管轄および国際裁判管轄を有すると判示し，国際裁判管轄の有無に関して一定の方向性を示した。たしかに本判決はドイツ法固有の問題として捉えられるとしても，準拠法の決定に関して第二次変更規則の適用には限界があるように思われる。第6編は，このような国際私法上の問題を扱う。

最後に第7編では，金融機関の取締役等がどこまで格付を信頼できるのかという格付をめぐる応用問題を扱う。いわゆるリーマンショックはEUの金融機関も巻き込み，金融市場の世界的混乱を引き起こし，金融システムを機能不全にさせた。この機能不全の一因と考えられるのが，金融機関の取締役等が信頼できる専門知識を有していなかったことである。そのため，ドイツの信用制度法（KWG〔いわゆる銀行法〕）では金融機関および金融持株会社の経営および監督機関による監督に係る規制が導入され，これに基づき連邦金融サービス監督

(10)　OLG Frankfurt/M., Urteil vom 28.11.2011 – 21 U 23/11, AG 2012, S. 182 = BB 2012, S. 215 = RIW 2012, S. 249 = WM 2011, S. 2360 = ZIP 2012, S. 293.

機構（BaFin）は，取締役等が信頼できかつ専門知識を有していない場合，業務の遂行を禁止できるものと定められた（信用制度法36条3項1文）。

この適性要件が設定されたのも，金融機関の取締役等が無批判に（盲目的に〔blindlings〕）格付機関による外部の格付を信頼したと考えられたからである。すなわち，デュッセルドルフ上級地方裁判所のIKB社事件(11)でも判示されているが，証券化商品への投資決定という経営判断に際して，取締役等が銀行セクター出身であるにもかかわらず格付を無批判に信頼したことは，情報入手不足あるいは情報分析ミス，さらに監査役にとっては不適切な監視活動であるとされ，ひいてはこれらが金融危機の発生に寄与した側面があると認識されたのである。そのため，この適性要件の設定は，とりわけ金融システムに組み込まれた金融機関の取締役等に対し，少なくとも第三者情報を入手しかつ分析するだけの能力が求められることを背景に，単純に格付を信頼してはならないことを意味するものである。このことから将来的に問題となるのは，専門知識を有する金融機関の取締役等の場合，投資決定の経営判断に際して，どの程度第三者情報としての格付を信頼できるのか，あるいは信頼してもよいのか，さらに格付を信頼した場合であっても，当該取締役は株式法上の経営判断原則（株式法93条1項2文）に基づき責任を免れる余地があるのかということである。本編では，このように経営判断原則との関係でどこまで格付を信頼できるのかという問題を扱う。

(11)　OLG Düsseldorf, Beschluß vom 9.12.2009 - I-6 W 45/09（IKB Deutsche Industriebank AG），AG 2010, S. 126 = NJW 2010, S. 1537 = ZIP 2010, S. 28. なお，本件は，BGH, Beschluß vom 1.3.2010 - II ZB 1/10, AG 2010, S. 244 = NZG 2010, S. 347 = WM 2010, S. 470によって確定した。

第3章
小　括

本書の構成は以上であるが，やはり現在の格付機関をめぐる法状況には，パラダイムシフトが起きているように思われてならない。なぜなら，米国を含めEUでも本来，格付は表現・言論の自由から法的規制の対象にすらならないとされたにもかかわらず，EUでは2013年の第二次格付機関規則において民事責任の規定が導入されたからである。

この導入が実現したのも，格付機関自身がいわゆる金融資本市場のゲートキーパー的性質を有し，重要な役割を果たしているからであろう。現在では格付依存も比較的軽減されたとはいえ，実際，規制当局の側でも規制手段として格付機関の格付に依存していたこともあったことは，民間である格付機関にいわば準制度的役割を委譲していたことを意味する。それでも，本書の出発点に戻るが，このような役割を担う格付機関が任務を果たせなかったような事実がなぜ起きてしまったのか。もちろん，この疑問に対する回答は外部の者からは窺い知れないところであろう。しかし，これを契機に少なくとも格付機関がどのような役割を果たし，(EUおよびドイツが主たる研究対象になるが) どのような法的規制を受け，かつどのような法的責任を負う余地があるのかを改めて整理する必要がある。

本書は，このような目的から執筆された。詳細は各編にゆずることにするが，次の第2編以下で改めてそれぞれの課題につき考察していきたい。

第2編

格付機関の歴史的生成過程

第1章
はじめに―本編の目的

格付機関による格付は金融資本市場に組み込まれ，すでに不可欠な要素になっている。この場合の格付とは，一般に債券その他の証券やその発行者について，元本や利息の支払いが契約どおりに行われないリスクを簡単な符号・記号（AAA等）で表示するものを意味し[(1)]，民間企業である格付機関の一つの意見として位置づけられる。格付は投資家によって投資決定に際しての信用リスク評価の参考情報として利用され，市場での情報の非対称性によって生じるコストを削減する役割を果たす[(2)]。さらに，バーゼル規制や証券規制等では金融規制のためにも利用されるので，当該格付を作成する格付機関には，第三者の立場から中立にかつ客観的に投資対象の検証を行うフィナンシャル・ゲートキーパー[(3)]の性質があるとされる。

このような格付機関はグローバルに活動するため，世界に70社以上の格付機関が存在するが[(4)]，そのうち大規模格付機関として周知されているのが，ビッグスリーといわれる米国系のS&P，ムーディーズ・インベスターズ・サービス（Moody's Investors Service；以下，ムーディーズとする）ならびにフィッチ・レーティングス（Fitch Ratings；以下，フィッチとする）の3社である。現在ではこの3社が実質的に世界の格付市場をカバーしているため[(5)]，これら格付機

(1) 三井秀範〔監〕『詳説　格付会社規制に関する制度』（商事法務・2011）2頁。

(2) 江川由紀雄『サブプライム問題の教訓―証券化と格付けの精神』（商事法務・2007）92頁。

(3) 小立敬「格付会社の今後のあり方―企業会計不正事件と金融危機を受けた格付会社の規制環境の変化」証券アナリストジャーナル51巻10号19頁（2013）。

(4) 2011年10月現在で76社であるとされる（江川由紀雄「格付会社を取り巻く事業環境の変化と格付けの将来像―日本における格付会社の実態を踏まえた考察」証券経済学会年報49号別冊1-4-2頁（http://www.sess.jp/publish/annual_sv/pdf/sv49/m81_04.pdf）〔2018年6月16日現在〕）。

関が金融資本市場に及ぼす影響力は決して小さくない。実際，たとえば米国における2001年のエンロンや2002年のワールドコムの破綻[(6)]に際して，格付機関の誤ったとされる格付判断に厳しい批判がなされた事実や，2004年初頭のドイツの国債の格下げに際して格付機関の権限そのものの正当性に対してなされた政治的議論はその表れであって，格付機関の影響力は場合によっては世界経済全体にも波及する巨大なものになりうる。格付機関の行動しだいでは，金融資本市場に対する投資家の信頼を大きく損ない，市場が存立できない事態も生じえよう。しかし反面，金融資本市場が機能を発揮するには格付が不可欠な制度として組み込まれているので，格付機関が将来的に市場で担う役割は小さくなく，その意味での影響力も無視できない。

このような影響力がある格付機関または格付に関して，今後，もしその法的規制に係る考察をより深く進めるならば，格付機関の生成に係る歴史的背景についても，基礎的研究として視野に入れる必要が生じるように思われる[(7)]。本編は，このような目的意識に依拠して格付機関の歴史的生成過程を考察するものである[(8)]。なお，考察に際しては便宜上，ジョン・ムーディー（John Moody）によってはじめて鉄道会社の株式・社債に格付された1909年を境に，大まかにそれ以前を第一期，それ以後を第二期として検討を進める[(9)]。

（5）　合計して格付市場の90％以上の市場占有率を有しているため，格付市場は寡占構造化している。

（6）　エンロンおよびワールドコムの破綻については，淵田康之「米国における格付け会社を巡る議論について」資本市場クォータリー5巻4号2頁（2002）の表1を参照。さらに，三浦后美「エンロン企業スキャンダルとアングロ・アメリカン型格付けの限界」証券経済研究41号105頁以下（2003），佐賀卓雄「エンロン破綻とフィナンシャル・ゲートキーパーの役割」証券経済研究44号4頁以下（2003），岡東務「資本市場における格付機関の役割―格付機関のどこに問題があるのか」資本市場229号9頁以下（2004）のほか，中田直茂「ワールドコム事件―財務情報の引受審査についてのリーディング・ケース」資本市場349号51頁（2014），間島進吾「エンロン・ワールドコム事件」企業会計67巻10号56-58頁以下（2015）等を参照。

（7）　格付機関または格付の歴史的研究については，森田隆大『格付けの深層』（日本経済新聞出版社・2010）51頁以下も参照。

（8）　わが国の格付機関の発生の歴史は非常に浅いことから，本編では言及していない。しかし，簡潔に述べれば，わが国で格付機関が設立されたのは1985年とされるが（日本公社債研究所，日本インベスターズ・サービス，日本格付研究所），この背景には，主として社債の発行に有担保主義が存在したこと，銀行融資を中心とする間接金融主義が存在したことが指摘される（森田・前掲注（7）104頁以下。その他の文献として，江頭憲治郎「債券の格付制度」ジュリスト986号32-33頁（1991），岡東・前掲注（6）6-8頁，三浦后美「日本における信用格付制度の発展過程」経営論集（文京学院大学）22巻1号48-50頁（2012）等を参照）。

(9)　本編は，外国文献として，主としてSylla, An Histrical Primer on the Business of Credit Rating, in: Levich/Majnoni/Reinhart (Edited), Ratings, Rating Agencies and the Global Financial System, Kluwer, 2002, pp.19-40; Berghoff, Marketerschließung und Risikomanagement. Die Rolle der Kreditauskunfteien und Rating-Agenturen im Industrialisierungs- und Globalisierungsprozess des 19. Jahrhunderts, VSWG (Vierteljahrschrift für Sozial- und Wirtschaftsgeschichte) 92 (2005), S. 141; García Alcubilla/Ruiz del Pozo, Credit Rating Agencies on the Watch List, Oxford University Press, 2012, pp.1-6; Schroeter, Ratings – Bonitätsbeurteilungen durch Dritte im System des Finanzmarkt-, Gesellschafts- und Vertragsrechts, 2014, S. 41-49に依拠している。

第2章
格付機関の前身
—いわゆる信用興信所（Kreditauskunfteien）の起源（第一期）

1　資本市場の生成と信用興信所の発生

(1)　資本市場の生成

資本市場の歴史は古く，その歴史は1602年のオランダ東インド会社（Ostindien-Kompanie）の設立と，1609年の中央銀行に相当するアムステルダム銀行の設立をもって開始したとみることができる(10)。これらの設立によって，国内外での資金調達にいわば革命がもたらされたことから，1609年以降の数十年間，オランダが世界的に稀有の資本市場を有したとされる。したがって，オランダは17世紀の初頭にはすでに銀行システムや初期の中央銀行，さらに証券市場を含む現代の金融システムを整備した世界を主導する経済国家であった(11)。このオランダの影響を受け，イギリスもまた17世紀後半の数十年間に資本市場を発展させたが，この発展は1688年にオランダ国王オレンジ公ウイリアム（William of Orange）がイギリスに招聘されたことが大きく寄与している。すなわち，招聘に際して経験豊かな資本家をイギリスに引き連れたことで，オランダの制度を模倣できる素地がもたらされたからであり，この素地を基礎にイギリスでも現代のファイナンス・システムの鍵となる諸制度が導入されたからである(12)。1694年に設立されたイングランド銀行がその一例であろう。もちろん，その後，

(10)　Sylla, supra note (9), at 20; Schroeter, a. a. O. (Fn. 9), S. 41.
(11)　Sylla, supra note (9), at 20.
(12)　Sylla, supra note (9), at 20; García Alcubilla/Ruiz del Pozo, supra note (9) at 1.

イギリスが最初の産業革命を経験し，18世紀・19世紀には世界を主導する経済国家になったことは周知のとおりである[13]。

これに対し当時の米国でも，建国の父であるアレクサンダー・ハミルトン（Alexander Hamilton）が，独立後の1789年から1795年までの初代財務長官としての在任中に，オランダやイギリスと同様の現代的なファイナンス・システムを導入するように動いた。これは，ハミルトンがオランダやイギリスの金融システムの先例を最も承知していたからである[14]。米国は1789年以前は独立戦争に要した負債によって破産国家であったが，1795年までには強力な公共財政，正金に基づく安定したドル通貨，銀行業務システム，中央銀行のほか，さまざまな都市に債券株式市場を有する国家にまで成長した。この成長はまさにハミルトンによるところが大きい。イギリスがオランダを承継したのと同様に，金融と経済の両面においてリーダーシップを発揮し，その後は米国が世界的に卓越した経済国家としてイギリスの後に続いた[15]。

この数世紀の間，資本市場は格付機関が存在することなく機能していた[16]。この事実は，初期段階での証券取引のための投資の大部分が，主として戦費を賄うために発行された公債（public bonds）であって，投資家は国家が自己の債務を返済できるものと信頼したことが関係している[17]。その後も19世紀中に国際的な債券市場がヨーロッパで成長したにもかかわらず，投資は主として政府や政府機関の保証があるソブリン債市場に継続的に集中したにすぎなかった。企業の資本需要の大半は，依然として銀行のローンや株式の発行によって賄われていたのである[18]。これに対し米国では，経済規模は他国よりも大きかったとはいえ事情は異なっていた。なぜなら，19世紀前半の数十年間に若干の州と地方政府が，運河建設のような社会基盤整備計画の資金を得るために債券を発行したが，やがて民間部門がこれらの計画を取り込む形で企業の債券市場を発展させたため[19]，州債および地方債市場は，民間部門の社債市場によって成長を妨げられたからである。

(13)　Sylla, supra note (9), at 20.
(14)　Sylla, supra note (9), at 20.
(15)　Sylla, supra note (9), at 20.
(16)　García Alcubilla/Ruiz del Pozo, supra note (9) at 1.
(17)　García Alcubilla/Ruiz del Pozo, supra note (9) at 1.
(18)　García Alcubilla/Ruiz del Pozo, supra note (9) at 1.
(19)　García Alcubilla/Ruiz del Pozo, supra note (9) at 1.

(2) 信用興信所の発生

このような資本市場の歴史的過程のなかで格付機関がいつ登場したかを考察するならば，その登場は比較的遅かったと考えられる。なぜなら，格付機関の前身は，投資家に有益な情報を提供する信用調査会社としての信用興信所（Kreditauskunfteien）にあったとされるが[20]，この信用興信所は，1841年にニューヨークにおいてルイス・タッパン（Lewis Tappan）によって設立されたのが最初であったからである[21]。信用興信所では，個々の債務者の性格や財産状況の調査を担当する信用調査員（Kreditkorrespondenten）が，独自のネットワークを通じて商人の信用度判定に重要な情報を収集したが[22]，収集された情報は対価と引換えに関心あるビジネスパートナーや債権者に提供される信用調査書（credit report）に記録された。当時の信用興信所で活動した信用調査員には，エイブラハム・リンカーン（Abraham Lincoln），ユリシーズ・グラント（Ulysses S. Grant），グロバー・クリーブランド（Grover Cleveland），ウィリアム・マッキンリー（William Mckinley）のような米国の元大統領も所属していた[23]。もっとも，本来的な意味での格付機関の格付は，1909年にジョン・ムーディーが革新的な債券の格付を行う時まで行われなかったので，オランダでは3世紀にわたり，イギリスでは2世紀にわたり，また米国では1世紀にわたって，その恩恵を受けずに債券が購入され続けた[24]。

この信用興信所の最初の登場は，鉄道建設の開始によって市場が拡大され，信用危機によって絶えず大量の債券のデフォルトが生じていた時期であった。鉄道制度そのものは1820年代後半に出現したが，当時の鉄道会社の大半は比較的小規模な企業であり，地域の安定した場所に設立され，また政府の支援のもと銀行融資と株式の発行によって民間の企業として資本の調達および増加を行った[25]。しかし時期的には，その後の1837年恐慌の金融危機によって不況に見舞われていた時代でもあり，タッパンが1841年にニューヨークで信用不安を契機に膨大な信用情報を収集し，かつ当該情報を販売する信用興信所を設立

(20)　Schroeter, a. a. O.（Fn. 9），S. 41.
(21)　Sylla, supra note（9），at 23; Berghoff, a. a. O.（Fn. 9），S. 146-147; Schroeter, a. a. O.（Fn. 9），S. 41.
(22)　Berghoff, a. a. O.（Fn. 9），S. 147; Schroeter, a. a. O.（Fn. 9），S. 41.
(23)　Schroeter, a. a. O.（Fn. 9），S. 42.
(24)　Sylla, supra note（9），at 21.
(25)　Sylla, supra note（9），at 22.

した時期と時代が重なる。

タッパンは，もともとそれ以前に兄弟と絹の卸売商を営んでいたが，1837年恐慌によって回収できない大量の売掛代金が生じたことが原因で支払不能に陥った。そのため，彼も不況を体験した一人であった(26)。それゆえ，現代の信用情報制度の創設者とされるタッパンは当時，信用制度を忌み嫌い，かつ神への冒涜とみなすようになったが(27)，このことは，単にタッパン個人が莫大な損失を被った事実以外にも，期待を裏切られた数十万に及ぶ債権者の危機的経験もその原因であった(28)。タッパンは，もともと清教主義の伝統に立ち，かつ利益の最大化をキリスト教に基づく商人の理念に合致しないものと考えていたが，他方，信用経済の必要性については熟知していたことから，信用制度の完全な廃止ではなく，信用制度を道徳づけたかったとされる(29)。そのための信用興信所の設立でもあった。「不正行為をチェックせよ，そして商人の空気を浄化せよ」とは，タッパンの言葉である(30)。キリスト教に基づくタッパンの宗教的な試みの一面としては，従業員が礼拝に訪れること，アルコール飲料を避けたことがあげられるが，最も特徴的なことは，1833年から1840年までアメリカ反奴隷協会の初代会長であったことである。これは，タッパンの信用興信所が，米国南部の州において事業を開始するのに多大な困難を与えた事実でもあった(31)。

その後1850年以降，鉄道会社が大いに成長し，鉄道が不安定の未発展な地域にまで拡大し，資本需要も増大したことから，当時は鉄道会社に融資したい地方銀行および投資家が多数存在した時代であった(32)。しかし他方，恐慌後の鉄道会社の資金需要を満たす糸口は，国内市場であれ，国際市場であれ，鉄道債市場の発展にあると一般的に認識されていた。もっとも，その当時は法律に基づく企業情報開示制度が必ずしも存在したわけではなかったので，新設の鉄道会社が鉄道債の発行を通じてますます巨額の資本需要を満たし始めた1850年代以降，投資家等が鉄道債を引き受けるにしても，発行者に係る情報が不足し

---

(26)　Berghoff, a. a. O. (Fn. 9), S. 146.
(27)　Berghoff, a. a. O. (Fn. 9), S. 147.
(28)　Berghoff, a. a. O. (Fn. 9), S. 147.
(29)　Berghoff, a. a. O. (Fn. 9), S. 147.
(30)　Berghoff, a. a. O. (Fn. 9), S. 147.
(31)　Berghoff, a. a. O. (Fn. 9), S. 147.
(32)　Sylla, supra note (9), at 22.

ていたのも事実である[33]。債券市場自体がその後の数十年間，主として鉄道会社のための債券市場であり続けたにもかかわらず[34]，鉄道債の発行者に係る投資家の情報需要が満たされることはなかった。もともと情報需要を満たす従前の商人の伝統的な解決法は，血族関係や宗教的結合関係に拘束された信頼できる知人のネットワークに取引を限定することにあったが[35]，このような当時の情報需要にいち早く着目したのがヘンリー・プアー（Henry Poor）であり，後述のように，すでに1854年にさまざまな鉄道会社に関する財務データを単行本で（in Buchform）公表することで，情報需要を満たしたとされる[36]。1868年以降には「アメリカ合衆国鉄道年鑑（Manual of the Railroads of the United States）」として，毎年，本書を通じて鉄道会社に関する財務データが公表されたが，この参考図書は単に比較可能な形式で個々の鉄道会社に関する事実の記載を編纂することに限定したものであり，時折，要約された評価が補足されただけのものにすぎなかった。そのため，格付符号を用いた略記の形式での現在の信用度判定は，まだ存在しなかったのである[37]。

2　格付機関の前身

このように19世紀の米国における鉄道会社の債券市場の拡大と，ひいては投資の選択肢が増加した時代背景のなかで投資家の情報需要を満たす必要性も生じていたが，当時，これに関連して現在の格付機関の前身となりうる3つの機関が生成されていたことは注目される。

(1)　信用調査機関（Credit-reporting Agencies）

第一の機関は，信用興信所としての信用調査機関である。米国での鉄道事業の地理的拡大は，商取引の数量も増加させた結果，資金の借り手に係る情報を集約する洗練したシステムを構築させた[38]。なぜなら，当該システムが構築されるまでは，資金の貸し手と借り手の双方が推薦者による推薦状を介して相互に共通する接点を探っていたが，債券市場の成長によってこのような非公式

(33)　Vgl. Schroeter, a. a. O. (Fn. 9), S. 42.
(34)　Schroeter, a. a. O. (Fn. 9), S. 42.
(35)　Berghoff, a. a. O. (Fn. 9), S. 146.
(36)　Schroeter, a. a. O. (Fn. 9), S. 42.
(37)　Schroeter, a. a. O. (Fn. 9), S. 42.
(38)　García Alcubilla/Ruiz del Pozo, supra note (9) at 2.

チャンネルでは十分でなくなったからである(39)。このような背景のもと，専門情報を仲介する新たな情報ブローカー（information broker）としての信用調査機関が，債券市場の情報需要を満たすために出現したのである。この信用調査機関が広大な米国の随所で調査対象の商人の状況や信用力に関する情報を収集し当該情報を購読者に販売したほか，地方の経済状態の分析のような関連サービスも提供する役割を果たした(40)。前述のように，1841年設立のタッパンの信用興信所も，債務者の性格だけでなく商人の財産状況も調査する信用調査機関の一つであった。米国の広大な領土に分散していた商人に関して，債権者がその詳細な情報を必要とする場合に備えてこのようなネットワークが信用調査機関に構築されたわけであるが，このネットワークが当時，情報の集約化に効果を発揮したことが重要である(41)。当該ネットワークでは，共通の名称または商号のもとで地方の支社が相互に結合したほか，具体的にある調査員の調査書が作成されると，この調査書は地方の支社に送付され，さらに本社に転送されることにより情報が集約されたのである(42)。

その一例としてあげられるのが，R.G.ダン・アンド・カンパニー（R.G. Dun and Company）である。このダン社はもともと1859年にタッパンの孫にあたるロバート・グラハム・ダン（Robert Graham Dun）によって，タッパンの信用興信所の事業を引き継ぐ形で設立されたものであるが，情報処理に際して規模の経済（Skalenerträge）を享受できた結果，相当な単価の引き下げを実現した情報ブローカーの典型であった(43)。すなわち，大規模な蓄積データに情報を集約化することで，貸し手自身が情報を入手する場合と比べて劇的に取引コストを低下させたのである(44)。大規模な商人であれば固有の情報サービスを提供することもできたが，信用興信所による情報提供が確立して以降，実際に固有の情報サービスは停止したともいわれる。このようにダン社が情報の集約化を通じて引き下げられた単価で信用調査書として情報を提供することで，著しくデフォルトリスクを低下させたが，これは，従前では高額で入手できなかった情報が商業利用されたことで，市場に透明性が付与されたものと理解されて

(39)　Sylla, supra note (9), at 23; García Alcubilla/Ruiz del Pozo, supra note (9) at 2.
(40)　García Alcubilla/Ruiz del Pozo, supra note (9) at 2.
(41)　García Alcubilla/Ruiz del Pozo, supra note (9) at 2.
(42)　García Alcubilla/Ruiz del Pozo, supra note (9) at 2.
(43)　Berghoff, a. a. O. (Fn. 9), S. 148.
(44)　Berghoff, a. a. O. (Fn. 9), S. 148.

いる[45]。実際，ダン社には数百万件に及ぶ登録された商業的価値あるデータが保管され，火災等の危険を排除するためにすべての記録データを書き写して，第二の記録保管所も建設された[46]。もっとも，そのデータに関しては，この時代の大半の商人は，拘束力ある会計基準の不存在のため今日の視点では重要な計算書類を記録できなかったので，適正に記録された計算書類を比較検討するような性質のものではなかった[47]。たとえそうであったとしても，ダン社が，1870年にすでに卸売業者，輸入業者，製造業者，銀行および保険会社を含む約7,000社の購読者を有していたこと，1880年代には購読者が大会社を含めて約40,000社に達した事実から[48]，当時のダン社の影響力がうかがえる。

絶えず膨張の兆しがある情報のストックは，データの収集と処理の厳格な形式化とシステム化を要求した。そのため，信用調査書の作成に係る詳細な方針が設けられ，調査書は業種と地域に従って区分され，かつ定型書式（Formularen）を用いて標準化された[49]。その際，とりわけ第一の文字が照会された資本額を意味し，第二の文字が信用度の段階を意味する，文字の組み合わせによる簡潔な規格が使用されたことが特徴的である。たとえば1849年にオハイオ州シンシナティにおいてジョン・ブラッドストリート（John Bradstreet）によって設立された，ダン社の競合会社でもあるジョン・M・ブラッドストリート・

(45)　Berghoff, a. a. O. (Fn. 9), S. 148.

(46)　Berghoff, a. a. O. (Fn. 9), S. 148. たとえばニューヨークの本社が支社から調査書を受け取った場合，その報告書は手作業で謄本を作成しなければならなかったが，これは，1日につき数千枚に及ぶ作業であったとされる。もっとも，1875年にはじめて大量生産の実施に有益な機械式のタイプライターが導入されたことは，この作業の合理化を促進させた。この技術革新と，その後すぐに発明されたカーボン用紙によって，信用調査書の複数の謄本の作成が可能になったほか，これと同時に個別のルーズリーフを作成しかつ会社ごとに秩序立てて整理することで，保管の方法も改善された。そのため，ダン社は当時，タイプライターの製造者であるレミントン（Remington）の大口顧客の一人でもあった（Berghoff, a. a. O. (Fn. 9), S. 153)。

(47)　Vgl. Berghoff, a. a. O. (Fn. 9), S. 148-149. そのため，当時は計算書類の比較検討ではなく，主として①その土地の有力者やビジネスパートナーに，財産関係を含めて資金提供を受ける者の評価を照会したこと，②「信用格付」に代わる「性格の格付（character rating)」を実施したこと，すなわち，信用評価のための指標として特定の個人の性格である実直性（Ehrbarkeit），勤勉（Fleiß），消費行動および性行動の節制，ならびに宗教および民族への所属のような一連の属性に基づく審査を実施したこと，③過去の行動（信用履歴）を基礎に，個人の信用リスクを十分に評価できるために，借入金（信用）の返済を文書として記録し始めたことが行われた。このようにして，情報の非対称性を軽減する努力が払われてきたのである。

(48)　Sylla, supra note (9), at 23.

(49)　Berghoff, a. a. O. (Fn. 9), S. 151.

THE BRADSTREET COMPANY.

CENTRALE: 279, 281 & 283, BROADWAY, NEW YORK.

Bureaux in allen hauptsächlichen Städten der Vereinigten Staaten, Canada's und Australiens, ferner in London, Paris, Berlin etc.

Geschäfts-Capital	Credit					
	Höchster	Hoher	Sehr guter	Guter	Mässiger	Kleiner
G. . . $ 1,000,000 und darüber	Aa.	A.	B.	. . . . . .	. . . . . .	. . . . . .
H. . . 500,000 bis 1,000,000	Aa.	A.	B.	. . . . . .	. . . . . .	. . . . . .
J. . . 400,000 bis 500,000	. . . . . .	A.	B.	C.	. . . . . .	. . . . . .
K. . . 300,000 bis 400,000	. . . . . .	A.	B.	C.	. . . . . .	. . . . . .
L. . . 250,000 bis 300,000	. . . . . .	A.	B.	C.	. . . . . .	. . . . . .
M. . . 200,000 bis 250,000	. . . . . .	A.	B.	C.	. . . . . .	. . . . . .
N. . . 150,000 bis 200,000	. . . . . .	A.	B.	C.	. . . . . .	. . . . . .
O. . . 100,000 bis 150,000	. . . . . .	. . . . . .	B.	C.	D.	. . . . . .
P. . . 75,000 bis 100,000	. . . . . .	. . . . . .	B.	C.	D.	. . . . . .
Q. . . 50,000 bis 75,000	. . . . . .	. . . . . .	B.	C.	D.	. . . . . .
R. . . 35,000 bis 50,000	. . . . . .	. . . . . .	B.	C.	D.	. . . . . .
S. . . 20,000 bis 35,000	. . . . . .	. . . . . .	. . . . . .	C.	D.	E.
T. . . 10,000 bis 20,000	. . . . . .	. . . . . .	. . . . . .	C.	D.	E.
U. . . 5,000 bis 10,000	. . . . . .	. . . . . .	. . . . . .	C.	D.	E.
V. . . 3,000 bis 5,000	. . . . . .	. . . . . .	. . . . . .	. . . . . .	D.	E.
W. . . 2,000 bis 3,000	. . . . . .	. . . . . .	. . . . . .	. . . . . .	D.	E.
X. . . 1,000 bis 2,000	. . . . . .	. . . . . .	. . . . . .	. . . . . .	D.	E.
Y. . . 500 bis 1,000	. . . . . .	. . . . . .	. . . . . .	. . . . . .	. . . . . .	E.
Z. . . — bis 500	. . . . . .	. . . . . .	. . . . . .	. . . . . .	. . . . . .	E.

Quelle: Werbeprospekt der deutschen Niederlassung der Bradstreet Comp., Wirtschaftsarchiv Baden-Württemberg B 35 II B0 492.

Abbildung 1: Rating-Schema der Bradstreet Company, 1888

出所：Berghoff, Marketerschließung und Risikomanagement, VSWG 92（2005）, S. 152.

カンパニー（John M. Bradstreet Company）では，その２文字の「O.B.」とは，照会された会社が10万ドルないし15万ドルの資本を有すること（O.），また非常に優良な信用能力を示すこと（B.）を意味している(50)。ブラッドストリートは，この簡単な符号をもって大量の商人の格付に参加したが，注意しなければならないのは，個別事案の特性は隠され，その信憑性が略語に換言されて凝縮されたことである(51)。各商人には番号が割り当てられたが，この割り当てが商人の確認作業と膨大なデータ量の保管を容易にさせた。もっとも，商人の信用度に関するこの簡潔な判定は，ジョン・ムーディーが1909年に鉄道債に関してはじめて公表し，かつ現在では一般的に周知された個々の債務の格付と混同されてはならない(52)。なお，後述するように，その後ブラッドストリートとダン社は1933年に合併し，ダン・アンド・ブラッドストリート（Dun & Bradstreet）になった。

(50)　Berghoff, a. a. O.（Fn. 9）, S. 151.
(51)　Berghoff, a. a. O.（Fn. 9）, S. 151.
(52)　Berghoff, a. a. O.（Fn. 9）, S. 151.

(2) 経営と金融の専門報道機関

次に，信用調査機関だけでなく，経営と金融の専門の報道機関も投資家に利用される商人情報の入手に寄与したことから，格付機関の前身には当該報道機関も掲げられる(53)。鉄道会社が世界で最初の大事業になったとき，投資家の側からも専門の出版物が要求された。この要求を満たしたのが，1832年まで出版された「アメリカ鉄道雑誌（The American Railroad Journal）」である。当時，本誌が鉄道産業に関する全般的な情報を提供する役割を担っていた(54)。しかし，1849年にヘンリー・プアーがこの鉄道雑誌の編集者になって以降，アメリカ鉄道雑誌は投資家を対象にした出版物へと改変した結果，本誌を通じて鉄道の所有者，その資産，責任および収益に係る体系的な情報が公表されることになった(55)。その後，1868年にはプアーがその息子であるヘンリー・ウィリアム・プアー（Henry William Poor）と一緒に，米国の主要な鉄道会社に関する財務戦略や経営戦略の情報を提供した最初の著名なアメリカ合衆国鉄道年鑑を出版したことは，前述のとおりである。この年鑑は毎年更新されたことから，投資家は当該年鑑によって長年にわたる鉄道会社の発展を追跡することができた。したがって，この年鑑は，その後数十年間にわたり鉄道会社の財務状態に関して権威ある投資家の指針（guide）であったことが知られている(56)。

他方，1900年に証券専門の出版社としてジョン・ムーディーによって設立されたジョン・ムーディー・アンド・カンパニー（John Moody & Company）でも，工業および多様な証券に関するマニュアル（Moody's Manual of Industrial and Miscellaneous Securities）の出版が開始された(57)。このマニュアルでは，金融機関，政府機関，製造業，鉱業，公益事業および食品会社の株式および債券に係る情報と統計が提供されている。本書の初版の発刊が首尾よく成功した結果，２か月以内には完売したとされるが(58)，その直後の1907年の証券市場の崩壊によってムーディーは，会社を売却せざるをえなくなった。そのため，ムーディーは1909年に新たにムーディーズ・カンパニー（Moody's company）を設

(53)　Sylla, supra note (9), at 23; García Alcubilla/Ruiz del Pozo, supra note (9) at 3.
(54)　García Alcubilla/Ruiz del Pozo, supra note (9) at 3.
(55)　García Alcubilla/Ruiz del Pozo, supra note (9) at 3.
(56)　García Alcubilla/Ruiz del Pozo, supra note (9) at 3.
(57)　García Alcubilla/Ruiz del Pozo, supra note (9) at 3.
(58)　Blickle, Die Regulierung von Ratingagenturen durch die Europäische Union, 2013, S. 18.

立し，同社を通じて不動産，資本構成（capitalization）および会社の経営に係る情報の単純な収集にとどまらない出版事業を発展させ，同時に投資家に対して証券価値の分析に基づく情報も提供することになった(59)。その結果，鉄道会社とその証券の相対的な投資適格の分析ならびに簡潔な結論を記載した書籍が出版された。すなわち，「ムーディーの鉄道投資分析（Moody's Analyses of Railroad Investments）」の出版である。本書は，もともと1800年代末頃から信用調査会社によって使用されていた商業上の信用格付システムを基礎に，格付記号文字を使用した点に特色がある(60)。1909年の本書の出版によって，はじめて米国の鉄道会社の株式および社債に関する格付が公表され，現在の意味における格付はこれを起源として理解されている。

もっとも，前述の信用調査機関であるダン社でも，1857年恐慌の2年後である1859年以降に個別情報に係る代用物として，信用調査書に簡単な要約を付した「参考図書（Reference Book）」を出版していた(61)。本書における顧客法人の登録数は，1859年に2万268社に及んでいたが，1886年には100万社を超え，さらに1915年には約180万社に達していた(62)。本書については，とくに小口顧客から多数の個別照会がなされた場合にその効果を発揮したとされる。

さらに，他の重要な出版社として，ジョン・ノレス・フィッチ（John Knowles Fitch）によってニューヨークに設立されたフィッチ・パブリッシング・カンパニー（Fitch Publishing Company）も数えられるが，当該会社の設立は遅れて1913年である。設立の意義および目的は，「フィッチ債券ブック（The Fitch bond book）」もしくは「フィッチ株式・債券マニュアル（The Fitch stock and bond manual）」という書籍を通じて，企業の株式および社債に関する金融情報や財務統計を公表することにあったとされる(63)。それゆえ，主として投資家ならびにニューヨーク証券取引所のような他の金融サービス機関が，同社の主要な顧客であった。1924年以降，同社は格付注記を使用し，現在では一般的である投資専門家の徹底的な分析に基づく「AAA」から「D」までの格付階級が導入された点は重要である(64)。

(59)　García Alcubilla/Ruiz del Pozo, supra note (9) at 3.
(60)　García Alcubilla/Ruiz del Pozo, supra note (9) at 3.
(61)　Berghoff, a. a. O. (Fn. 9), S. 153.
(62)　Berghoff, a. a. O. (Fn. 9), S. 153.
(63)　Blickle, a. a. O. (Fn. 58), S. 20.
(64)　Blickle, a. a. O. (Fn. 58), S. 20.

(3)　投資銀行家（Investment Bankers）

1909年にムーディーによってはじめて鉄道債の格付が行われた以前では，証券を購入したい投資家の発行者情報に係る需要はどのように満たされたのか。その需要に対する解決法の一つと考えられるのが，前述のヘンリー・プアーのような革新的なジャーナリストが投資家に提供していた鉄道会社の資産や収益力に関する比較情報である。しかし他方では，鉄道会社が発行する鉄道債を引き受け，購入しかつ分売した金融仲介人である投資銀行家の存在も無視できない(65)。なぜなら，投資銀行家は，自己の銀行業仲間（banking associates）が鉄道会社の取締役会における議席を獲得することで，継続的に鉄道債発行者の会社経営に関する一切の重要な情報の提供を受けることを企図したからである(66)。この状況では，投資銀行家はいわば完全なインサイダー（内部者）として評価でき，その結果，鉄道会社の事業者あるいは経営者の性格を評価でき，かつ継続して会社の状況を監視できたことから，投資家は銀行投資家からの情報に信頼を置くことができたのである(67)。このようにして，いわば投資銀行家の評判資本に価値が認められたことで，多額の資本需要を有する商人は情報仲介人である投資銀行家にますます信頼を置くことになった。

さらに，広大な国際的ネットワークを有していたのも，信頼が置かれた要因の一つである。なぜなら，たとえばJ.P.モルガン・アンド・カンパニー（J.P. Morgan & Company）はロンドンとパリに支社があったし，また米国のドイツ系ユダヤ人移住者の銀行であるクーン・ローブ商会（Kuhn Loeb & Co.），セリグマン・ブラザーズ（Seligman Brothers）およびゴールドマン・サックス（Goldman Sachs）では，家族等の人的関係を介しヨーロッパでの共同出資を通じて相互に結びついていたからである(68)。もっとも，その後，投資銀行家が特別な内部情報にアクセスできることに対して，なぜ潜在的投資家も投資銀行家のように内部情報にアクセスできないのかといった一般的な疑義が生じたことから，米国では1930年代に証券の発行者に対する強制開示法が制定されることになった。この制定はその後，証券取引委員会（SEC）を創設する有力な論拠の一つにもなっている(69)。ただし，強制開示法には，証券の品質証明者で

---

(65)　Sylla, supra note (9), at 24; García Alcubilla/Ruiz del Pozo, supra note (9) at 4.
(66)　Sylla, supra note (9), at 24.
(67)　Sylla, supra note (9), at 24.
(68)　Sylla, supra note (9), at 24.

ある銀行投資家の収益を弱体化させる側面もあったことは否定できない。この当時は，ムーディーが鉄道債の格付を基礎に投資の品質に関して利便性ある公開情報を求める公衆の要求に応えていたとはいえ，投資銀行家の場合は利益相反問題の発生が認識された。したがって，債券や証券の品質証明者である投資銀行家の評判資本の役割はその後，格付機関に移行せざるをえない状況になった(70)。

3　ドイツにおける信用興信所の生成

これに対しドイツでは，ドイツ帝国の創設直後の1872年，フランクフルト・アム・マインにおいてヴィルヘルム・シンメルプフェング（Wilhelm Schimmelpfeng）によって「情報管理事務所（Auskunft- und Kontrollbüro)」が設立されたことが重要である(71)。ドイツにこのような信用興信所が創設されたのも，営業の自由と同時に発生した商人階級の倫理観の崩壊が生じたからであるとされる(72)。実際に，商人階級に必要な従前の素養が絶対的に必要なものでなくなった結果，当時，事業自体が経営能力のない者や未経験者の意のままにされたこと，また商人階級の名誉がますます失われたことが指摘される(73)。この情報管理事務所の創設以前では，1860年代の一般的な経済自由主義の時代に，地域（シュチェチン）に限定した事業を行っていた1862年設立のザロモン（Salomon）や，国内戦略に依拠した同年設立のレッサー・アンド・リーマン（Lesser & Liman；ベルリン）のように，いくつかの興信所が生成されていた事実が散見される(74)。

この情報管理事務所には，1886年以降すでに900ないし1,000巻に及ぶ参考図書が存在し，それだけ捕捉できる情報量を有していたほか，情報処理の面でもイタリック体表記や参照指示を用いた綿密に考え出された分類法によって情報が管理されていたことに特色がある(75)。とりわけ1890年には，約150に及ぶ定型書式も使用されていた。そのネットワークも，1889年には283名の従業員を

---

(69)　Sylla, supra note（9），at 25.
(70)　Sylla, supra note（9），at 25.
(71)　Berghoff, a. a. O.（Fn. 9），S. 156.
(72)　Berghoff, a. a. O.（Fn. 9），S. 156.
(73)　Berghoff, a. a. O.（Fn. 9），S. 156.
(74)　Berghoff, a. a. O.（Fn. 9），S. 156.
(75)　Berghoff, a. a. O.（Fn. 9），S. 157.

雇用し，そのうち190名はベルリンの支社，また38名はブレスラウ，ドレスデン，フランクフルト，ハンブルク等の他のドイツの事務所で従事し，残りの従業員はウィーン，ロンドンおよびパリ等の外国支社を分担していたことからもわかるように，広範囲に及んでいた(76)。さらに，トルコやエジプトでも活動していた事実がある。書面による情報提供も1889年に75万件以上に達し（そのうち65万件はベルリンを通じて提供された），2万3,796件の定期購読者を有したことから，ヨーロッパにおいて大規模な情報管理事務所であったと認識されている(77)。1901年には33か所の営業所と1,157名の従業員を有し，1年間に約200万件の情報提供を行っていた(78)。

もっともヨーロッパ全体としては，このような大規模な信用調査または格付に係る意義は米国よりも小さかったことが指摘される(79)。なぜなら第一に，ヨーロッパの域内市場の規模は米国よりも小さかっただけでなく，現在よりも地理的移動や移住が少なかった当時の環境では，口頭での言い伝えや推薦状に基づく個人的な照会に頼らざるをえなかったからである。第二に，ヨーロッパでは，たとえば会議所（Kammer）やイヌング（Innung）と称される手工業者の合法的団体，協同組合，社団および諸団体のような機能的に興信所の任務の一部を担う同等の体制が多くあったことも，その根拠としてあげられる。シンメルプフェングの情報管理事務所でも，たとえば業界の諸団体を団体定期購読者として受け入れ，当該団体の会員に特別な条件で情報を提供したほか，とくにドイツの商業会議所では，その会員は参考情報の照会を商業会議所に依頼することもできた(80)。さらに，ドイツの銀行も顧客にとって信頼できる話し相手（Ansprechpartner）であり，別の都市から情報を入手するために銀行の支店ネットワークを活用していた事実がある。これを可能にしたのも，若干の大銀行が固有の情報管理部門を設置していたことが寄与している(81)。イギリスでも1801年に「貿易保護のための相互情報交換協会（Society of Mutual Communication for the Protection of Trade)」が設立され，その会員は顧客に関する情報を交換することができた(82)。

---

(76)　Berghoff, a. a. O. (Fn. 9), S. 157.
(77)　Berghoff, a. a. O. (Fn. 9), S. 157.
(78)　Berghoff, a. a. O. (Fn. 9), S. 157.
(79)　Berghoff, a. a. O. (Fn. 9), S. 157.
(80)　Berghoff, a. a. O. (Fn. 9), S. 157.
(81)　Berghoff, a. a. O. (Fn. 9), S. 158.

また，協同組合と信用調査団体（Creditreform-Vereine）も一つの勢力を保持していた[83]。たとえば1867年にドレスデンに協同組合型自助団体としての商工保護団体連盟（Verband der Schutzgemeinschaften für Handel und Gewerbe）が設立され，主として小規模な手工業者から構成されたこの組織を通じて，履行を遅滞した債務者のブラック・リスト情報が交換された。また，1879年にマインツに個人商人と手工業者によって「有害な信用供与に対する保護のための信用調査団体（Verein Creditreform zum Schutze gegen schädliches Creditgeben)」が設立され，当該団体を通じて会員の保護とともに信用情報に係る一般的な提供がなされたほか，1880年代には南ドイツに相互に協力し合う多数の類似する信用調査団体が設立されている。なお，その諸団体は1883年に信用調査団体連盟（Verband der Vereine Creditreform）に統合された。信用調査団体全体では，1900年頃の調査では，主として小規模な手工業を営む者から構成される約4万5,000人の会員を有したとされる。もっとも，大半の協同組合や団体の内部組織は小規模であり，一部では素人によって運営されていたとの指摘もある[84]。それらの団体の，①局地的に限定された範囲，②会員への制限，③同一産業出身である競合他社のための利益，④組織の専門性の欠如，は持続的な経済の発展を阻害する要因とされ，ドイツは米国と比べ遅れていることが判明していた。そこで，できる限り広範な規模の経済を享受するため，当時の信用興信所そのものの強化が必要とされた[85]。

---

(82)　Berghoff, a. a. O. (Fn. 9), S. 157.
(83)　Berghoff, a. a. O. (Fn. 9), S. 158.
(84)　Berghoff, a. a. O. (Fn. 9), S. 158.
(85)　Berghoff, a. a. O. (Fn. 9), S. 158.

第3章
格付機関による格付の発生と拡大
—格付に係る批判も含めて（第二期）

1　格付機関の台頭（1910年代以降）

(1)　市場開示の保証人的機能

ジョン・ムーディーが1900年にジョン・ムーディー・アンド・カンパニーを設立した後，1909年に現在の意味における最初の格付の公表が行われた。この格付の公表は当時，画期的な出来事として受け取られたことから，1914年にはすでに，もっぱら格付の作成を専門とする子会社のムーディーズ・インベスターズ・サービス（Moody's Investors Service）も設立された。最終的に1924年には，米国の債券市場で取引されるほぼすべての債券は，この子会社を通じて格付されたとされる[86]。他方，この当時の格付に係る市場の急速な成長は，1910年以降の数年間に種々の会社を登場させた。主として①フィッチ・パブリッシング・カンパニー（Fitch Publishing Company；1913年設立），②スタンダード・スタティスティクス・カンパニー（Standard Statistics Company；1914年設立）ならびに前述の③プアーズ・パブリッシング・カンパニー（Poor's Publishing Company；1916年設立）があげられる。このような現在の格付機関の原点となる会社が登場したのはまさにこの時期であって，1920年代にはすでにこれらの格付機関が3,000社を超える発行者に対する信用度判定を行っていたことから，格付機関にとっては「黄金の時代」であったといわれる[87]。その結果，1930年代には債券の格付自体がすでに米国の投資の領域において一つ

(86)　Schroeter, a. a. O. (Fn. 9), S. 43.
(87)　Schroeter, a. a. O. (Fn. 9), S. 43.

の確立した制度になり，証券取引委員会（SEC）が存在しなかった当時は，各格付機関が事実上，市場開示の民間の保証人として機能したと指摘される(88)。

他方，米国の銀行監督当局の一つである通貨監査官（Comptroller of the Currency）も，このような格付機関の機能を無視できなくなったことから，その後，1936年に格付機関の格付に関連づけた監督法上の最初の規制を設けた(89)。すなわち，商業銀行が有価証券を取得する場合に許可される当該有価証券について，格付に関連づけた「公認格付マニュアル（recognized rating manuals)」が作成されたのである。これによって，少なくとも投機的な有価証券の取得が商業銀行に禁止されることになった。この発展は，格付機関に対し市場情報の提供機能以外にも，格付を通じた取締機能も担わせることを明らかにしたため，当時，米国の金融資本市場で一般的に認知されていた格付機関であるフィッチ・パブリッシング・カンパニー，ムーディーズ・インベスターズ・サービス，プアーズ・パブリッシング・カンパニーおよびスタンダード・スタティスティクス・カンパニーの4社は，1934年に設立された証券取引委員会（SEC）と同様に，長期にわたって米国の市場を取り締まる役割が付与されたのである(90)。

(2)　三大格付機関（いわゆるビッグスリー）

その後の展開として重要なことは，1941年にスタンダード・スタティスティクス・カンパニーとプアーズ・パブリッシング・カンパニーが合併し，最終的にS&P（Standard & Poor's）が登場したことである。S&Pは1959年にはエス・アンド・ピー・ファイブハンドレッド（Standard & Poor's 500）という株価指数を導入したが，これは，今日では世界的に最も注目される株式指標になっている(91)。1962年にS&Pは株式会社に組織変更されるとともに，1966年にはメディア業界で活動するマグロウ＝ヒル・カンパニーズ（McGraw-Hill Companies）によって買収された経緯があるが，1975年には抵当権によって担保された債券の格付を開始することで仕組み金融商品の格付を行い，さらに同年に証券取引委員会から，いわゆる「全国的に認知された統計的格付組織（NRSRO)」

(88)　Schroeter, a. a. O. (Fn. 9), S. 43. 周知のように，米国の証券取引委員会（SEC）は1929年10月の世界恐慌への対応として，1933年の証券法および1934年の証券取引所法の制定後の1934年に設置された。

(89)　Schroeter, a. a. O. (Fn. 9), S. 43-44.

(90)　Schroeter, a. a. O. (Fn. 9), S. 44.

(91)　Blickle, a. a. O. (Fn. 58), S. 17.

として認定された。現在では，S&Pの事業は，企業の格付，財務分析，リスク回避，投資助言およびデータサービスから構成され，2010年時点では23か国に約6,300人を雇用する大規模格付機関にまで成長している[92]。

他方，ムーディーズ・インベスターズ・サービスの場合は経済的に成功を収めていたことから，1929年に始まった世界恐慌に基づく大不況でさえ難なく克服し，その後，1970年には格付を短期社債や銀行預金にまで拡大させた。1975年にはS&Pと同様にNRSROとしても認定された。親会社であるムーディーズ・カンパニー（Moody's Company）は，子会社のムーディーズ・インベスターズ・サービスならびに企業の財務分析，リスク回避，投資助言およびデータサービスを担当するムーディーズ・アナリティクス（Moody's Analytics）から構成され，2010年時点では26か国に約4,300人を雇用する大規模格付機関になっている[93]。

これに対し，フィッチ・パブリッシング・カンパニーも1975年にNRSROとして認定された一方，1989年には資本増強（Rekapitalisierung）が実施されたほか，1990年には仕組み金融商品についても格付を開始した。また，1997年にフランスの持株会社であるフィマラック（Fimalac）によって買収された後，フィマラックの子会社であったイギリスの小規模格付機関であるIBCAと合併され，「フィッチIBCA」になった。その後，2002年には企業全般の格付サービスを，新たに設立されたフィッチ・レーティングス（Fitch Ratings）に集約させたことで，フィマラックは2005年にはフィッチ・レーティングスのほか，財務分析，投資助言およびデータサービスを担当するフィッチ・ソルーションズ（Fitch Solutions），およびリスク回避を担当するアルゴリズミクス（Algorithmics）から構成されるフィッチ・グループを構築した。最終的に，米国のメディア企業であるハースト（Hearst）が2006年と2009年にフィッチ・レーティングスの株式を買い付けたことから，現在ではハーストの傘下にある。2010年時点では，50か国に約2,100人を雇用する大規模格付機関になっている[94]。

周知のように，これらS&P，ムーディーズならびにフィッチが，今日まで国際的な格付市場における「大規模」格付機関であり，その支配が確立されている。

---

(92)　Blickle, a. a. O. (Fn. 58), S. 18.
(93)　Blickle, a. a. O. (Fn. 58), S. 19.
(94)　Blickle, a. a. O. (Fn. 58), S. 20.

2　「投資家支払型」から「発行者支払型」への事業モデルの移行（1970年代）

米国の債券市場が停滞した第二次世界大戦の終結から数十年が経過した後，1970年代初頭に格付機関の事業モデルに重要な変更が生じた。変更が生じたのも，この時点まで格付機関の収益は，とりわけ機関投資家やその他の企業を対象とする定期購読者への格付に関する刊行物の販売によるものにすぎなかったため，定期購読者でない個人投資家が格付を参照する余地がなかったからである[(95)]。さらに，発行者自身も自己の証券を金融機関のポートフォリオに含めるのに格付が必要であることを認識したことから，格付機関によって，投資家よりも市場にアクセスする発行者自身が格付対価を支払わなければならないと認識されたことも，変更の要因の一つとしてあげられる[(96)]。

しかし実際上，重要な要因として指摘されるのは，高速度の複写機が出現したことである[(97)]。すなわち，定期購読者がコピー技術の進歩により複写機を利用して格付の対価を支払わない投資家と格付レポートを共有したことから（二次的利用），従前から懸案であった「ただ乗り」問題[(98)]に対処する必要があったのである[(99)]。このような事情が，格付機関が従前からの「投資家支払型」モデルを維持できない理由であった。もっとも，支払モデルが発行者支払型に変更されたとはいっても，その後，このモデルが利益相反の問題を生じさせている[(100)]。

---

(95)　Vgl. Schroeter, a. a. O. (Fn. 9), S. 44.

(96)　García Alcubilla/Ruiz del Pozo, supra note (9) at 4-5.

(97)　García Alcubilla/Ruiz del Pozo, supra note (9) at 5; Schroeter, a. a. O. (Fn. 9), S. 44.

(98)　Schroeter, a. a. O. (Fn. 9), S. 45.

(99)　格付機関がこの顧客側のただ乗り問題を克服することは大きな挑戦であった（Berghoff, a. a. O. (Fn. 9), S. 154-155)。たとえば従前にダン・アンド・ブラッドストリートでは，企業に関する参考図書を販売するのではなく，貸出しによって対応することにしたが，この措置によって参考図書を定期購読していた顧客は，参考図書を確実に保管しかつ新版を受領した後は確実に返却する義務を負わされた。参考図書には最初から錠前と鍵も用意されていた。返却義務を負わされたのも，定期利用者が無権限によるデータの第二次利用を行わないことを確保するためであったが，反面，無権限による第二次利用に効果的に対処するにはあまりにも事案数が多かったこともあり，ただ乗り問題の克服は依然として難題であった。

(100)　この利益相反問題を克服するために考えられたのが，いわゆるローテーションルールである。わが国でも，格付対象商品の発行者等との間の癒着に対する牽制機能を果たしながら，格付プロセスの品質を確保するため，同一案件に一定期間関与した者の交替が義務づけられている（金融商品取引業等に関する内閣府令306条1項2号）。

さらに，米国の鉄道会社であるペン・セントラル（Penn Central）が1970年に破綻し，かつ当該会社によって発行された8,200万ドルの短期社債（コマーシャル・ペーパー）がデフォルトに陥った事件が短期社債市場に対する投資家の信頼を深刻に揺るがせたのも[101]，格付機関の事業モデルの転換に大きく寄与した[102]。同社の短期社債に格付機関の格付が付されておらず，公衆が容易にアクセスできる信用度情報が提供されたわけでもなかったのである。このことから，その後，投資家によって短期社債に投資する前提として格付の公開が要求されたが，この事実が格付機関が報酬と引換えに発行者に格付を付与することを擁護したのである。その結果，格付がいわば市場参入要件としても認識されることになった[103]。

3　格付の国際化（1980年代以降）

1980年代以降，格付が国際化を通じてますます進展した結果，今日，S&P，ムーディーズおよびフィッチの各大規模格付機関には，グローバルな情報仲介者としての役割が与えられている。この原動力の背景には，1980年代以降，外国での債券の売出しや国内の金融資本市場のいっそうのグローバル化がある[104]。このような傾向は，記号化された理解の容易な格付を通じて，国際的にも理解される外国の発行者および発行証券の信用度に関する情報を格付機関に求める需要を増加させた[105]。その結果，たとえば米国以外の金融市場で資金調達を実施する米国企業が，信用度の証明としての格付を「持参」することで，格付を通じて米国以外の金融市場でも受け入れられる素地を作った。このことは，たとえば1980年代に米国の発行者の多数の有価証券が米国以外の国で取引された事実があるほか，1985年以降では，スイスにおいて米国を含む外国の発行者の社債に対し，格付が規制に組み込まれたことからも明らかにな

---

(101)　黒沢義孝『債券格付けの実際』（東洋経済新報社・1985）155頁によれば，ペン・セントラル社が倒産した時点で，ナショナル・クレディット・オフィスが同社の短期社債に最上位の格付を付していたが，同社の短期社債は無担保であったこと，また証券取引委員会（SEC）への届出を要しない短期の資金調達手段であったため，信用力の高い企業に限定して利用されていたことから，同社の短期社債のデフォルトは短期金融市場における信用不安を引き起こし，市場は急速に縮小したとされる。

(102)　Schroeter, a. a. O. (Fn. 9), S. 45.

(103)　Schroeter, a. a. O. (Fn. 9), S. 45.

(104)　Schroeter, a. a. O. (Fn. 9), S. 46.

(105)　Schroeter, a. a. O. (Fn. 9), S. 46.

る[106]。

これに対し，ドイツでも1980年代に米国の資本市場で資金調達を実施するドイツの大企業が格付を依頼し始めているが，これは，米国の格付機関がドイツの企業に対し格付の依頼を広告し始めたほか，勝手格付も公表したことが起因している[107]。1990年代以降も，前述の3社の格付機関は子会社の形式でドイツに事務所を開設しただけでなく，ほぼ同時期に，この時点ではイギリスの植民地であった香港にも支店を開設した[108]。同様の拡大傾向は他国の金融市場でも認められる。格付の利用は時代の変遷において常に拡大された経緯があることから，格付は1990年代中期以降，国際的に通用する市場情報とみなされることになった[109]。

4　いわゆる「格付スキャンダル」と立法措置（1990年代以降）

(1)　格付スキャンダル

しかし，格付の意義が高まると同時に，格付機関に対する批判もますます高まった。この現象は格付機関の「権力（Macht）」に対する一般的な不快感とともに，主として1990年代以降の各格付機関のいわば「機能不全（Versagen）」にも表れている[110]。典型的には格付機関が市場参加者に対し，企業ひいては国民経済全体が破綻するおそれがあることを警告する必要があったにもかかわらず，格付を引き下げなかったか，あるいは適時に格付を引き下げなかったことに非難が向けられたことによる。とりわけ，1997年のアジアの金融危機，2001年および2002年の米国の大企業であるエンロンおよびワールドコムの破綻，ならびに2003年のイタリアの企業であるパルマラットの破綻がその契機になっている[111]。いずれの破綻も不正会計を原因としたが，いずれにしても，金融危機や企業の各破綻によって市場参加者の格付に対する誤解とその限界が示されたことは否定できない[112]。すなわち，格付は単に予測的性格を有するにすぎないこと，また格付機関は他の市場参加者である決算監査人や監督当局と同

(106)　Schroeter, a. a. O. (Fn. 9), S. 46.
(107)　Schroeter, a. a. O. (Fn. 9), S. 46.
(108)　Schroeter, a. a. O. (Fn. 9), S. 46.
(109)　Schroeter, a. a. O. (Fn. 9), S. 47.
(110)　Schroeter, a. a. O. (Fn. 9), S. 47.
(111)　Schroeter, a. a. O. (Fn. 9), S. 47.
(112)　Schroeter, a. a. O. (Fn. 9), S. 47.

様に，必ずしも不正会計のような企業の経営者の犯罪行為を見抜けるものではないこと，である[113]。もっとも，この場合に信用度予測に格付機関の軽率な行為があったと単純に推測されてはならないことに留意が必要である[114]。その後も，2007年に米国においてサブプライムローン問題が発生したが，ここではサブプライムローン（低所得者向けの住宅ローン）を裏付資産とした住宅ローン担保証券（RMBS），ならびにそれを再組成した債務担保証券（CDO）等が当初安全と思われたにもかかわらず，格付機関によって大量に格下げされたこと[115]が批判された。それ以外にも，続く2008年のリーマンショックを契機とするグローバルな金融危機の勃発に際して，格付機関は複雑な金融商品の格付に対して誤った展開を生じさせた。これらの事実から，金融資本市場に対する投資家の信頼の喪失ならびに情報の非対称性の顕在化が生じた結果，格付機関の取締りや格付制度の法秩序を決定的に変革するきっかけが生まれたのである[116]。

(2)　立法措置

このような格付スキャンダルに対応するため，米国では，2006年９月29日に「信用格付機関改革法（Credit Rating Agency Reform Act of 2006）」[117]が制定された。とりわけ2001年のエンロンの破綻が，格付機関の顕著な失敗例であると認識されたためである[118]。本法の目的は，投資家の保護および公益のために格付の品質を改善し，とくに格付制度上の責任，透明性および競争を促進することにあった。本法の制定以前では，1975年以降，信用リスクの等級を区別するため，証券取引委員会（SEC）が「全国的に認知された統計的格付組織

---

(113)　黒沢義孝「SEC 公認の格付け会社はなぜ不正を反映できないのか」旬刊経理情報1025号31頁（2003）によれば，格付会社には企業を監査する法的な権限は与えられておらず，格付会社はプロの目で企業の辻褄の合わない点を指摘できるが，「嘘つきポーカー」の嘘を，強権を持って監査することはできないので，現行制度では巧妙な「嘘」の前に格付会社は無力であると指摘される。

(114)　Schroeter, a. a. O. (Fn. 9), S. 47-48.

(115)　主として江川・前掲注（２）14頁以下，小林正宏・安田裕美子『サブプライム問題とアメリカの住宅金融市場』（住宅新報社・2008）112頁を参照。

(116)　Schroeter, a. a. O. (Fn. 9), S. 48.

(117)　Pub. L. 109-291, 120 Stat. 1327（2006）. 本法に関しては，髙橋真弓「米国における信用格付機関改革法の制定⑴」南山法学31巻１・２号489頁以下（2007）を参照。なお，以下で説明する米国での格付機関をめぐる経緯については，さらに，野村亜紀子「米国の格付機関の規制をめぐる最近の議論」資本市場クォータリー９巻１号36頁（2005）も参照。

(118)　髙橋・前掲注（117）490頁。

(NRSRO)」として認定した格付機関の格付を使用し，その格付を法的規制に利用していたにすぎなかった。しかしその後，その認定も証券取引委員会の職員がいわゆるノーアクションレター（事前照会）手続に基づき行うようになったとされ，証券取引委員会もNRSROの地位を詳細に定義することなく，引き続き法的規制への格付の利用を拡大したことから，認定に対する不透明性や規律の不十分さの問題を生じさせることになった。このような状況を受け，証券取引委員会は1994年に格付機関のNRSROとしての認定に係る諸基準を定めた「コンセプトリリース」を公表したが，その認定基準は新規の格付機関にとっては市場参入障壁を設けたに等しいほど厳格であった。このことから，その後のエンロンやワールドコムの事件に触発された形で，2002年の企業改革法（サーベンス・オクスレー法）の制定[119]，2003年初頭の格付機関の役割および任務に係る報告書ならびに格付機関に係るコンセプトリリースの作成がなされたところである[120]。しかし，最終的に下院において2005年６月に「信用格付機関複占緩和法（Credit Rating Agency Duopoly Relief Act)」が提案されるに至り，これを基礎に2006年９月29日に「信用格付機関改革法」が施行されたという経緯がある。他方，2007年のサブプライム問題や2008年のリーマンショックは，金融資本市場に対する投資家の信頼を回復させることにならなかったので，信用格付機関改革法の強化のため，2010年にいわゆるドッド＝フランク法[121]に基づき内部統制体制の整備や利益相反等の格付機関の規制強化および改善が図られた[122]。

これに対しEUでも，証券監督者国際機構（International Organization of Securities Commissions；以下，IOSCOとする）がいわゆる「基本行動規範（Code of Conduct Fundamentals)」[123]を制定し，EU市場で活動する格付機関に対して

(119)　本法での格付機関の規制については，主として石田眞得〔編〕『サーベンス・オクスレー法概説』（商事法務・2006）3-39頁による。

(120)　たとえば髙橋真弓「米国連邦証券規制における格付けの利用について—米国証券取引委員会のパブリック・コメント募集と寄せられた意見の概要」ファイナンス39巻９号26頁以下（2003)，横山淳「米国SECの公認格付機関制度見直しの論点」商事法務1668号32頁（2003）を参照。

(121)　本法における格付機関規制の改善については，主として松尾直彦『Q&A アメリカ金融改革法—ドッド＝フランク法のすべて』（金融財政事情研究会・2010）282頁以下を参照。

(122)　詳細については，森谷智子「サブプライム危機と金融規制」嘉悦大学研究論集54巻２号１頁（2012)，小出篤「ドッド＝フランク法による信用格付機関規制の改善に関する規則の改正・制定」金融法研究31号117頁以下（2015)。

当該規範の遵守を求めた。この要求も，2001年以降の米国における不正会計やサブプライムローン問題の表面化を背景とし，EUでも国家が格付機関に介入する必要はないとの認識が維持できなくなったからにほかならない。この行動規範は格付プロセスの品質と誠実性，格付機関の独立性と利益相反の回避等から構成され，合計52の具体的な行動規範が定められている。その遵守の監視は当時の欧州証券規制当局委員会（CESR）が担当し，実際に2005年末にS&P，ムーディーズおよびフィッチの3社がこの監視システムに服したことが報告されている。もっとも，この規範自体には法的拘束力はなく自主的な遵守にゆだねられていたため(124)，EUの監督規制の強化に基づき，一部の格付機関に限り自主的に当該行動規範の遵守に対応したのが実際のところである。

他方，欧州理事会が2008年7月に格付機関に関する規制方針を提示したことを受け，欧州委員会でも格付機関に対する規制の導入が検討されたが，最終的に格付機関に関する規則案(125)を公表したことで，2009年9月16日の格付機関規則(126)を成立させた。これによって，格付プロセスの独立性や利益相反の回避，格付の品質，開示および透明性報告書の作成等，さまざまな最低限の規制が格付機関に課されることになった。もっとも，この規則は，瑕疵ある格付に基づき発生した損害の賠償を投資家が請求できる格付機関の民事責任に係る明文規定を欠いていた。欧州委員会は，その施行以前からその点に関して不十分であると認識していたため，まず，2011年5月31日の第一次変更規則(127)を経

(123)　IOSCOの基本行動規範については，金融庁のホームページに仮訳が掲載されている（http://www.fsa.go.jp/inter/ios/f-20041224-3.html〔2018年6月16日現在〕)。なお，2004年版の基本行動規範は，2008年5月に改訂されている。基本行動規範については，松尾直彦「IOSCOによる信用格付機関原則・証券アナリスト原則の策定」商事法務1676号14頁以下（2003)，海外情報「信用格付機関に関する国際的取組みの最新動向」商事法務1734号48頁（2005）を参照。

(124)　松尾・前掲注（123）14頁。

(125)　Vorschlag für eine Verordnung des europäischen Parlaments und des Rates über Ratingagenturen vom 12.11.2008, KOM（2008）704 endgültig. これについては，海外情報「EUにおける格付機関の規制に関する動き」商事法務1844号34頁以下（2008）および小立敬「EUの格付機関規制案―サブプライム問題を踏まえたEUの対応」資本市場クォータリー12巻3号134頁以下（2009）を参照。

(126)　Verordnung（EG）Nr. 1060/2009 des Europäischen Parlaments und des Rates über Ratingagenturen vom 16. 9. 2009, ABl. EG Nr. L 302/1 vom 17.11.2009.

(127)　Verordnung（EG）Nr. 513/2011 des Europäischen Parlaments und des Rates vom 11.5.2011 zur Änderung der Verordnung（EG）Nr. 1060/2009 über Ratingagenturen, ABl. EU Nr. L 145/30 vom 31.5.2011.

て，2013年6月20日の第二次変更規則[128]において格付機関の民事責任規定を導入している（第二次変更規則35a条1項）[129]。なお，銀行の領域でも，バーゼルII条約において銀行の自己資本比率との関係で外部の格付機関の格付の利用が定められるが，その前提としての格付機関の認定手続に関しては，2006年1月20日の欧州銀行監督者委員会（CEBS）のガイドライン[130]において詳細な基準が定められている。

5　2010年以降の格付とユーロ通貨圏の国債危機

最後に，格付の歴史において言及すべき最近の出来事として，ユーロ通貨圏における国債危機も重要である。国債危機では，2010年3月以降，高額の負債を抱えた複数の国家（ギリシャ，アイルランド，ポルトガル，スペイン，キプロス）が，結果的にEU構成国およびヨーロッパ中央銀行の援助措置を受けて支援された[131]。しかし，この危機の過程において格付機関はこれらEU構成国のソブリン債の格下げを実施したが，この格下げに対し，格下げられた国家や欧州委員会から支援プログラムのポジティブな影響が十分に評価されてないとの批判がなされた[132]。たとえば，当時のギリシャの大統領であったギオルゴス・パパンドレウ（Giorgos Papandreou）は2011年初頭に，格付機関は「われわれの運命を形作ろうと試み，われわれの子供の将来を決定づけようとしている」と非難したほか，さらに，欧州委員会のミシェル・バルニエも，「…民間の会社が，前代未聞の取り組みに傾注するわれわれ以上に権限を有することを誰が正当化でき，また承認できるというのか。われわれは，格付機関がどのようにソブリン債を格付するのかについて，もっと要求する必要がある。格付は，格付された国家だけでなく，われわれの国家全体についても決定的な役割を果たす。すなわち，格下げには国家が借入れを行う場合，よりコストがかかる直接

(128)　Verordnung (EU) Nr. 462/2013 des Europäischen Parlaments und des Rates vom 21.5.2013 zur Änderung der Verordnung (EG) Nr. 1060/2009 über Ratingagenturen, ABl. EU Nr. L 146/1 vom 31.5.2013.

(129)　この経緯については，第4編第2章を参照。

(130)　“Guidelines on the recognition of External Credit Assessment Institutions” on 20. January 2006. なお，このガイドラインは2010年11月30日に改訂されている。

(131)　ギリシャ共和国に対する最初の支援プログラムは，2010年3月にユーロ圏の16か国の構成国によって決議され，かつ2010年4月にギリシャ政府によって申請された（Schroeter, a. a. O. (Fn. 9), S. 48 Fn. 62）。

(132)　Schroeter, a. a. O. (Fn. 9), S. 47 Fn. 64, 65を参照。

的な効果があるだけでなく，国家を弱体化させ，場合によっては隣国の経済にも悪影響を及ぼす。…若干の構成国が現実の困難に直面しているのは明らかであるが，まさにこれらの構成国はEUの構成国であって，構成国の連帯から利点を得るという事実が考慮されていない…」と談話している。このように格下げに対する批判が発行者の側から行われることは，それ自体特別なことではなく，民間の発行者からも国家の発行者からも一般に行われる。実際，国家の発行者であるドイツでも，2004年にドイツ連邦共和国の「AAA」の格下げが議論されたとき，格付機関の権限の正当性に関して政治的に議論された経緯がある[133]。

このような批判も，国債危機に際して格付に歴史的意義が与えられたことを示唆するものであろう。なぜなら，ソブリン債に関する国債危機によって国家は，一方では格付機関を含む金融市場関係者を利用した固有の規制権限を有する者として（格付による取締り），他方では潜在的な格付の客体としての金融市場における資本需要者として（格付自体の取締り），二重の意味において登場したからである[134]。この二重の意味を認識させたことに重要性が認められる。

(133)　Berghoff, a. a. O.（Fn. 9），S. 141.
(134)　Vgl. Schroeter, a. a. O.（Fn. 9），S. 49.

第4章
本編の要約

以上のように，1909年を境に大まかにそれ以前を第一期，それ以後を第二期として格付機関の歴史的生成過程の検討を進めてきたが，以下では全体を要約しかつ今後の格付機関の役割と問題点を指摘して，本編の結びに代えたい。

まず，現在の意味における格付機関の格付は，鉄道会社の株式・社債に対して1909年にジョン・ムーディーによってなされたことにその端緒を認めることができるが，それ以前にも，格付機関の前身となりうるものが存在したことを指摘できる。第一に信用興信所としての信用調査機関であり，第二に経営と金融の専門報道機関であり，最後に投資銀行家である。少なくとも現在の意味での格付機関が発生する1909年以前では，これらの機関が鉄道会社が発行する債券の情報に対する投資家の需要を満たしていた。

信用調査機関は，1841年にニューヨークにおいてルイス・タッパンによって設立されたのが最初であったが，特徴的なことは，個々の債務者の性格や財産状況の調査を担当する信用調査員によって独自のネットワークが構築され，かつ商人の信用度判定に重要な情報が収集されたことである。もともと情報需要を満たすことへの従前の商人の伝統的な解決法は，血族関係や宗教的結合関係に拘束された信頼できる知人のネットワークに取引を限定することにあったが，その特徴はこのような伝統的な解決法から裏付けられるものであったといえる。

当該システムが構築される以前でも，資金の貸し手と借り手の双方が推薦者による推薦状の提供を介して相互に共通する接点を有したが，そのようなネットワークや推薦の対象にならない投資家は必ずしも情報需要を満たすことはなかった。債券市場の成長によって，このような非公式チャンネルは不十分であると認識され，専門の報道機関を出現させることになったが，たとえばプアーによって1868年以降に発刊されたアメリカ合衆国鉄道年鑑の出版は，その典型例としてあげられる。もっとも，これは，格付符号を用いた略記の形式による現在の信用度判定とは異なることに留意されなければならない。さらに銀行投資家も，鉄道会社の取締役会での議席の獲得を通じていわば内部情報を入手できた立場にあったことから，この立場を通じて投資家の情報需要を満たす役割を果たしていた。

他方，投資銀行家は特別な内部情報にアクセスできることに対し，なぜ潜在的投資家も投資銀行家のように内部情報にアクセスできないのかといった疑義が生じたのも事実である。そのため，1909年にムーディーによって現在の意味における最初の格付が公表され，潜在的投資家の情報需要を満たしたことは当時，画期的な出来事として受け取られた。このことは，当時の格付に係る市場を急速に成長させたことから，1910年以降の数年間にフィッチ・パブリッシング・カンパニー等の現在の格付機関の原点となる会社を出現させた。そのため，この時代は格付機関にとって「黄金の時代」を迎えたといわれる。

その後，1970年代には格付機関の事業モデルが投資家支払型から発行者支払型へと変化した。この変化は，主として高速度の複写機の出現により定期購読者がコピー技術の進歩した複写機を利用して，格付の対価を支払わない投資家と格付レポートを共有したことから（二次的利用），いわゆる「ただ乗り」問題に対処する必要があったことから生じたものである。鉄道会社のペン・セントラルの破綻に基づく短期社債のデフォルトの発生も，格付機関の事業モデルの変化を促した時代背景の一つに含まれる。

これに対し，1980年代以降は格付の国際化が進展した時期であり，S&P 等の大規模格付機関が情報仲介者としての役割を果たした時期に重なる。その背景には，外国での債券の売出しや国内の金融資本市場のいっそうのグローバル化がある。その結果，格付は米国以外の金融資本市場において資金調達を実施する米国企業の信用度の証明として用いられたほか，たとえばドイツの企業でも，1980年代に米国の市場で資金調達を実施する際に格付を依頼し始めている。1990年代中期以降には，すでに格付は国際的に通用する市場情報とみなされるようになった。もっとも，それ以降，格付機関がいわば「機能不全（Versagen）」に陥ったことも重要である。すなわち，格付機関が市場参加者に対し，企業ひいては国民経済全体が破綻するおそれがあることを警告する必要があったにもかかわらず，事前に格付を引き下げなかったか，あるいは適時に格付を引き下げなかったという事実が発生したのである。この事実は，主として2001

年および2002年の米国の大企業であるエンロンおよびワールドコムの破綻にみられる。

その後も，2007年のサブプライムローン問題やこれに続く2008年のリーマンショックを契機とするグローバルな金融危機の勃発に際して，格付機関は複雑な金融商品の格付に対して誤った展開を生じさせたとされる。そのため，米国では2006年の信用格付機関改革法，EU では IOSCO による基本行動規範が制定され，格付機関は法的な対応を迫られた。さらに，2010年以降のユーロ通貨圏における国債危機に際しても，格付機関による格付に厳しい批判が向けられた。

このように沿革的にみれば，格付機関の発生はむしろ必然であったように思われる。現在，格付機関あるいは格付には，投資家の視点からみれば少なくとも①投資家と資金調達を必要とする企業との間での情報の非対称性を軽減すること，②投資の対象資産または企業に関して最低限の格付が公表されることで，投資家を代表して年金基金，生命保険会社等が引き受けるリスク量を限定する，いわゆるプリンシプル＝エージェント問題の解決に有用なメカニズムであること，さらに③格付機関による格付の引下げは，個々の投資家にとって投資の再構成を生じさせる明確なシグナルとして作用すること，以上のような役割が期待されているが[135]，このような役割はこれまでの歴史的経緯から構築されてきたとも考えられる。しかしその反面，現在の視点からみれば格付が与える影響は小さくなく，格付を引き下げる場合であっても，金融システムに対してネガティブな影響を及ぼし，金融資本市場にシステミックな影響を与える可能性もある。そうであれば，このような役割を有するにもかかわらず，たとえば格付機関の格付に明白な瑕疵がある場合や時宜を逸して格下げが遅延した場合に格付機関は責任を負うのかという課題が，さらなる重要問題として発生する。そもそも格付は意見・見通しに係る部分が多く，責任追及の対象になりにくいとの指摘もあるが[136]，この問題は編を改めて扱いたい。しかしその前に，次編では前提問題として，格付機関がどのような役割または機能を果たし，どのような規制（主として利益相反規制）が存在するのかにつき，その基本的視座を扱うことにする。

(135)　García Alcubilla/Ruiz del Pozo, supra note (9) at 5-6.
(136)　江頭・前掲注（８）36頁。

第3編

格付機関の役割と法的規制

第1章

はじめに―本編の目的

増大する経済活動の複雑さや多数の選択肢がある投資に直面した場合，専門家に対してこれらの分析や意見表明を要請することは，投資に基づくリスクを回避する側面がある[1]。そのため，グローバルな金融資本市場で常に複雑化する金融商品に関して，当該商品に係る専門家の意見を徴収することは，これまで投資家の予防的なリスク回避措置の一つとして認識されていたが，現在では，むしろ当該意見を徴収することの方が通例であるともいえる[2]。この場合の専門家にはさまざまな専門家が存在するが，本書が対象とする格付機関もこの専門家に含まれ，当該格付機関によって表明される格付[3]は，金融資本市場にとって重要な意義を有している。すなわち，格付は債務不履行（Ausfall）の蓋然性に係る信用度の表明として，証券の発行の成否や発行者の資本調達コストにも影響を及ぼし，さらに取引相手方が業務提携を受け入れるか，または継続

(1) Vetter, Rechtsprobleme des externen Ratings, WM 2004, S. 1701.

(2) そのため，証券アナリストを含め格付機関のレポートや発言等は，資本市場が動揺するほどの重みがあることもある（尾崎安央「証券アナリスト・格付機関の規制・責任」ジュリスト1235号51頁以下（2002））。

(3) わが国の金融商品取引法では信用格付の定義を設けており，信用格付とは，「金融商品又は法人（これに類するものとして内閣府令で定めるものを含む。）の信用状態に関する評価（以下この項において「信用評価」という。）の結果について，記号又は数字（これらに類するものとして内閣府令で定めるものを含む。）を用いて表示した等級（主として信用評価以外の事項を勘案して定められる等級として内閣府令で定めるものを除く。）をいう」と規定される（金商法2条34項）。他方，後述するEUの格付機関規則3条1項a）では，「格付とは，法人（entity），負債（debt）または金融債務（financial obligation），債務証券（debt security），優先株式（preferred share）もしくはその他の金融商品（other financial instrument）の信用度，またはこれら負債，金融債務，債務証券，優先株式もしくはその他の金融商品の発行者に係る信用度に関する意見をいい，確立されかつ定義された格付カテゴリーのランク付けシステムを用いて表明されるものをいう」と定義される。

するための前提として信用度格付を考慮する場合には，当該企業にとって自己の存続にも関わる重大な意義を有するのである[(4)]。本編ではこのような格付の重要性に鑑み，格付機関またはその格付が現在の経済社会においてどのような経済的意義を有し，どのような役割を果たすのか，またその経済的意義を考慮した場合，どのような問題が内在し，これに対してどのような法的規制（主として利益相反規制）による対応が可能なのかという基本的視座の解明に寄与することを目的に，EU法およびドイツ法の検討を行うことにする。

1　格付機関の法的規制の背景

⑴　背　　景

世界的に波及した2008年の金融危機によって当時，世界経済は最も困難な時期に直面したが，この危機を引き起こした要因の一つが，米国に端を発した2001年のエンロンの不正会計事件や2007年7月下旬以降のサブプライムローン問題である[(5)]。これらの事件および問題の背景には格付機関の関与が指摘されているが，実際，格付機関はエンロンの不正会計に警鐘を鳴らすことができなかっただけでなく[(6)]，サブプライムローン問題でも，ローンを束ねた金融商品に高格付を付与しその急増を助ける一方で，ローンの不履行が増えると急速に大幅な格下げを行ったために市場を混乱させた。これらが金融危機をいっそう

（4）　Vgl. Vetter, a. a. O. (Fn. 1), S. 1701.

（5）　金融危機の発生原因を正確に述べることは困難であるが，Blaurock, Regelbildung und Grenzen des Rechts – Das Beispiel der Finanzkrise, JZ 2012, S. 226, 227-228によれば，主として次の5つの原因があげられる。第一に，米国同時多発テロ事件（2001年9月11日）後における経済破綻への反動の結果として引き起こされた米国の不動産市場でのバブルの発生である。2005年以降は，米国の貨幣政策が制限的になり，利率も上昇した結果，不動産価格も低下し，抵当証券の価値も喪失された。第二に，リスクの正確な認識なく行われた債券の証券化，とりわけ仕組み有価証券の組成である。その背景には，高い利回りを求めて適切なリスクを値踏みできなかった投資家のリスク管理の機能不全があった。第三に，格付機関の誤った評価によって強化された金融商品のリスクの実現である。第四に，過度なボーナスの支給を受けるため，ハイリスクな成果を短期的に当て込んで作出された銀行経営者のインセンティブ報酬である。最後に，国境を超える国際的な金融取引への国内の監督当局の不十分な介入権限である。監督当局には，個々の金融機関の危機・倒産を生じさせうる金融システムに係るリスク全体の展望が欠如していた。

（6）　エンロンの破綻への経緯と格付会社の対応については，森田隆大『格付の深層』（日本経済新聞出版社・2010）168-169頁，淵田康之「米国における格付会社を巡る議論について」資本市場クォータリー5巻4号2頁（2002）の表1ならびに石田眞得〔編〕『サーベンス・オクスレー法概説』（商事法務・2006）5頁以下等を参照。

拡大させたという理解である[7]。さらに金融危機は，2008年９月に破綻した米国の投資銀行であるリーマン・ブラザーズによっても拡大されたが，この場合にも，格付機関は破綻直前までリーマン・ブラザーズを投資適格として位置づけていた[8]。とりわけ，サブプライムローン問題に際して「急激な格下げがサブプライム問題を発生させた」「格付の手法に問題がある」「格付会社に対する監督規制が甘い」等の問題提起がなされたことは[9]，格付機関の格付そのものへの信頼を大きく崩壊させるのに十分な事実であった。他方，格付機関は情報仲介者（Informationsintermediäre）[10]として金融資本市場のゲートキーパー的役割を果たすにもかかわらず，従来，法的規制の対象すらならない[11]との認識があった。この認識は，格付機関は投資判断に関する情報を提供するが，金融商品の売買には関与しないことに基づく。そのため，格付機関に対する信頼の崩壊は，「誰が見張りを見張るのか（Quis custodiet ipsos custodies?）」[12]という問題を生じさせ，その結果，格付機関に対する法的規制が要求される契機にもなった。前述のような，格付機関は法的規制の対象ではないとの認識は，もはや世界的に維持できなくなったといえる。

(2)　格付に対する実務上の批判

格付機関の格付には経済的意義が付与されるにもかかわらず，金融危機の過程では格付に対して格付機関の注意があまりにも欠如していたことを示す事実が存在した。たとえば，10億ドル相当の対価を伴う格付分析がわずか90分以内に作成されていた事実[13]，S&Pが2011年11月に数人の定期購読者に対しフラ

---

(7)　日本経済新聞2009年10月28日夕刊５面。
(8)　日本経済新聞2010年５月30日朝刊５面。
(9)　黒沢義孝『格付会社の研究』（東洋経済新報社・2007）13頁。
(10)　この観点については，Leyens, Informationsintermediäre des Kapitalmarkts, 2017, S. 3を参照。格付機関以外にも，決算監査士（Abschlussprüfer）ならびに金融アナリスト（Finanzanalysten）があげられる。
(11)　池田唯一＝三井秀範ほか〔編〕『逐条解説：2009年金融商品取引法改正』（商事法務・2009）16頁，日本経済新聞2009年10月28日夕刊５面。
(12)　このことを指摘する学説として，Deipenbrock, Der US-amerikanische Rechtsrahmen für das Ratingwesen – ein Modell für die europäische Regulierungsdebatte?, WM 2007, S. 2217; v. Schweinitz, Die Haftung von Ratingagenturen, WM 2008, S. 953 Fn. 2.
(13)　Sam Jones, When Junk Was Gold – Part 2, Fin. Times (London), Oct. 18, 2008, p. 16, “One analyst recalls rating a $ 1bn structured deal in 90 minutes”.

ンスの格下げ見込みに係るE-Mailを誤って送信していた事実[14]，リーマン・ブラザーズが破綻に直面していたにもかかわらず，S&Pが「A＋」もしくは「A」の等級の格付を維持していた事実のほか[15]，さらにドイツでは，現実にフランクフルト・アム・マイン上級地方裁判所において，年金生活者である投資家が米国の格付機関であるS&Pのポジティブな格付に基づきリーマン証券に3万ユーロを投資した結果，損失を被ったことで当該格付機関に対し損害賠償訴訟を提起した事実[16]も存在する。このような各事実の存在にもかかわらず，たとえば米国では，裁判上，長期にわたり格付機関による格付の表明はそもそも憲法修正第一条の「言論の自由」によって保護されうるものと判断されてきた[17]。

(3)　格付の表明に係るドイツ基本法上の問題点

他方，米国と同様にドイツでも，以上のような事実から格付そのものを制限することは，表現の自由（Meinungsfreiheit）との関係で問題となる。なぜなら，表現の自由は多元的社会における重要な基本権の一つとして掲げられ（ドイツ基本法5条1項。以下，単に基本法とする），EUでも基本権憲章において基本権として保護されるからである（EU基本権憲章11条1項[18]）[19]。もっとも表現の自由は，法人にも適用されるが（基本法19条3項），国内法人にのみ適用されるので，ドイツにおいて米国の格付機関を当該自由に含めることはできない。したがって，法人として組織されたドイツ国内の格付機関に限り，表現の自由による保護を享受することができる。

この表現の自由の適用範囲については，とりわけ表現の自由の保護範囲に含

(14)　Wefers/Bläske/Fechtner, Triple-Au für Standard & Poor's, Börsenzeitung vom 12. 11. 2011, S. 8.

(15)　Berger/Stemper, Haftung von Ratingagenturen gegenüber Anlegern, WM 2010, S. 2289. 日本経済新聞2010年5月30日朝刊5面でも，リーマン・ブラザーズは破綻直前まで投資適格とされていた。

(16)　OLG Frankfurt/M., Urteil vom 28.11.2011 – 21 U 23/11, AG 2012, S. 182 = BB 2012, S. 215 = RIW 2012, S. 249 = WM 2011, S. 2360 = ZIP 2012, S. 293. 本件の評釈として，Theewen, EWiR § 23 ZPO 1/2012, S. 227; Däubler, Rechtsschutz gegen Giganten?, NJW 2013, S. 282を参照。本件の上告審として，BGH, Beschluß vom 13.12.2012 – III ZR 282/11, AG 2013, S. 131 = NJW 2013, S. 386 = NZG 2013, S. 348 = RIW 2013, S. 169 = ZIP 2013, S. 239を参照。その評釈として，Baumert, EWiR § 23 ZPO 1/2013, S. 363; Amort, BGH lässt erstmals Klage gegen ausländische Ratingagentur zu, NZG 2013, S. 859がある。本件の詳細については，第6編第4章3を参照。

まれない事実の主張と区別される必要がある[20]。格付機関によって，格付は一定の基準としても明確な推奨としても理解されるものではなく，単に主観的な価値判断として理解されるものである旨が表明される場合が多い。たとえばS&Pでも，「信用格付は，格付先の信用力に関する現在のフォワードルッキングな意見である」[21]ことが指摘される。表明された格付は，利息を含めた債務

(17)　花井路代「格付機関の注意を欠いた不実表示に表現の自由の抗弁が認められず―穴の開いた米国憲法修正第一条の防波堤」NBL913号８頁（2009）および同「カルパース，不実表示により巨額の損害を被ったとして大手格付機関三社を提訴―訴えなければ弁明できない自身のフィデューシャリ責任」NBL910号８頁（2009）を参照。もっとも，修正第一条は，必ずしも信用格付機関の行うすべての業務に適用されるわけではないとの指摘もある（弥永真生「信用格付機関の民事責任」『企業法制の将来展望―資本市場制度の改革への提言（2013年度版）』（資本市場研究会・2012）101頁）。さらに米国の状況につき，弥永・前掲92-102頁，同「格付機関の民事責任」法学教室377号45頁（2012）のほか，山田剛志「格付会社への規制」金融商品取引法研究会〔編〕『金融商品取引法制の潮流』（日本証券経済研究所・2015）145-151頁，同「住宅ローンの証券化と関係者の法的責任に関する比較法的研究―格付機関の責任を中心に」住宅・金融フォーラム10号49頁（2011），同「格付機関の規制」ジュリスト1412号64-66頁（2010），久保田安彦「証券化市場規制と格付会社規制」企業と法創造６巻３号35頁（2010），久保田隆「格付会社の規制について」国際商取引学会年報12号70頁（2010），小立敬「米国SECの格付機関規制に関する最終規則および再提案」資本市場クォータリー12巻４号170頁（2009），同「日米欧の新たな格付機関規制の方向性」資本市場クォータリー12巻３号35頁（2009），同「サブプライム問題と証券化商品の格付―米国SECの格付機関規制の見直しとその背景」資本市場クォータリー12巻１号13頁（2008），石田〔編〕・前掲注（６）５頁以下，野村亜紀子「米国の格付機関の規制をめぐる最近の議論」資本市場クォータリー９巻１号36頁（2005），坂田和光「米国における格付機関をめぐる議論について」レファレンス646号35頁（2004），横山淳「米国SECの公認格付機関制度見直しの論点」商事法務1668号32頁（2003），尾崎・前掲注（２）49頁以下，髙橋真弓「格付をめぐる法規制のあり方について」南山法学25巻１号51頁（2001）等において紹介されている。なお，2006年の信用格付機関改革法（Credit Rating Agency Reform Act of 2006）については，髙橋真弓「米国における信用格付機関改革法の制定(1)」南山法学31巻１・２号489頁（2007）を参照。

(18)　なお，EU基本権憲章の施行以前でも，欧州司法裁判所によって表現の自由は不文の基本権として展開されていた（EuGH, Rs. C-368/95, Slg. 1997, I-3689 - Familiapress)。

(19)　Witte, Verbot von Kreditratings für Staatsanleihen? Einige Überlegungen zu einer aktuellen Diskussion aus völkerrechtlicher und grundrechtlicher Perspektive, WM 2011, S. 2253, 2256.

(20)　Witte, a. a. O. (Fn. 19), S. 2256. もっとも事実の主張については，たとえば言論報道の自由のように，基本法５条所定の別の基本権の保護領域に含まれるものもある。

(21)　2018年３月１日付のS&Pグローバル・レーティングの行動規範10頁（7.1）を参照。この行動規範については，https://www.standardandpoors.com/ja_JP/delegate/getPDF?articleId=2041870&type=COMMENTS&subType=REGULATORY において参照できる（2018年６月16日現在）。

の償還（支払能力）に係る格付機関の現在の評価を伝達することにあるが，その完全な支払能力は，債務の諸条件に従い将来にはじめて判明する。そうであれば，債務者の支払能力が格付の時点ですでに客観的に存在するわけではないので，格付は保護範囲に含まれない事実の主張とは異なり，意見の表明として位置づけられうるものである[22]。格付は単なる相対的な表明にすぎず，必ずしも絶対的な表明ではない。さらに，発行者の将来の支払能力という不確実な将来の事象の推移が重要であることからすれば，この評価は必然的に主観的なものにならざるをえない[23]。したがって，格付は表現の自由の保護範囲に含まれる意見の表明であり，基本法上の保護を受けるものと考えられる[24]。格付機関がたとえ標準化された等級（AAA 等）において主観的価値判断を表明する場合であっても同様であり，保護範囲に含まれない事実の主張でもなく，誹謗中傷的な批判であると決定づけることもできない[25]。もっとも表現の自由の保護範囲に含まれるものであっても，無制限に保障されるわけではなく，「一般法律の規定」等による制約に服することがある（基本法5条2項）。

---

(22)　Witte, a. a. O. (Fn. 19), S. 2257.

(23)　Witte, a. a. O. (Fn. 19), S. 2257.

(24)　Witte, a. a. O. (Fn. 19), S. 2257. このことは，米国法の結論にも合致する。すなわち，U.S. District Court for the Central District of California, County of Orange v. The McGraw-Hill Companies, d/b/a Standard & Poor's Ratings Services, Case no. SACV 96-0765は，カリフォルニアの地方公共団体である債券の発行者が支払不能になり，数年にわたって債券を勧誘し続けた格付機関であるS&Pに対し，訴えが提起された事案であるが，ここでは，格付があまりにも優良な結果になっていた点に非難が集中した。本件の裁判所は当該訴えを棄却したが，これは，格付機関の格付は合衆国憲法修正第一条（言論の自由）の保護領域に含まれるという理由からである。この修正第一条は，機能的にはドイツ基本法5条の規定と同様であり，かつその内容，保護領域および制限からすれば，修正第一条と完全に等しいとされる。また，修正第一条に関して，特別目的法人の経営破綻と格付会社の責任が問題になったAbu Dhabi Commercial Bank v. Morgan Stanley & Co., 651 F. Supp. 2d 155 (S.D.N.Y. 2009) 事件も参照（本件につき，近藤光男＝志谷匡史〔編〕『新・アメリカ商事判例研究〔第2巻〕』〔志谷匡史〕（商事法務・2012）10頁以下）。

他方，ドイツの場合，意見を自由に発表する権利自体は，原則として基本法5条2項の一般法律の規定に基づき制限を受ける（Vgl. Deipenbrock, Aktuelle Rechtsfragen zur Regulierung des Ratingwesens, WM 2005, S. 261, 264）。

(25)　Witte, a. a. O. (Fn. 19), S. 2257.

(26)　米国法の法的規律については，主として石田編・前掲注（6）3頁以下ならびに髙橋・前掲注（17）南山法学25巻1号51頁以下および南山法学31巻1・2号489頁以下を参照した。

(4) 格付機関の規律

格付機関の法的規律につき，米国では[26]，エンロンやワールドコムの事件が2002年のサーベンス・オクスレー法を制定する契機になり，2006年の信用格付機関改革法（Credit Rating Agency Reform Act of 2006）[27]の成立を受け，2007年6月に格付機関規制が導入された。本法は，いわゆる公認格付機関（NRSRO）[28]を対象に投資家の保護および公共の利益のため，信用格付産業の説明責任・透明性・競争を促進することで格付の質を改善することが目的とされる[29]。本法によって，公認格付機関の登録制の導入，情報開示義務，利益相反の取扱いに関する手続の整備，証券取引委員会（SEC）に対する規則制定権の付与等の重要な改正が行われた。さらに，2010年7月21日に成立した金融規制改革法（ドッド＝フランク法）でも，内部統制体制の整備や利益相反等の規制のように，一段と格付機関の規制が強化されている[30]。

これに対しEUでは，2003年のイタリアのパルマラット社の不正会計事件ならびにサブプライムローン問題の表面化によって格付機関の規制の必要性が認識されたことから，EUでも国家が格付機関に介入する必要はないとの認識が維持できなくなった[31]。そこで，格付機関に対する規制の導入が検討されたが，2006年9月に一度，規制の導入が見送られた経緯がある。しかしながら，欧州理事会が2008年7月に格付機関に関する規制方針を提示したことから，その後，欧州委員会によって格付機関に関する規則案[32]が公表され，さらに，この規

(27)　本法については，髙橋・前掲注（17）南山法学31巻1・2号489頁以下を参照。

(28)　公認格付機関とは，いわゆる「全国的に認知された統計的格付組織（Nationally Recognizd Statistical Rating Organization）」のことをいう。

(29)　髙橋・前掲注（17）南山法学31巻1・2号501頁。

(30)　日本経済新聞2010年5月30日朝刊5面，日本経済新聞2010年8月27日朝刊27面。さらに，小立敬「米国における金融制度改革法の成立―ドッド＝フランク法の概要」野村資本市場クォータリー14巻1号127頁，145頁以下（2010）を参照。

(31)　Deipenbrock, „Mehr Licht!“? – Der Vorschlag einer europäischen Verordnung über Ratingagenturen, WM 2009, S. 1165, 1168の指摘によれば，欧州委員会は，もともと格付制度の規制につき新たな立法提案の必要はないものとしていた（Europäische Kommission, Grünbuch zur Finanzdienstleistungspolitik (2005-2010), KOM (2005) 177 endg., S. 11-12）。

(32)　Vorschlag für eine Verordnung des Europäischen Parlaments und des Rates über Ratingagenturen vom 12.11.2008, KOM (2008) 704 endgültig. これについては，小立敬「EUの格付機関規制案―サブプライム問題を踏まえたEUの対応」資本市場クォータリー12巻3号134頁（2009）を参照。なお，海外情報「EUにおける格付機関の規制に関する動き」商事法務1844号34頁（2008）。

則案は2009年９月16日の格付機関規則[33]として結実することとなった。これによって，格付機関の登録および監督体制の制度枠組みの創設，格付プロセスの独立性や利益相反の回避，格付の品質，開示および透明性報告書の作成等の種々の規制が設けられた。また，その間に証券監督者国際機構（IOSCO）によっても，2004年に格付機関に対する基本行動規範が提示された[34]。この行動規範は，格付プロセスの品質と誠実性，格付機関の独立性と利益相反の回避等から構成され，合計52項目に及ぶ具体的な行動規範を定めている。もともとこの行動規範自体には法的拘束力がなく自主的な遵守にゆだねられていたが，EU の監督規制の強化のため，一部の格付機関に限り自主的に当該行動規範の遵守に対応したのが実際のところである[35]。前述のように EU が一度規制を見送ったのも，EU 構成国の証券監督当局によって構成された当時の欧州証券規制当局委員会（Committee of European Securities Regulators〔CESR〕; 現在の欧州証券市場監督局［ESMA］）が，毎年，格付機関による IOSCO 行動規範の遵守状況を見守るためであったとされる[36]。

格付機関規則は，その約２年後，2011年に第一次変更規則[37]によって改正された。第一次変更規則では，新たな証券市場の監督当局として設置された欧州証券市場監督局に対し，EU における格付機関の登録とその監督に係る専属

(33)　Verordnung（EG）Nr. 1060/2009 des Europäischen Parlaments und des Rates über Ratingagenturen vom 16. 9. 2009, ABl. EG Nr. L 302/1 vom 17.11.2009.

(34)　IOSCO 基本行動規範については，金融庁のホームページに仮訳が掲載されている（http://www.fsa.go.jp/inter/ios/f-20041224-3.html〔2018年６月16日 現 在〕）。なお，2004年版の基本行動規範は，2008年５月に改訂された。基本行動規範については，松尾直彦「IOSCO による信用格付機関原則・証券アナリスト原則の策定」商事法務1676号14頁（2003）および海外情報「信用格付機関に関する国際的取組みの最新動向」商事法務1734号48頁（2005）を参照した。

(35)　海外情報・前掲注（34）48頁。たとえば国際的格付機関である S&P では，その行動規範において，IOSCO の「信用格付機関の基本行動規範」と整合している旨を宣言する（2018年３月１日付の行動規範・前掲注（21）３頁脚注（１）を参照）。

(36)　小立・前掲注（32）135頁。

(37)　Verordnung（EG）Nr. 513/2011 des Europäischen Parlaments und des Rates vom 11.5.2011 zur Änderung der Verordnung（EG）Nr. 1060/2009 über Ratingagenturen, ABl. EU Nr. L 145/30 vom 31.5.2011.

(38)　欧州証券市場監督局が，EU における単一の監督機関として，格付機関に対する監督任務を遂行するのに重要な機関であると認識されている（たとえば Deipenbrock/Andenas, Regulating and Supervising Credit Rating Agencies in the European Union, International and Comparative Corporate Law Journal（ICCLJ），Volume 9 Issue 1, 2012, p. 12）。

管轄を移譲することに重点が置かれたが，その背景には単一の監督当局の創設の理念[38]と，公平な競争の場（level playing field）の創設[39]を目指すEU域内における格付セクターの取締手法の創設の理念があった。もちろん，欧州証券市場監督局への専属的な監督権限の移譲によって構成国国内の監督当局の権限が喪失されたわけではない。しかし，少なくとも2009年の格付機関規則以前では，構成国に格付機関に対する取締りの基準は存在しなかったし，構成国の各主務官庁に相応の監督権限も存在しなかったことを考慮すると，画期的な措置であったといえる。

さらに，第一次変更規則は，その約2年後の2013年に第二次変更規則[40]による改正を受け，広範な規制措置が講じられた。主要な改正項目としてあげられるのは，第一に，格付見通し（Rating-Outlook; Ratingausblick）に係る規制である。格付の表明に関連する規制では，投資家や発行者にとっての意義ならびに市場への影響の点では格付と同様であるという理由から，格付の将来的な動向の見通しを評価する格付見通しも規制された。これによって格付の品質，透明性および独立性に係る規制が，格付見通しにも同様に適用されることになった。第二に，格付機関に対する民事責任規定の導入である（第二次変更規則35a条）[41]。この導入により，投資家または発行者は格付機関が故意または重大な過失によって規則の付録Ⅲ所定の違反行為（Zuwiederhandlungen）を行い，かつこの違反行為が格付に影響を及ぼした場合には，当該格付機関に対する損害賠償請求権を有することになった。第三に，格付機関の独立性に係る規制である。格付の提供に際して利益相反を回避する措置は，もともと格付機関規則の主要な目標であったが，発行者支払モデルに起因する構造的な利益相反については引き続き検討の余地があった。そのため，格付機関に対するローテーションルールを含め，既存の格付機関の独立性を補充する一連の規制が提示された。

---

(39) Deipenbrock, Die zweite Reform des europäischen Regulierungs- und Aufsichtsregimes für Ratingagenturen – Zwischenstation auf dem Weg zu einer dritten Reform?, WM 2013, S. 2289, 2290.

(40) Verordnung (EU) Nr. 462/2013 des Europäischen Parlaments und des Rates vom 21.5.2013 zur Änderung der Verordnung (EG) Nr. 1060/2009 über Ratingagenturen, ABl. EU Nr. L 146/1 vom 31.5.2013ならびにKommission, Vorschlag für eine Verordnung des Europäischen Parlaments und des Rates zur Änderung der Verordnung (EG) Nr. 1060/2009 über Ratingagenturen, KOM (2011) 747 endgültig vom 15.11.2011.

(41) EU法への民事責任導入の詳細は，第4編第2章を参照。

現在では，格付機関に対し利益相反を回避または防止するのに有効な内部統制の構築，運用および記録が義務づけられるとともに（同規則6条），格付機関への投資に付随する利益相反（同規則6a条），および再証券化商品に係る格付の場合の格付機関との契約の最高有効期間（同規則6b条）が定められている。最後に，（見通しも含む）国別格付に係る規制もある（同規則8a条）。国別格付では，とくに構成国での特色が考慮されるとともに，格付機関に対する詳細な調査報告の提出義務も定められた（同規則付録Ⅰ・D・Ⅲ）。

2　わが国の金融商品取引法における規制

このような格付機関に対する世界的な規制の動向はわが国でも例外ではなく，平成21年（2009年）6月24日に「金融商品取引法等の一部を改正する法律（平成21年法律第58号。以下，改正金商法とする）」が成立し，改正金商法によって格付業者に対する規制が導入された。

この導入は，格付業者が金融資本市場において担う役割・影響の大きさ，前述のような国際的な公的規制の導入・強化の動向等に鑑み，格付業者が金融資本市場において求められる機能を適切に発揮し，他方，格付業者による格付が投資者の投資判断を歪めることのないよう必要な規制・監督を行っていくことが重要であることが認識されたことによる[(42)]。

もともと指定格付機関制度や適格格付機関制度が存在していたが，いずれも格付業者を規制・監督する制度ではなかったことから，改正金商法では，前述のIOSCO基本行動規範や欧米の規制の動向を踏まえた対応が行われた。具体的に格付業者に対する規制として，①誠実義務（改正金商法66条の32），②利益相反防止，格付プロセスの公正性確保等の体制整備義務（同法66条の33），③格付対象の金融商品を保有している場合等の格付の提供の禁止（同法66条の35），④格付方針等の公表，説明書類の公衆縦覧等の情報開示義務（同法66条の36第1項・66条の39），また監督規定として，⑤格付業者に対する業務改善命令や監督上の処分（業務停止命令，登録取消等。同法66条の41・66条の42）等が整備され

(42)　わが国の信用格付業者の規制については，池田＝三井ほか・前掲注（11）16頁，野崎彰「格付会社に対する規制の導入」商事法務1873号60頁（2009）および黒沼悦郎『金融商品取引法』（有斐閣・2016）546頁以下を参照。また，改正金商法に係る政令および内閣府令につき，野崎彰＝徳安亜矢「格付会社規制に係る政令・内閣府令の整備」商事法務1890号13頁（2010）。さらに，黒沼悦郎「証券法制の見直し」金融法務事情1903号38頁（2010）も参照。

た（格付自体の実質的内容は規制の対象とされていない）。

金融商品が国境を越えて取引され，格付機関の格付もグローバルに利用される状況では，必然的に国際協調を図りながら国際的に整合的な枠組みにおいて格付機関の規制の実効性を確保することが要求される[43]。そのため，前述のような格付機関に対するわが国の規制の動向も不可避であって，格付機関はますます世界的にゲートキーパー的性格を有することになろう。

もっとも，わが国の改正金商法を考察した場合，たとえば登録が格付機関が信用格付業を行うための必要条件とされないため（任意の登録制度），必ずしも完全な参入規制となっていない登録制度上の不備が存在するという問題，また信用格付業者もしくはその役員または従業員が規制に違反した結果，信用格付業者の直接の契約の相手方またはその他の第三者が損害を被った場合につき，これらの者に対する信用格付業者等の損害賠償規定が設けられていないという損害賠償責任の問題もあり，わが国の改正金商法に残された課題は少なくない[44]。

(43)　野崎・前掲注（42）60頁。
(44)　この問題点を指摘するものとして，橋本円「信用格付業者に対する規制」ジュリスト1390号90頁（2009）。

第2章
格付機関の役割と格付の経済的意義

1　3社の大規模格付機関

格付機関は民間の利益指向型の企業であり，多数の格付機関が世界中に存在するが，主として3社の大規模格付機関が国際格付市場の全体のうちの大部分を占める。その格付機関とは，ニューヨークに本社を置く米国の格付機関であるS&Pおよびムーディーズであり，ロンドンに本社を置くフィッチである。これら3社の格付機関で国際格付市場の90%以上の市場占有率を有し[(45)]，格付市場は寡占構造化しているのが現状である[(46)]。

これらの格付機関によって付与される格付記号は，最高の信用度を示す

(45)　欧州証券市場監督局の報告書によると，EUでは，2016年度は約92%の市場占有率である（Competition and choice in the credit rating industry: Market share calculation required by Article 8d of Regulation 1060/2009 on Credit Rating Agencies as amended, ESMA/2016/1662, 16.12.2016, S. 6の図表1を参照〔https://www.esma.europa.eu/sites/default/files/library/2016-1662_cra_market_share_calculation.pdf〕2018年6月16日現在）。すなわち，S&Pが45%，ムーディーズが31.29%，フィッチが16.56%である。もっともこのような状況から，格付市場の構造内で反対勢力を形成し，かつEUにおける金融資本市場の競争力を強化するため，2004年にドイツ産業連盟（BDI）が，新たに大規模な「ヨーロッパ格付機関（Europäische Rating-Agentur）」の創設を提唱したことがあったが（hib-Meldung, 054/2004 vom 3.3.2004, „Wirtschaft schlägt Etablierung einer europäischen Rating-Agentur vor"〔http://webarchiv.bundestag.de/archive/2008/0506/aktuell/hib/2004/2004_054/01.html〕において参照できる〔2018年6月16日現在〕），資金面等の理由から，このプロジェクトは頓挫している。他方，これに代わり，欧州委員会では小規模格付機関のネットワーク化の理念が議論されたことがある（Verordnung (EU), a. a. O. (Fn. 40), ABl. EU Nr. L 146/10, Erwägungsgrund 50 und Art. 39b Abs. 3. これについては，Meeh-Bunse/Hermeling/Schomaker, Ein europäisches Netzwerk kleiner Ratingagenturen – Eine mögliche Alternative zur gescheiterten europäischen Ratingagentur?, WM 2014, S. 1464を参照）。

「AAA」から支払不能を示す「D」にまで及び，その際，さらに「＋」もしくは「－」あるいは「１（上位)」,「２（中位)」および「３（下位)」のような付加文字または数字によっても区別される(47)。これらの格付記号につき，格付機関は自己が使用した各段階の符号を定義することになるが，たとえばS&Pでは「A」の格付段階について次のように定義する(48)。すなわち,「債務を履行する能力は高いが，上位２つの格付（AAAおよびAA〔括弧内は筆者注〕）に比べ，事業環境や経済状況の悪化からやや影響を受けやすい」というものである。また，S&Pでは格付が「AAA」と「BBB」との間で行われる場合に，ムーディーズでは格付が「Aaa」と「Baa3」との間で行われる場合に，いわゆる「投資適格（investment grade)」として認定され，それ以下の場合をいわゆる「投機的階級（speculative grade)」として認定される。

これらのいわば「称号」は，たとえばファンドのような機関投資家が自己の規約のなかで，しばしば「投資適格」と判定された証券に限り投資できると定める場合もあり(49)，また多数の投資家も通常は国際的な格付機関の格付を参照し，当該格付機関によって付与された「投資適格」の金融商品に限り，自己のポートフォリオに追加するのが(50)通例である。この状況からすれば，これらの「称号」を獲得できるかどうかが発行者にとって極めて重要なものとなる。

---

(46)　Vgl. Becker, Die Regulierung von Ratingagenturen, DB 2010, S. 941, 942; Wildmoser/Schiffer/Langoth, Haftung von Ratingagenturen gegenüber Anlegern?, RIW 2009, S. 657; Blaurock, Verantwortlichkeit von Ratingagenturen – Steuerung durch Privat- oder Aufsichtsrecht?, ZGR 2007, S. 603, 606; Vetter, a. a. O.（Fn. 1），S. 1703; Witte/Hrubesch, Rechtsschutzmöglichkeiten beim Unternehmens-Rating, ZIP 2004, S. 1346, 1348. なお，Chiwitt, Zur Effektivität der Regulierung von Ratingagenturen, Corporate Finance 2014, S. 392, 401によれば，大規模な格付機関の支配力は，主として４つの要因に基づくという。すなわち，①規制の枠内で監督当局から格付機関に付与された特別な役割，②発行者および投資家にとって，必要な資源やノウハウを用意する必要がないことによる外部格付の利便性，③リスク評価に対する責任の転嫁の可能性，最後に④格付市場の寡占構造，である。第二次変更規則でも，これらの要因に抜本的な変更が加えられなかったことから,「ビッグスリー」の支配力も制限されることはなかった。

(47)　プラス記号およびマイナス記号は，主としてS&Pによる区別であり，数字による付加記号は主としてムーディーズである。

(48)　S&Pグローバル・レーティングのホームページ（https://www.standardandpoors.com/ja_JP/web/guest/home〔2018年６月16日現在〕）に掲載されている格付定義等を参照。

(49)　Witte/Hrubesch, a. a. O.（Fn. 46），S. 1347.

(50)　Wildmoser/Schiffer/Langoth, a. a. O.（Fn. 46），S. 658.

したがって，発行者は優良な格付の評価なしに自己の金融商品を資本市場で売り捌くことはほとんど不可能であるので，企業の資金調達に際して，格付はたとえ典型的な銀行の信用貸付けの方法であっても，金融資本市場からの資本調達の方法であっても，重大な役割を果たすことになる(51)。発行者自身にとっても格付は事実上，市場参入のための条件にもなる。このことから発行者は通常，発行者自身であれ，金融商品であれ，格付機関に対して必然的に依頼格付（solicited rating）を通じて信用度調査を依頼する傾向にある(52)。

2　格付の経済的意義

(1)　資金調達方法の変化と情報需要

企業の資金調達方法は，過去数十年の間に古典的な銀行の信用供与から確定利付証券の発行へと重大な変化を迎えた(53)。この仲介金融機関離れ（disintermediation）の現象によって発行者と投資家が資本市場で直接接点を有した結果，支払不能リスクは，仲介者（Intermediären）としての機能を果たした銀行から直接に幅広い投資家に移転したのである(54)。そのため，取引される証券のデフォルトリスクに関して投資家の情報需要が高まったことから，この情報需要を満たす者として格付機関の意義も増大することになった。格付機関は証券に係る利息・元本の償還義務の履行に係る蓋然性につき，標準化された評価（格付）を用いて発行者または個々の有価証券のデフォルトリスクを判断するからである。

格付機関そのものの意義は，規制当局による格付の利用に際して，また機関投資家の投資指針において定められる格付トリガー（rating trigger）(55)によっても促進されていた(56)。しかし他方，格付は一般的に信用できるものと認められていただけに，金融危機のプロセスでは，格付機関がリスクの多い仕組み

(51)　Wildmoser/Schiffer/Langoth, a. a. O. (Fn. 46), S. 658.
(52)　Wildmoser/Schiffer/Langoth, a. a. O. (Fn. 46), S. 658.
(53)　Tönningsen, Die Regulierung von Ratingagenturen, ZBB 2011, S. 460.
(54)　Tönningsen, a. a. O. (Fn. 53), S. 460.
(55)　格付トリガーとは，契約条項において格付を引き下げる場合に，たとえば利率の変更や増し担保請求または契約の終結のような特別な民事法上の効果が定められることをいう（Kumpan, Regulierung von Ratingagenturen – ein anreizorientierter Ansatz, in: Festschrift Klaus J. Hopt, 2010, S. 2157, 2160. さらに，Blaurock, a. a. O. (Fn. 46), S. 611; Witte/Hrubesch, a. a. O. (Fn. 46), S. 1348のほか，Habersack, Rechtsfragen des Emittenten-Ratings, ZHR 169 (2005), S. 185, 188 f. も参照）。
(56)　Tönningsen, a. a. O. (Fn. 53), S. 460–461.

金融商品に高格付を付与していたことが金融危機に寄与したのではないかと非難された[57]。実際，格付機関はデフォルトリスクを過小評価していたほか格付の訂正も怠っていたが，このような事実は，格付機関の意義の増大にもかかわらず格付自体に重大な欠陥があったことの証左として理解できる。

(2)　企業または発行者の側からの視点

格付機関の格付は，グローバルな金融資本市場で常に複雑化する金融商品の分野において確固たる地位を獲得した結果，通常は証券の発行の成否や資本調達コストにも重要な影響を及ぼす。ここでは，特定の債券の相対的な安全性または証券の発行者の相対的な信用度が，格付を通じて一定の符号（文字や数字の組み合わせ）によって説明される[58]。さらに，発行者が国際的な格付機関の一または複数の格付を有する場合には，発行者は世界中の金融資本市場に効果的に自己の金融商品を提供できるという事情[59]も重要である。

(3)　投資家の側からの視点

反対に投資家の側からみれば，信用度格付は，金融商品の判断に際して発行者と投資家との間での情報の非対称性を軽減させるのに寄与する[60]。そもそも格付は金融資本市場にとって国民経済上の資本配分に係る重要なコミュニケーション手段であって，投資家が投資する際の取引コストの低下にも寄与する[61]。投資家にとっても，発行者に他人資本を提供する場合，発行者または発行証券の価値に関して信頼できる情報が決定的に重要になるので，信用度判定の結果としての格付情報が格付機関自体によって，または一般的なメディアを通じて公表されることは有意義である。この意味において格付機関は，発展

(57)　たとえばKumpan, a. a. O. (Fn. 55), S. 2157でも，格付機関は金融危機に対して責任を負う者の一人であるとする。

(58)　わが国の改正金商法2条34号でも，格付は「金融商品又は法人の信用状態に関する評価の結果について，記号又は数字を用いて表示した等級をいう」と定義される。

(59)　Vgl. Wildmoser/Schiffer/Langoth, a. a. O. (Fn. 46), S. 657 f.

(60)　Becker, a. a. O. (Fn. 46), S. 941; v. Schweinitz, a. a. O. (Fn. 12), S. 953; Blaurock, a. a. O. (Fn. 46), S. 608; Habersack, a. a. O. (Fn. 55), S. 186; Vetter, a. a. O. (Fn. 1), S. 1701のほか，Möllers, Regulierung von Ratingagenturen – Das neue europäische und amerikanische Recht – Wichtige Schritte oder viel Lärm um Nichts?, JZ 2009, S. 861も参照。

(61)　Vetter, a. a. O. (Fn. 1), S. 1701.

した金融資本市場の最も重要な情報仲介者[62]としての役割も果たす[63]。

(4) 投資決定に際しての一つの要因

信用度の格付は特定の証券の売買または保有に係る推奨ではなく，単に信用度とともに，利回りや通貨リスク等の他の基準を考慮に入れる投資家の複雑な投資決定に際しての要因の一つにすぎない[64]。そのため，たとえばS&Pでは，インターネットのホームページにおいて行動規範上の免責条項（disclaimer）として，「信用格付は，投資や財務などに関する助言ではない。また信用格付は，特定の証券の購入，保有，売却，あるいはその他の投資に関する意思決定を推奨するものではない。信用格付は，特定の投資家に対する特定の投資への適合性について言及するものではなく，投資に関する意思決定をする際に依存すべきものではない。格付先に対する信用格付の付与は当該格付先の業績を保証するものではない。S&Pグローバル・レーティングは発行体や投資家などいかなる者に対しても，投資や財務などのアドバイザーとしての役割を担うことはなく，また受託者としての関係にもない。信用格付は，検証可能な事実の表明ではない」ことが明示されている[65]。

しかしながら，安全指向型の大衆投資家の場合，もっぱら公表された信用度リスクの格付を信頼することからすれば，格付は，実務においては事実上あたかも投資の推奨であるかような性質を有する側面も否定できない[66]。たとえば投資助言業務に際して，投資顧問会社が自己の顧客に対し説明義務の履行の一環として発行者または特定の証券の格付を提示する場合があるが，この場合，ドイツでは投資意思を有する顧客への投資助言に際して，投機的段階にある外国の発行者の債券の格付を開示しなかった銀行は，当該顧客に対し助言が不完全であるとして損害賠償義務を負うとした裁判例もある[67]。この裁判例は，格付機関ではなく銀行に責任があるとされたものであるが，格付判定が部分的に投資助言を構成する一つの要素として判断された点に特徴がある。

---

(62)　格付機関の情報仲介者としての分類は，Leyens, a. a. O. (Fn. 10), S. 3.
(63)　Vetter, a. a. O. (Fn. 1), S. 1701.
(64)　Vetter, a. a. O. (Fn. 1), S. 1702.
(65)　2018年3月1日付の行動規範・前掲注（21）10頁7.2を参照。
(66)　Vetter, a. a. O. (Fn. 1), S. 1702.
(67)　OLG Nürnberg, Urteil vom 19.12.2001 – 12 U 2976/01 = ZIP 2002, 611.

(5) 情報の非対称性の解消

完全市場では，国民経済的資源は各収益見込みに従いできる限り効率的に計画された各投資に配分される一方，投資リスクは将来の環境に依存する不確実性に基づき発生する(68)。しかし，金融資本市場では，このような不確実性は現実には将来の環境に依存する以外にも，一方当事者が他方当事者よりも多くの情報を有する情報の非対称性から発生する不確実性も存在する。そのため，このような不確実性に対処するため，格付機関は「AAA」等の格付記号(69)に従い，各投資計画に係る包括的な情報を提供することで情報の非対称性を解消し，金融資本市場全体の情報効率に寄与する機能を果たす(70)。格付機関によって作成されかつ公表される格付記号は，投資の成功要因やリスク要因に係る将来指向の客観的評価を与え，その対象についても，金融商品の発行者（いわゆる発行者格付）から金融商品そのもの（いわゆる証券格付）以外に，発行者には国家も含まれることから（国別格付），格付がもたらす影響は国民経済全体にまで及ぶ。

(6) 格付の「証明書付与機能」

このような格付はすべての投資家の情報需要を満たし，すべての投資家のために取引費用を引き下げる経済目的を有するだけでなく，金融資本市場における金融証券（Finanztiteln）の過大評価や過小評価を防止することで，いわゆるバブルの発生も阻止することができる(71)。なぜなら，発行者からの依頼格付の場合には，未公開の企業情報や各企業経営者との対話を通じて，特別な知識も評価に取り入れることが可能であるからである。格付は資金供与者（Geldgeber）のための情報源として利用されるほか，資金受入者（Geldnehmer）には格付を通じて他人資本の調達に要する資本コストを考慮に入れられるので，資金受入者の情報源としても利用される。そのため，企業または金融証券の格付

(68) Gietzelt/Ungerer, Die neue zivilrechtliche Haftung von Ratingagenturen nach Unionsrecht, GPR 2013, S. 333, 334 ff.

(69) 格付の定義については，黒沢・前掲注（９）209-217頁において紹介されている。

(70) 三井秀範〔監〕＝野崎彰〔編〕『詳説：格付会社規制に関する制度』（商事法務・2011）４頁。なお，後藤昌平「格付会社のビジネスモデルと望ましい規制の在り方―信用格付の機能と限界」商学研究（東京国際大学大学院商学研究科）25号４頁（2014）では，さらに情報の生産コストの効率化および情報のスケーリング機能も掲げる。

(71) Gietzelt/Ungerer, a. a. O.（Fn. 68），S. 334.

には，それ自体一種の「証明書付与機能（Zertifizierung）」[72]が認められ，その結果，他人資本に係るリスク・プレミアムが引き下げられるとともに，一定の場合には金融資本市場へのアクセスを格付に依拠させる必要も生じてくる。この意味でも，格付機関にゲートキーパー的機能が付与される[73]。さらに格付は，企業または金融機関内部での信用度評価とともに，金融機関や証券会社の自己資本比率を監督するような場合，「外部格付」として国家の監督目的のためにも利用される[74]。

このように，格付機関は情報提供によって金融資本市場での適切な価格形成を促進し，投資家に対し投資決定のための透明性ある比較の対象を提供し，かつ市場における相場の変動を防止する機能を果たす。そのため，格付機関は国民経済的観点からすれば，資源配分を改善する役割も期待される重要な機関である[75]。

3　格付の品質および透明性の確保

格付機関が情報仲介者としての機能を果たすには，作成される格付が品質的に高い価値を有し，かつ客観的に作成されなければならない。また，継続して格付の品質が改善されることは，格付市場での競争力や格付機関の独立性を高めることにも寄与する。そのため，2009年格付機関規則では，人的な観点から格付機関は，格付手続に直接関係する格付アナリストや職員等が相当な知識・

---

(72)　Gietzelt/Ungerer, a. a. O. (Fn. 68), S. 334. 投資家との関係でも，格付機関は，自己の評判に基づき信用度評価の正確性を投資家に信頼するよう仕向けるので，証明書付与機能を有する（Haar, Haftung für fehlerhafte Ratings von Lehman-Zertifikaten - Ein neuer Baustein für ein verbessertes Regulierungsdesign im Ratingsektor?, NZG 2010, S. 1281, 1283）。

(73)　なお，平成20年12月17日付の「金融審議会金融分科会第一部会報告―信頼と活力ある市場の構築に向けて」2頁でも，「信用格付は，投資者が投資判断を行う際の信用リスク評価の参考として，金融・資本市場において広範に利用されており，投資者の投資判断に大きな影響を与えている。このような格付を付与し，利用者に対して幅広く公表・提供している格付会社は，金融・資本市場における情報インフラとして重要な役割を担っており，それに応じた適切な機能の発揮が求められる」と指摘される。周知のように，この報告を背景に，わが国の金融商品取引法にも，「信用格付業者」に関する規制が導入された（金商法66条の27以下）。

(74)　これに対し，金融機関や銀行等による信用供与を求める顧客の信用度調査は内部格付といわれ，信用供与に係る決定の根拠として利用される。この信用度調査は，通常の場合，内部での固有の目的のためにのみ作成され，一般にアクセスできるものではない。

(75)　Gietzelt/Ungerer, a. a. O. (Fn. 68), S. 335.

経験を有することを確保するよう要請されるのに対し（格付機関規則7条1項），方法論的な観点からは，表明される格付が分析に重要な一切の情報の基本分析に依拠すること，さらに格付の基礎にある情報が十分な品質を有しかつ信頼できる情報源に基づくのに必要な措置が講じられることが要請される（同規則8条2項）。

その場合，格付機関が格付活動に際して使用する手法，モデルおよび基本的前提事項は開示される（同規則8条1項）[76]。もっとも2013年第二次変更規則では，確実な格付プロセスを保証するため，格付機関は既存の格付手法等を本質的に変更するか，または新たな格付手法等を使用する場合には，関係者に1か月間の意見表明の機会を確保するだけでなく，詳細な理由を付してウェブサイト上で公表する義務も負う（第二次変更規則8条5a項）[77]。また，透明性の改善・強化も目指すことから[78]，格付手法やモデル等を変更する場合や格付手法に誤りを確認した場合には，この旨を欧州証券市場監督局に知らせ，かつこれに関連する情報をウェブサイトでも公表する義務が課される（同規則8条6項(aa)(ab)・7項a)b))。なお，格付見通しおよびこれに関係する情報については，これらが公衆に開示されるまでは，いわゆる内部者情報とみなされる（同規則10条2a項）。

---

(76)　格付機関が，自己の評価に際して使用するモデルや方法，基本的前提事項等を公表しなければならない点に格付機関規則の重要な改革があったとされる（Zimmer, Rating-Agenturen: Reformbedarf nach der Reform, in: Festschrift Klaus J. Hopt, 2010, S. 2689, 2697）。

(77)　Verordnung（EU），a. a. O.（Fn. 40），ABl. EU Nr. L 146/6-7, Erwägungsgrund 27.

(78)　Witte/Henke, Status quo der Regulierung nach der neuen Rating-ÄnderungsVO, DB 2013, S. 2257, 2259.

第3章
格付の方法

1　依頼格付（solicited rating）

(1)　格付契約の法的性質

発行者に係る格付は，原則としていわゆる「依頼格付」と「勝手格付」に分類できる。依頼格付では，格付機関は格付される企業との契約（格付契約）に基づき格付を作成する。その場合，発行者自身は格付に基づく優良な信用度評価によって自己の資金調達コストの引下げを期待して，発行者自ら格付を依頼し格付に対する対価を支払うことになる[79]。

この場合の格付契約の法的性質につきドイツでは学説上議論の対象になっているが，主として①請負契約（ドイツ民法631条以下[80]）とする見解[81]と，②事務処理契約（Geschäftsbesorgungsvertrag; ド民675条）とする見解[82]に分かれており，現在では①の請負契約説が有力である。②の事務処理契約では，事務処理者（受任者）である格付機関が委託者からの指図に拘束されること（Weisungsgebundenheit）を前提とするので（ド民675条，665条）[83]，そもそも事務処理契約として解しえないと批判されている[84]。この批判は，格付機関

(79)　Blaurock, a. a. O. (Fn. 46), S. 604.

(80)　以下，ドイツ民法を引用する場合，略してド民とする。

(81)　Habersack, a. a. O. (Fn. 55), S. 203; Vetter, a. a. O. (Fn. 1), S. 1705; Witte/Hrubesch, a. a. O. (Fn. 46), S. 1349のほか，Arntz, Die Haftung von Ratingagenturen gegenüber fehlerhaft bewerteten Staaten und Unternehmen, BKR 2012, S. 89, 90 f.; Göres, in: Habersack/Mülbert/Schlitt, Handbuch der Kapitalmarktinformation, 2. Aufl., 2013, S. 611-612; Plück/Kühn, Ratingagenturen – Grundlagen und Umfang der Haftung gegenüber Auftraggeberen und Dritten, in: Achleitner/Everling, Rechtsfragen im Rating, 1. Aufl., 2005, S. 241を参照。

(82)　v. Schweinitz, a. a. O. (Fn. 12), S. 956.

は固有の裁量および形成の余地から独自の格付手法およびモデルに基づき信用度分析を実施するので，委託者（発行者）からの指図は独立の情報仲介者としての機能に合致しないことに基づく(85)。

もっとも，③雇用契約（ド民611条1項）と解する余地もあるが，合意された報酬と引換えに労務を給付する雇用契約と解しても，格付契約の対象は構成する種々の情報の単なる分析に尽きるのではなく，その活動は信用度判定の作成ならびに（発行者の同意がある限り）公表にまで及ぶ広範な債務を負うものであるので，雇用契約として解することはできない(86)。そのため，本質的には専門家の鑑定書の作成の場合と同様に(87)，請負契約としての性質を有するものであると解されている(88)。

(2) 格付プロセス

依頼格付では，格付機関によって複数の専門家から構成されるアナリストチームが編成され，発行者から提供されたデータ(89)に基づき最初の基礎分析を行う(90)。その場合，格付機関と依頼者との間の協力関係が必要となるので，

---

(83)　ドイツ民法675条が準用する，委任に関する規定の665条では，「委任者が実情を知っていれば自己の指図に従わないことを是認したであろう事情が受任者において認められるときは，受任者は，委任者の指図に従わないことができる。受任者は，遅延により危険を生ずるおそれがないときは，あらかじめ受任者に通知をし，その決定を待たなければならない」と規定される。この規定によって，委任者は，委任事務の執行の具体的内容および受任者の活動を指図によって決定する権利を有する（本条の訳文については，右近健男〔編〕『注釈ドイツ契約法』〔今西康人〕（三省堂・1995）489頁を参照）。

(84)　Arntz, a. a. O. (Fn. 81), S. 90.

(85)　Arntz, a. a. O. (Fn. 81), S. 90.

(86)　Arntz, a. a. O. (Fn. 81), S. 90.

(87)　Vetter, a. a. O. (Fn. 1), S. 1705.

(88)　Witte/Hrubesch, a. a. O. (Fn. 46), S. 1349.

(89)　当該情報は，有価証券取引法（WpHG）上の内部者情報としての性質も有することに留意されなければならない。なぜなら，格付機関は，格付プロセスにおいて大量の機密情報へのアクセスを許されるが，格付機関による情報の要求は，場合によっては発行者の開示義務を超えるものでもありうるので，当該情報は内部者情報と同一であると考えられるからである（Stemper, Marktmissbrauch durch Ratingagenturen?, WM 2011, S. 1740, 1741）。

(90)　Vgl. Blaurock, a. a. O. (Fn. 46), S. 604; Göres, in: Habersack/Mülbert/Schlitt, a. a. O. (Fn. 81), S. 613-614; Vetter, a. a. O. (Fn. 1), S. 1702. なお，はじめて格付を受ける場合には，約8週間ないし12週間の期間を要するとされる（Schuler, Regulierung und zivilrechtliche Verantwortlichkeit von Ratingagenturen, 2012, S. 29）。

発行者の内部において経営者（Management）との対話が定期的に開催される。アナリストチームは入手した情報に基づき評価を行い，この結果を格付機関の内部に設置された格付委員会（Rating-Komitee）に提示し，最終的に格付に関する意見を調整する。格付機関は格付結果を公表する前に発行者と接触し，かつ発行者に対して格付の結果ならびに決定の根拠を知らせる。これによって，発行者に対して意見表明に係る機会が付与される[(91)]。

これは，追加情報の提供によって事後的に格付の結果に有利な影響を及ぼす事情があれば，その事情を考慮する必要が生じるからである。格付の結果はたいていの場合，格付機関のホームページで公表される。対価を支払って格付情報を取得する定期購読者の場合は，より詳細な情報が当該講読者に提供される。実務的には，このような対価の支払を伴う依頼格付が一般的である。

2　勝手格付（unsolicited ratings）

これに対し勝手格付の場合は，格付が格付機関の自主的なインセンティブに基づき，あるいは監督当局等の発行者以外の第三者の依頼に基づき行われる。格付機関と格付される企業との間に契約上の合意は存在しない。格付された発行者は，格付機関自身または報道機関等からの公表ではじめて格付の対象であったことを知ることができる。

発行者との協力関係が存在しないことから，格付機関は通常は一般的にアクセス可能な企業の公開データを参照するにすぎず，そのため，情報基盤は依頼格付の場合よりも比較的小さい[(92)]。したがって，勝手格付の場合は情報の非対称性を完全に解消することは困難である[(93)]。また，勝手格付については，発行者が優良な格付を希望する場合に格付機関が勝手格付を通じて当該発行者に不利な格付を付与することで，これに反感を持つ発行者に強制的に格付の依頼を誘因させる効果があることも指摘される[(94)]。つまり，格付機関が報酬を受けるために不相当に低い格付によって発行者をいわば威嚇できる効果を有するのである[(95)]。さらに，格付機関が，たとえば他の格付機関よりも相当低く

(91)　Vgl. Blaurock, a. a. O.（Fn. 46），S. 605; Göres, in: Habersack/Mülbert/Schlitt, a. a. O.（Fn. 81），S. 613; Vetter, a. a. O.（Fn. 1），S. 1702.
(92)　Habersack, a. a. O.（Fn. 55），S. 198-199; Möllers, a. a. O.（Fn. 60），S. 865-866.
(93)　Habersack, a. a. O.（Fn. 55），S. 198-199; Möllers, a. a. O.（Fn. 60），S. 866.
(94)　Möllers, a. a. O.（Fn. 60），S. 866.
(95)　Möllers, a. a. O.（Fn. 60），S. 866.

評価した金融商品の勝手格付を金融資本市場に提供することで，表面的に価格形成のメカニズムを歪めることもできる[96]。なぜなら，勝手格付自体が限定された情報基盤に依拠するため，あまり精確とはいえないからである。

このことから，勝手格付の場合には依然として濫用リスクが内在するのではないかと問題視される[97]。

3　格付の予測（Prognose）的性質と格付見通し

格付は事後的に正確であるか，または虚偽であることが判明するので，その法的判断にとって重要なのは，格付の表明時点およびこの時点で存在する認識にほかならない[98]。そのため，格付は予測的性質を有するものであり[99]，単なる事実の主張ではなく意見の表明または将来の事象に関する価値判断として決定されたものとなる[100]。たとえ公表された格付記号が可能な唯一の評価であると判断されるとしても，当該記号は複雑な評価および意見形成過程の結果にすぎないので[101]，それぞれの評価結果に相当な幅（余地）が残される，医師の診断やその他の試験の判定にも類似する[102]。もっとも，いわゆる格付見通しは将来に見込まれる格付の展望の評価（第二次変更規則1条3項w）参照）[103]

---

(96)　Möllers, a. a. O. (Fn. 60), S. 866.

(97)　Möllers, a. a. O. (Fn. 60), S. 866.

(98)　Göres, in: Habersack/Mülbert/Schlitt, a. a. O. (Fn. 81), S. 610; Habersack, a. a. O. (Fn. 55), S. 200. なお，Vetter, a. a. O. (Fn. 1), S. 1704でも，格付は一定の時点で表明される将来を指向した予測の一つであるとされる。

(99)　Göres, in: Habersack/Mülbert/Schlitt, a. a. O. (Fn. 81), S. 610.

(100)　米国では，格付機関が作成しかつ公表した依頼格付に関して，依頼格付は意見の表明であるが，依頼格付が諸要因の分析と評価の実施に依拠する限り，検証可能であり，また必要な注意を払って作成されなければならないと判示された事案も存在する（United States District Court Southern District of New York, Abu Dhabi Commercial Bank vs. Morgan Stanley, 08 Civ. 7508 (SAS), August 17, 2012, pp. 35 f.)。本件では，格付につき，「格付は事実を基礎にした意見（fact-based opinions）として理解されるべきである。格付機関が格付を発行する場合，その格付は単に当該格付機関の裏付けのない意見の表明ではなく，むしろ格付機関がデータを分析しかつ評価を行い，その信用度に関して事実を基礎にした結論に達したことの表明である」という。

(101)　Göres, in: Habersack/Mülbert/Schlitt, a. a. O. (Fn. 81), S. 611.

(102)　Göres, in: Habersack/Mülbert/Schlitt, a. a. O. (Fn. 81), S. 611.

(103)　第二次変更規則1条3項w）では，「格付見通しとは，格付が短期的，中期的またはその両方において展開する方向の蓋然性に係る意見の表明をいう」と規定する。格付見通しには，通常，「クレジット・ウォッチ（Credit Watch）」といわれる，企業の格付が見直される状況のなかで短期的に当該格付が変更される可能性のある状態も含まれる（Göres, in: Habersack/Mülbert/Schlitt, a. a. O. (Fn. 81), S. 616)。

にすぎないので，もともとの意味の格付とは相違する。しかし，第二次変更規則では，格付と格付見通しは投資家および発行者にとってその意義および影響は同等であるので，格付見通しに対しても品質，透明性ならびに利益相反の回避等の格付に係る規制が適用される。

4　国別格付（Länderratings）

国家または地方公共団体の信用評価がなされる国別の信用格付（第二次変更規則3条v）i）-iii））も，第二次変更規則の対象である（同規則8a条）。国家または地方公共団体は，金融資本市場において国別格付を基礎にリファイナンスを可能にする条件が付与されるが，もし外部の信用評価がなければ当該市場へのアクセス自体がいっそう困難になり，ひいてはリファイナンスの実施も困難になる[104]。そのため，国別格付の有用性はリファイナンスの可能性に認められるが，市場での動揺を避けるため，第二次変更規則では国別格付の公表時点に係る厳格な基準と提供される情報，格付の数およびその審査の頻度の基準が導入された[105]。すなわち，格付機関はウェブサイトで各年の12月末に翌12か月に係るスケジュールを公表するが，ここでは依頼があった国別格付（およびこれに関係する格付見通しも含む）の場合はその公表時点，また依頼のない国別格付の場合は最高で3回の公表時点が確定されるのである（同規則8a条3項）。公表時点はそれぞれ金曜日に設定される。また，格付機関には国別格付の確定に際して考慮した想定事項やパラメーター等の一切の情報が説明されている調査報告の提出も要求される（同規則付録Ⅰ・D・Ⅲ）。さらに，国別格付では内容上の要件を強化する目的から，とくにEU域内での伝染効果の防止の観点に基づき個々の国家の特殊性も考慮されるべきである[106]。したがって，各国に特有の個別報告書が添付されない場合には，一定の国家群を審査することが禁止されるほか（同規則8a条1項）[107]，国別格付はすべて6か月ごとに審査対象になる（同規則8条5項2段）。

---

(104)　Vgl. Witte/Henke, a. a. O. (Fn. 78), S. 2258.

(105)　Verordnung (EU), a. a. O. (Fn. 40), ABl. EU Nr. L 146/9-10, Erwägungsgrund 42 und 45.

(106)　Verordnung (EU), a. a. O. (Fn. 40), ABl. EU Nr. L 146/9, Erwägungsgrund 44.

(107)　Verordnung (EU), a. a. O. (Fn. 40), ABl. EU Nr. L 146/9, Erwägungsgrund 44.

5　外部格付への依存の軽減

他方，格付機関の外部格付に対する過度の依存(108)は，早くから債務危機の原因の一つとして認識されていたことから(109)，2010年10月にはすでに金融安定理事会（Financial Stability Board）によって「金融機関の外部格付への依存軽減に係る諸原則」(110)が確立された(111)。この諸原則のうち原則Ⅰによれば，「立法者は，格付機関との関連性を熟慮しかつ可能な限り，法の規定に基づく外部格付の利用を削除するか，もしくは信用力の判定に適切な選択的基準によって置き換える」ものとされる。この原則が策定されたのも，過去，EUにおいて監督法上の諸規制と「承認された格付機関」の信用度判定を関連づける傾向が強く存在したからである(112)。この関連づけから生じる監督当局の格付

(108)　連邦通常裁判所の判例によれば，外国債券の購入に際して銀行が顧客に助言する場合，銀行は格付の存否に関して情報を入手しなければならず，もし格付がない場合にはその旨について指摘し，指摘がなければ銀行は顧客に損害賠償義務を負うとされた（BGH, Urteil vom 6.7.1993 – XI ZR 12/93（Celle），NJW 1993, S. 2433）。したがって裁判実務でも，格付に依存または格付を重視していた姿勢が窺われよう。

(109)　Deipenbrock, Das europäische Modell einer Regulierung von Ratingagenturen – aktuelle praxisrelevante Rechtsfragen und Entwicklungen, RIW 2010, S. 612, 613の指摘によれば，格付機関自体が「規制当局者として就任すること」を制限し，金融システムに組み込まれた格付機関の意義を長期的に緩和するため，金融市場は格付から「解放」されなければならず，さらにその「格付に対する信頼」も崩壊させなければならない。そうすることで，格付を付与された債券にのみ投資するという金融市場で確立された行動が柔軟化するという。

(110)　Financial Stability Board（FSB），Principles for Reducing Reliance on CRA Ratings, 27.10.2010, p. 1, 2 Principle I and II（http://www.fsb.org/wp-content/uploads/r_101027.pdf?page_moved=1［2018年6月16日現在］）．この金融安定化理事会の諸原則は，2010年11月のソウルにおけるG20サミットによって承認された（小立敬「格付け依存の是正を求める金融安定理事会」野村資本市場クォータリー2011年冬号1頁参照〔http://www.nicmr.com/nicmr/report/backno/2011win.html〕2018年6月16日現在）。

(111)　自己資本比率の算定に係るリスク測定手続に関して，バーゼル銀行監督委員会（BCBS）の提案（信用リスクに係る標準的手法の見直し〔Revisions to the Standardised Approach for credit risk〕）でも，2020年1月1日までに，格付機関の監督目的に合致する，EUの銀行監督上の外部格付の依存低減に向けた方向転換が定められた（Bauerfeind, Das externe Rating unter Basel IV – Eine Analyse der neuen Due-Diligence-Prüfung, WM 2016, S. 1528）。

(112)　なお，ドイツでは2014年に「格付の依存の軽減に関する法律（Gesetz zur Verringerung der Abhängigkeit von Ratings vom 10.12.2014, BGBl. I, Nr. 59, S. 2085）」が制定され，有価証券取引法や信用制度法等の改正がなされている。これについては，政府草案の段階のものであるが，Roth, Regierungsentwurf eines Gesetzes zur Verringerung der Abhängigkeit von Ratings, GWR 2014, S. 317 ff. を参照。

の機械的な利用が，S&P 等の民間の格付機関に準制度的な役割を委譲する効果を有することになったといわれる[113]。外部格付への過度の信頼を軽減させることで，結果として格付市場での寡占状態を打破し，新規の格付機関に市場へのアクセスを容易にさせる期待が生じた[114]。

⑴　金融機関等の固有の信用リスク評価の実施義務

もともと格付を規制する目的は，監督当局や金融機関の外部格付への依存を軽減させることにあった。これは，プロシクリカリティ（Prozyklität）といわれる景気循環増幅効果[115]や，一定以下の格付でリスクウェイトが急上昇することにより市場参加者の行動が歪められるクリフ効果（Klippeneffekte）[116]を回避するためであると説明される。この目的のため第二次変更規則では，前述の金融安定理事会の勧告に基づき金融機関等は固有の信用リスク評価を実施し，かつ企業または金融商品の信用評価に際してもっぱらまたは自動的に格付に依拠することが禁止され（第二次変更規則5a条1項）[117]，すでに導入済みの公認格付機関登録制度および監督義務に補充が加えられた。

この固有の評価の実施と格付依存の禁止によって，プロシクリカリティに基づく格下げによるネガティブ効果をいっそう強化する機関投資家の集団行動（Herdenverhalten）が回避されることが期待されたのである[118]。すなわち，機関投資家は通常，法令または固有の規程（Reglements）に基づき，格付機関が

---

(113)　Europäische Kommission, Pressemitteilung v. 15. 11. 2011（IP/11/1355），„Kommission verlangt fundiertere Ratings", S. 1.

(114)　Arntz, Strengere Regeln für Ratings: Die neue Verordnung über Ratingagenturen, ZBB 2013, S. 318, 322.

(115)　これについては，「銀行自己資本に『景気循環増幅効果』が追い打ち」（http://jp.reuters.com/article/idJPJAPAN-37020120090317〔2018年6月16日現在〕）が参考になる。すなわち，「景気悪化に伴う融資先企業の業績不振が格付けの低下を招き，大手銀の自己資本をき損させるメカニズムに金融界の注目が集まっている。…融資先企業の格付けがダウン・グレードすればするほど，リスクウェイトは上昇し，正常先から1ランク落ちた要注意先になると100%を超えてしまう」とされる。

(116)　これについては，金融庁／日本銀行「バーゼル委市中協議文書・外部格付への過度の依存の見直し」（2010年1月）2頁を参照（http://www.fsa.go.jp/inter/bis/20091217/05.pdf#search=%27cliff+effect%27において参照できる〔2018年6月16日現在〕）。

(117)　第二次変更規則の検討理由第9号でも，金融機関はもっぱらまたは自動的に格付を信用すべきものではなく，固有のパラメーターとして信用度評価のために外部格付に依存するものではないことが指摘される。

(118)　Vgl. Arntz, a. a. O.（Fn. 114），S. 320.

「投資適格」の格付を付与した債券に限り購入する決定を下すが，この債券の格付が引き下げられる場合には，複数の機関投資家による債券の同時の投売りが行われる。これによって当該債券の発行企業または国家の財務的安定性を害することが可能になるが，このような集団行動の回避を目指したのである(119)。さらに，この信用度評価とその基礎にある手続は，監督当局によって監督されるとともに自動的に外部格付を利用する契約も回避される（同規則5a条2項）。欧州証券市場監督局のようなEUの監督当局も指針や勧告等を外部格付に関連づけることを避け（同規則5b条1項），2020年1月1日までにはEU法全体において，所管の監督当局または他の関係者がもっぱらまたは自動的に外部格付を信頼することになる，すべての格付への関連づけが撤廃されることが明記された（同規則5c条）。

(2)　仕組み金融商品に係る格付利用者への情報提供

金融機関等の機関投資家が固有の信用リスクを評価でき，結果として外部格付の利用を軽減するには，投資先の信用力の審査を実施する能力が要求される。このため，機関投資家は投資に結合したリスク評価を実施し，かつ格付機関の判定を正確に審査できるのに足りる十分な情報上の根拠を有しなければならない(120)。この必要性を満たすのが，仕組み金融商品に係る開示義務の導入である。すなわち，EUに所在する仕組み金融商品の発行者，オリジネーターおよびスポンサーは，欧州証券市場監督局によって設置されたウェブサイトで信用の品質や仕組み金融商品の基礎にある資産（Werte）のパフォーマンス，証券化取引の構造，ならびにキャッシュ・フローや証券化エクスポージャーに付される一切の担保等に関して，その情報を継続開示しなければならなくなった（第二次変更規則8b条1項）。この開示義務によっても，格付の依存を軽減させる効果が期待されている(121)。

(119)　Arntz, a. a. O. (Fn. 114), S. 320.
(120)　Arntz, a. a. O. (Fn. 114), S. 321.
(121)　Verordnung (EU), a. a. O. (Fn. 40), ABl. EU Nr. L 146/7, Erwägungsgrund 30.

第4章
格付機関の法的規制
—利益相反問題への対応と競争の促進

1　発行者支払モデル（Issuer-pays Modell）

1970年代以降は，発行者が格付の作成に対して対価を支払ういわゆる「発行者支払モデル」が用いられていた[122]。このモデルでは，格付機関が依頼主である企業のために格付を作成しかつその報酬を得るのに対し（依頼格付の場合），発行者の側は格付機関の選定に際して，できる限り最高の信用度格付を付与されることを期待する点に特色がある。このことから，必然的に利益相反が問題視されるとともに[123]，潜在的に格付機関の独立性にも影響を与えるのではないかとの懸念が抱かれた。

(1)　格付漁り（Ratingshopping）

この背景では，格付機関が格付の市場占有率をめぐる競争においていわゆる「底辺への競争」に組み込まれていることが重要である[124]。投資家はできる限り正確な信用度評価（格付）に関心を有するが，発行者の場合は可能な限り低い資金調達コストを維持するため，ポジティブな格付が付与されるか，または付与され続けること[125]を重視する[126]。しかし，格付機関の総収入に占め

(122)　Möllers/Wecker, Regulierung von Ratingagenturen in der Europäischen Union, ZRP 2012, S. 106. なお，第2編第3章2も参照。

(123)　Vgl. Assmann, in: Assmann/Uwe H. Schneider (Hrsg.), WpHG, 6. Aufl. 2012, §17 Rdn. 2; Hirte/Möllers, Kölner Kommentar zum WpHG, 2. Aufl., 2014, § 17 Rdn. 2.

(124)　Göres, in: Habersack/Mülbert/Schlitt, a. a. O. (Fn. 81), S. 603.

る格付の作成の割合が80%にまで達した[127]とされる現在では，発行者からの依頼とこれに伴う報酬をいっそう増加させるには，格付機関にとってとりわけ発行者が自己の格付に満足せず，その結果，他の格付機関に格付の作成を依頼されるおそれがあることは避けなければならない。そうなると格付機関においては依頼主である発行者にとって有利になる格付を作成するインセンティブが働く一方，逆に正確な格付情報に関心を有する一般投資家にとっては不利に働き，その結果，格付機関の独立性そのものが危殆化される[128]。発行者の側でも，依頼をなす前にできる限り優良な格付を受けられるようにするため，発行者自身または金融商品の評価を複数の格付機関に依頼するようになる。これが，いわゆる「格付漁り」の問題であり，もしこの危険が現実化し，格付機関が市場占有率の確保または獲得のために不相当のポジティブな格付を作成すれば，客観的情報の仲介は保証されず，ひいては格付の品質も低下することになる。

(2)　ロックイン効果とローテーションの欠如

さらに，格付機関と評価対象の発行者は継続的取引関係に立つ傾向にあることが多く，そうであれば，両者の関係において時間の経過とともに，評価対象の発行者の要望に沿った形で馴れ合い的な関係が形成される可能性が高い（ロックイン効果）[129]。その結果，評価対象の発行者から依頼を受けかつ報酬が支払われる格付機関には，当該発行者との継続的取引関係に基づく収入源を確保するため，被評価企業またはその債券に非常に有利な格付を表明するインセ

(125)　もし従前よりも低い格付が付与された場合，その後に及ぼす影響は小さくない。たとえば2003年2月に，ドイツのティッセンクルップ社は，有力な根拠なく，S&Pによって年金債務（Pensionsverpflichtungen）が従前の格付よりも低く評価されたが，これは，結果として同社の債券が「がらくた（Ramsch; junk bonds）」として評価されることにつながった。この評価により，同社には1年につき，3,000万ユーロの追加の利息コストが発生したとされる。さらに，投資ファンドの多数の運営者に対し，運営者の運用指針から同社の債券を投げ売りさせたほか，同社の株式相場も一時的に7.5%下落した事実が認められた。しかし他方で，同社が2年以内に負債を約40億ユーロ縮小させた事実については，考慮されないままであったという（Däubler, Rechtskontrolle von Rating-Agenturen?, KJ 2012, S. 18, 19）。

(126)　Göres, in: Habersack/Mülbert/Schlitt, a. a. O. (Fn. 81), S. 603. 発行者にとって信用度格付が良ければ資金調達コストも低くなるという関係は，金融資本市場の参加者が信用度格付の正確性に信頼を置くことが前提である（Vgl. Gomille, Der europäische Regulierungsansatz für Bonitätsratings, GPR 2011, S. 186）。

(127)　Göres, in: Habersack/Mülbert/Schlitt, a. a. O. (Fn. 81), S. 603.

(128)　Göres, in: Habersack/Mülbert/Schlitt, a. a. O. (Fn. 81), S. 603.

ンティブが生じうる。格付市場が3社の寡占状態であれば，発行者の側でもこの状況から抜け出すことが困難であることも少なくなく，自己の信用度評価に関して投資家に疑義が広まりかねないことから，格付機関の交替を見送る傾向にあった（ローテーションの欠如）[(130)]。

2　EU格付機関規則による利益相反規制

(1)　発行者支払モデルの維持

もともと2009年格付機関規則でも前述の格付漁りの問題は認識されており，その検討理由第41号によれば，「格付機関は，提案されたストラクチャー（仕組み）に関して格付機関から最良の格付を付与されることを確認するため，発行者が仕組み金融商品に係る事前評価を複数の格付機関に申し入れることを防止する措置を講じるものとする。発行者の側でも，このような実務を避けるものとする」と定められていた。しかし，格付機関および発行者の側からどのような措置が講じられなければならないのかは依然として不明確であり，発行者支払モデルに代わる選択肢もないことから[(131)]，2013年第二次変更規則でも，さしあたり当該モデルは維持されることになった[(132)]。その代わり，格付機関

---

(129)　市場参入障壁を伴うこの効果を認識する見解は多い。たとえばDeipenbrock, a. a. O.（Fn. 39），S. 2292; Deipenbrock/Andenas, a. a. O.（Fn. 38），p. 6; Göres, in: Habersack/Mülbert/Schlitt, a. a. O.（Fn. 81），S. 604-605; Haar, a. a. O.（Fn. 72），S. 1282; Kumpan, a. a. O.（Fn. 55），S. 2163（Fn. 37）のほか，さらに，Deipenbrock, Die notwendige Schärfung des Profils - das reformierte europäische Regulierungs- und Aufsichtsregime für Ratingagenturen, WM 2011, S. 1829, 1831; Haar, Das deutsche Ausführungsgesetz zur EU-Rating-Verordnung - Zwischenetappe auf dem Weg zu einer europäischen Finanzmarktarchitektur, ZBB 2010, S. 185, 186; Kontogeorgou, Externes Rating und Anlegerschutz im Spiegel der neuen Verordnung（EU）Nr. 462/2013, DStR 2014, S. 1397; Lerch, Ratingagenturen im Visier des europäischen Gesetzgebers, BKR 2010, S. 403等を参照。

(130)　Göres, in: Habersack/Mülbert/Schlitt, a. a. O.（Fn. 81），S. 605.

(131)　格付がいわば公共財（öffentliches Gut）であるとすると，格付の対価を支払う用意のある投資家を見出すのはほぼ困難であるし，多数の市場参加者の側でも現在，「発行者支払モデル」に代わる選択肢は存在しないとの認識である（Amort, Haftung und Regulierung von Ratingagenturen - Ansätze einer Krisenprävention, EuR 2013, S. 272, 282）。

(132)　Verordnung（EU），a. a. O.（Fn. 40），ABl. EU Nr. L 146/1, 3, Erwägungsgründe 1, 10, 12. なお，発行者支払モデルという従来の格付機関の事業モデルが依然として存続している状況は，あたかも「生徒が自己の採点に対し教師に金銭を与え，これが教師の自由な選択のもとで行われる」状況であると指摘される（Cortez/Schön, Die neue EU-Verordnung über Ratingagenturen, Kreditwesen 2010, S. 226, 228）。

に適用される独立性の要件を強化することで，発行者支払モデルに基づき表明された格付の信用度を高めることが重要であると判断された[133]。

(2)　開示義務および格付表明の禁止

発行者支払モデルに基づく格付機関の利益相反[134]の状況は，投資家にも認識させる必要がある。そのため，格付機関規則では格付機関に対し，年間収入の5％以上を受領するところの被評価企業またはこれに結合する企業の名称については開示するよう義務づけた（格付機関規則6条2項・1項・付録Ⅰ・B(2))。この公表によって，投資家は一定の発行者に係る格付機関との経済的従属性の存在を知ることができるのである。もっともこの開示義務では，発行者がどの格付に対価を支払ったのか，反対にどの格付に対価を支払わなかったのかが必ずしも具体的に説明されるわけではない[135]。

さらに，規則の目的として格付機関の独立性と利益相反の回避が掲げられることから（第二次変更規則1条），一定の判定に達するための独立性に対して疑義が存在するか，または利益相反が回避できないような状況では，そもそも格付の表明を禁止することが効果的な方法であるともいえる。たとえば，被評価企業に対して株式を保有する格付機関は当該企業に有利な格付を付与する傾向がある一方，格付機関の持分保有者（Anteilseigner）である企業の場合は，とくに優良な信用度を格付機関に証明させることがありうる[136]。それゆえ，この状況では利益相反の原因が格付機関と被評価企業との持分保有構造（参加持分関係）からも生じうることから，第二次変更規則では，格付機関の持分保有者または社員から生じる利益相反にも規制を拡大し[137]，その結果，格付機関

(133)　Verordnung (EU), a. a. O. (Fn. 40), ABl. EU Nr. L 146/3, Erwägungsgrund 10.

(134)　格付機関規則の制定後に学説から述べられたのは，創設された利益相反に係る規制は，利益相反を防止する性質のものではなく，利益相反を引き下げるのに有効であるということであり，（世話になった人のことは，ほめるものだ〔wes' Brot ich ess', des' Lied ich sing'〕とのモットーからすると）企業が格付の作成を格付機関に依頼する限りでは，潜在的な利益相反は存在し続けるということである（Vgl. Möllers, Von Standards zum Recht – auf dem Weg zu einer Regulierung der Ratingagenturen in Europa und den USA, ZJS 2009, S. 227, 231）。

(135)　Göres, in: Habersack/Mülbert/Schlitt, a. a. O. (Fn. 81), S. 619.

(136)　Arntz, a. a. O. (Fn. 114), S. 326.

(137)　2009年格付機関規則では，単に格付アナリストや格付機関の職員等によって生じうる利益相反に限り扱われたにすぎなかった。

の持分保有者または社員が一定の状況にある場合には[138]格付または格付見通しについてその表明が禁止された（同規則付録Ⅰ・B・(3)aa)・ba)・ca))。

(3) ローテーションシステムの導入

発行者支払モデルでは，格付機関と被評価企業との継続的取引関係が長期になればなるほど，ますます格付機関または格付アナリストの独立性に疑義が生じる[139]。このことから，利益相反の回避または軽減を保障するため，格付機関が再証券化商品に係る格付の表明の契約を締結する場合においては，格付機関に対し同一のオリジネーターの資産が基礎にある新たな再証券化商品について原則として4年を超えて格付を表明することが禁止された（第二次変更規則6b条1項)。この義務的なローテーションシステムの導入は，とりわけ格付市場での競争の強化と小規模格付機関への格付市場の開放を目的とするものであり[140]，格付制度に係る客観的な競争のための重要な根拠にもなる。ただし，①発行者が同時に少なくとも4社の格付機関に対し，それぞれ発行された再証券化商品の総数の10%以上の評価を依頼した場合（同規則6b条2項後段），もしくは②小規模格付機関の場合（同規則6b条5項。すなわち，グループレベルで50名未満の職員または1,000万ユーロ未満の売上高しかない格付機関）には，前述の目的に十分に役立ったと判断されるので，ローテーションシステムの例外として扱われる。また，当該契約が締結された後，当事者は冷却（クーリングオフ）期間を遵守しなければならず，その冷却期間内では，同一のオリジネーターの資産が基礎にある再証券化商品に係る格付の表明につき，新たな契約関係を発生させてはならない。その期間は当該契約の有効期間に対応し，最高で4年である（同規則6b条3項)。

このローテーションシステムの導入により，発行者支払モデルに基づき発生する潜在的な利益相反の軽減が期待される[141]。少なくとも再証券化商品に係る格付契約の期間の短縮を通じて，格付機関が好意的な格付を表明するインセ

(138)　格付機関の資本または議決権の少なくとも10%を保有する格付機関の持分保有者または社員が，被評価企業および当該企業に結合した第三者等の資本または議決権の少なくとも10%を保有するか，もしくはその経営機関または監督機関の構成員である場合，もしくはその反対の場合において，格付機関は格付を表明することが禁止される。

(139)　Arntz, a. a. O. (Fn. 114), S. 326.

(140)　Bauer, Strengere Anforderungen für Ratingagenturen nach der neuen ÄnderungsVO, BB 2013, S. 363, 364.

ンティブが軽減される[142]。これによって，格付機関の独立性，市場参加者の信頼ならびに格付の品質が強化され[143]，発行者の側でもロックイン効果の軽減[144]が図られる。さらに，格付市場の構造にポジティブな影響も与え，格付市場への参入障壁を引き下げる[145]。とりわけ小規模格付機関に対しローテーションシステムを免除することは，当該格付機関に持続的に格付市場に定着させることにも寄与する[146]。しかしながら第二次変更規則では，ローテーションシステムの適用範囲を全部の格付の表明ではなく再証券化商品に制限する。この措置は，ローテーションシステムに生じうるネガティブな効果として，高額の費用や多大な時間の発生，格付の品質とその継続性の喪失が考えられるからであり，ローテーションシステムは将来的に強化されるよりも徐々に市場に適合させる必要があるものと認識された[147]。

(4) 差別的取扱いのない報酬モデル

発行者支払モデルから生じる利益相反の回避のため，格付機関は差別的取扱いなく格付サービスおよび付随サービスと引換えに顧客から報酬を徴収するが（第二次変更規則6条2項・付録Ⅰ・B・3c），この場合，格付サービスに対する報酬は格付記号の高低には関係しないことから，格付機関が格付の結果に一種の成果報酬（Erfolgsprämie）を約束させることはできない[148]。このルールを遵守させる目的のため，格付機関は欧州証券市場監督局に対し，個々の顧客から受領した報酬のリストならびに報酬の構造や価格基準を含む一般的な価格方針を開示する必要がある（同規則付録Ⅰ・E・Ⅱ・2・1・a)およびaa)）。もっとも，当該義務に違反した場合における制裁は定められていない。

---

(141) もっとも，Arntz, a. a. O. (Fn. 114)，S. 327では，ローテーション義務が期待どおりに発行者支払モデルに関連する利益相反を軽減するかどうかは疑わしいと指摘されている。

(142) Blaurock, Neuer Regulierungsrahmen für Ratingagenturen, EuZW 2013, S. 608, 609.

(143) Blaurock, a. a. O. (Fn. 142)，S. 609.

(144) Blaurock, a. a. O. (Fn. 142)，S. 609; Göres, in: Habersack/Mülbert/Schlitt, a. a. O. (Fn. 81)，S. 622.

(145) Blaurock, a. a. O. (Fn. 142)，S. 609; Göres, in: Habersack/Mülbert/Schlitt, a. a. O. (Fn. 81)，S. 622.

(146) Blaurock, a. a. O. (Fn. 142)，S. 609.

(147) Blaurock, a. a. O. (Fn. 142)，S. 609; Verordnung (EU)，a. a. O. (Fn. 40)，ABl. EU Nr. L 146/3-4, Erwägungsgrund 13.

(148) Arntz, a. a. O. (Fn. 114)，S. 327.

(5)　格付機関における内部統制構築義務

利益相反の防止および軽減を効果的なものにするため，格付機関は利益相反の防止，軽減および持分保有者や経営者等からの格付，格付アナリスト等の独立性の保証について，その措置および手続を実施するのに有効な内部統制を構築し，維持し，実施しかつ記録しなければならず，さらに定期的に内部統制を監視および調査し，必要がある場合には更新をしなければならない（第二次変更規則6条4項）。

3　格付市場の競争の促進

(1)　最低2社の格付機関への格付の依頼義務

監督法上の目的のための格付の利用は，格付機関がEUに所在しかつ公認格付機関として登録され，かつEU域外の同等の規律に服することが前提である（第二次変更規則4条1項前段・3項b）。しかし，従来，大規模格付機関を信頼してきた投資家が，公認格付機関として登録されたとはいえ実績（track record）の少ない小規模格付機関を同様に信頼するかは疑わしいことからすれば，この登録要件はむしろ市場で存在感を確立した格付機関の主導的立場を強めることに寄与したともいえる[149]。そうであれば，小規模格付機関の利用を促進される措置が講じられなければならず，その結果，仕組み金融商品に関しては，発行者または当該発行者に結合した第三者が格付を依頼する場合には，相互に独立した2社の同等の格付機関に格付の発行を依頼しなければならないことが規定された（同規則8c条1項）。このルールの背景には，①格付機関が相互に格付の品質をコントロールし，ならびに②二重の格付評価の義務づけによって格付機関の事業の可能性がより展開されることで格付市場における競争も図られる，という2つの期待がある[150]。もっとも米国の状況によれば，②の期待に基づき，必然的に格付機関の新規の市場参入をもたらすかについては疑義も呈されている。なぜなら，米国ではS&Pとムーディーズの2社の格付機関による市場の複占化をいっそう確実にしたからである[151]。EUでも，前述のローテーションシステムの導入をもってロックイン効果を緩和し，そのような展開に対抗しようとしたが，さしあたり仕組み金融商品に限定されることから，競

(149)　Arntz, a. a. O. (Fn. 114), S. 322.
(150)　Arntz, a. a. O. (Fn. 114), S. 323.
(151)　Arntz, a. a. O. (Fn. 114), S. 323.

争の活性化が図られるかは明らかではない[152]。

さらに，①の品質の確保についても，ネガティブな格付による金融資本市場での条件の悪化を防止するため，被評価企業には自己に有利な影響を与えるインセンティブが内在することからすると，2社の格付のうち高い方の格付が注目される。それゆえ，この状況は依頼を受けた格付機関の間での「頂点への競争（race to the top）」を生じさせる可能性がある[153]。このことは，格付機関が客観的に格付されたものよりも高く格付を設定する一定のインセンティブを有することを意味するので，品質の確保は期待できず，そうであれば，この2社への格付依頼ルールには依然として疑問が残される[154]。

(2) 最高10%の市場占有率を有する格付機関に対する依頼

格付市場での競争をいっそう強化する観点から，小規模格付機関への依頼を促進するインセンティブも設けられた（第二次変更規則8d条）[155]。すなわち，発行者または当該発行者に結合した第三者が少なくとも2社の格付機関に対して，同一の発行証券または同一の法主体（Einheit）に係る格付の表明の依頼を意図する場合には，当該発行者等は，市場全体の10%以下の市場占有率を有するだけの小規模格付機関が同一の発行証券または法主体に係る格付の表明の依頼を評価できる限りにおいて，少なくとも当該小規模格付機関への依頼も考慮するものとされたのである（同規則8d条1項1文参照）。

もっとも，発行者または当該発行者に結合した第三者が，10%未満の市場占有率しかない小規模格付機関に依頼をしない場合にはこの旨は記録される（同規則8d条1項2文）[156]。この目的のため，欧州証券市場監督局は，市場占有率に係る記載および格付機関によって表明された格付の種類を含め，EUで登録された格付機関の一覧表を公表する。ある格付機関が10%の市場占有率を有するかまたは10%未満であるかは，欧州証券市場監督局を通じ格付の表明およびこれに付随するサービスを基礎に，グループ全体で獲得された年度売

(152) Vgl. Arntz, a. a. O. (Fn. 114), S. 323.
(153) Arntz, a. a. O. (Fn. 114), S. 323.
(154) Arntz, a. a. O. (Fn. 114), S. 323.
(155) Verordnung (EU), a. a. O. (Fn. 40), ABl. EU Nr. L 146/3-4, Erwägungsgrund 11.
(156) ただし，記録されなかった場合の法律効果については定めがなく，したがって，当該規定は，小規模格付機関の競争全般を改善するには，かなり「引っ込み思案（zaghafter）」であると指摘される（Arntz, a. a. O. (Fn. 114), S. 323）。

上高から算出される（同規則８d条３項)。この年度売上高は現在では，毎年公表される格付機関の透明性報告書から判明し，年度売上高には格付機関の売上高全体およびEU域内で獲得された収入と世界中で獲得された収入の地理的配分に係る情報も含まれる（同規則付録Ｅ・Ⅲ・７)。

第5章
本編の要約

最後に，これまでの検討から，以下では格付機関の役割と格付の経済的意義，および利益相反に係る格付機関の法的規制の2点を要約して取り上げ，次の発展問題である格付機関の民事責任論の問題につなげて結びとしたい。

1　格付機関の役割（格付の経済的意義）
—情報の非対称性の解消および格付の証明書付与機能の側面

安定的な金融システムは経済効率にポジティブな影響を及ぼす(157)。金融システムを通じて金融機関，証券会社または機関投資家が資本を引き合わせ，当該資本が経済的に期待された種々の投資の可能性に配分される。同時に，貯蓄者および投資家の側でも，株式や債券の発行によって直接に金融資本市場を介して引き合わされる。この場合に経済成長を促進させる金融資本市場にとって重要なことは，市場参加者に対し可能な資本配分（投資）に関する情報を入手させ，かつ消化させることにある(158)。このような機能が発揮されれば金融資本市場での資源の効率配分がもたらされ，ひいては社会全体の幸福も促進される。しかしながら，現実的には情報そのものが複雑であり，通常の場合，経済主体であるすべての市場参加者がすべての重要なデータに等しくアクセスすることはできず，また情報を消化するのに必要な能力を相応に有しない場合さえ

(157)　Chiwitt, a. a. O. (Fn. 46), S. 396.

(158)　Chiwitt, a. a. O. (Fn. 46), S. 396-397. なお，情報の入手と消化には相当なコストが発生する結果，公共財に係る非排除性の原則（Prinzip der Nicht-Ausschließbarkeit）に基づく不可避的な便乗者問題（Trittbrettfahrerprobleme）も生じうる。投資家のような個々の経済主体は，他人が財物（情報）の調達に要するコストを引き受ける場合，その経済主体には当該財物をみずから調達するか，またはその利用に対して対価を支払うインセンティブは存在しないので，情報の入手と消化にあまりコストをかけない傾向がある（Chiwitt, a. a. O. (Fn. 46), S. 397)。

ある。この意味では，金融システムの機能が完全に発揮しているとはいえず，さらには社会の幸福に向けた経済成長の寄与が相応に制限される，市場の不完全性も存在することになる[159]。

このような状況を改善する一つの解決策として，非対称的な情報の世界に関与するすべての市場参加者に必要な情報へのアクセスを可能にするという意味で，格付機関の役割をあげることができる[160]。なぜなら，格付機関はさまざまな金融商品に結合した信用リスクに関して，統一的かつ簡明な情報（格付）を提供することで，投資家と企業（発行者）との間に発生する情報の非対称性の解消に寄与しうるからである。この寄与は多数の新たな金融商品の複雑さが増せば増すほど妥当し，ここでは格付機関は，投資家の情報取得コストを引き下げかつ金融商品の価格の透明性も改善させる[161]。多数の小口投資家にとって信用リスクの詳細な分析は実用的ではなく，格付機関の格付による標準的で簡潔な信用度判定の方が，まさに事後の方向性を決める重要な要因になりうる。

他方，証券の潜在的発行者の側でも特定の投資家層の関心を得るために，潜在的投資家に対し格付という客観性ある一定の内部情報を任意に提供することで，情報の非対称性を引き下げることができる[162]。このような「シグナリング」をもって，発行者は潜在的投資家に対し債務者としての信用度や堅実さのシグナルを発することができる。この限りでは，格付は金融資本市場における証券発行のチャンスを高める一種の証明書または品質保証スタンプとしての意味を有する[163]。この証明書を付与するのも格付機関の役割の一つであって，その証明の品質段階では投資適格または非投資適格の等級が使用される。この等級は投資家の制度的需要に影響を与え，かつ投資の品質を判断する基準として利用されるので，格付によって不利な情報（非投資適格）が伝達される場合には，発行者に高額の資本コストを発生させる[164]。このことは，一種の制裁メカニズムとして機能するともいわれる[165]。このような格付機関の評価は国

(159)　Chiwitt, a. a. O. (Fn. 46), S. 397.

(160)　金融資本市場で活動する資金受入者と資金提供者との間での情報の非対称性の解消が格付機関の主要な役割であるが，この解消は，市場参加者にとっては取引コストおよびエージェンシーコストの低下を意味し，結果として金融資本市場の機能を促進させるものである（Kontogeorgou, a. a. O. (Fn. 129), S. 1404)。

(161)　Chiwitt, a. a. O. (Fn. 46), S. 398.

(162)　Chiwitt, a. a. O. (Fn. 46), S. 398.

(163)　Chiwitt, a. a. O. (Fn. 46), S. 398.

(164)　Chiwitt, a. a. O. (Fn. 46), S. 398.

家の監督および取締りにも重大な意義を有するが，監督に際しての外部格付の過度の依存については避けられる傾向にある。

2　利益相反に係る格付機関の法的規制

EUでは2009年に格付機関規則[166]が制定され，当該規則は2013年の第二次変更規則[167]によって変更された。これらの格付機関の取締りに係る決定的な要素は，①格付機関に対する登録手続，②登録された格付機関に係る行為ルール，ならびに③欧州証券市場監督局による格付機関の監督の3点にある[168]。このうち，②の行為ルールに関してEUの取締りでは，透明性の増加，独立性および格付プロセスの客観性が指向される以外にも，発行者支払モデルから生じる利益相反の回避のため，同一の企業の資産が基礎にある再証券化商品に係る格付契約の締結に際しては，格付機関に対し原則として4年を超えて格付を表明することが禁止された（第二次変更規則6b条1項）。仕組み金融商品に係る格付について依頼したい発行者の側でも，相互に独立する少なくとも2社の格付機関に依頼する必要がある。さらに，職員の十分な独立性を確保するため，格付機関は機関内部での適切な措置を通じて，格付プロセスに直接に関与した格付アナリストにつき，当該アナリストが自己の任務に関して適切な知識・経験を有することに配慮するほか，個々の格付アナリストに対する適切な段階的ローテーションシステムを導入する義務を負わされた（格付機関規則7条4項）。

もっとも，潜在的な利益相反の可能性は，とりわけ発行者支払モデルから生じる構造上の欠陥として認識されており，当該モデルの変更によって解決できると考えられたが，実際上，発行者支払モデルに代わる選択肢もないことから，さしあたり発行者支払モデルという事業モデルが維持されることになった。しかし，発行者支払モデルのネガティブな効果に基づく潜在的な利益相反のおそれは避けられないことから，利益相反が格付システムの不正確さを生じさせる以上，むしろ格付機関の独立性を強化することに重点が置かれた。前述のローテーションシステムのほか，格付機関には利益相反を解消しかつ防止するのに有効な内部統制システムを構築し，運用しかつ記録することも義務づけられる

(165)　Chiwitt, a. a. O. (Fn. 46), S. 398.
(166)　Verordnung (EG), a. a. O. (Fn. 33), ABl. EG Nr. L 302/1.
(167)　Verordnung (EU), a. a. O. (Fn. 40), ABl. EU Nr. L 146/1.
(168)　Chiwitt, a. a. O. (Fn. 46), S. 399.

（第二次変更規則6条4項）。しかしながら全体としては，発行者支払モデルから生じる利益相反の回避または軽減に係る措置は，その原因が格付市場での構造上の特殊性に関係している以上，規制当局の措置の有効性（Wirkmacht）も限定的にならざるをえない[169]。そうであれば，本来的には発行者支払モデルを変更してはじめて利益相反を最小化できるように思われる[170]。

3　格付機関の民事責任

最後に格付機関の民事責任の可能性が重要な課題として残される。第二次変更規則では，その35a条において明文の規定が導入されたが，もともと格付機関の側からすれば，これまで自己の判定は意見の表明または見解（opinions）にすぎず，したがって，規制当局からの介入や裁判手続からも保護されうるものであるとの認識であった[171]。しかし，10億ドル相当の対価を伴う格付分析がわずか90分以内に作成されていた事実など，格付の作成に対する格付機関の注意があまりにも欠如していたことを示す事実が存在したことから実務上の批判が大きく，この事実は規制当局にとっても無視できるものでなかった。そのため現在では，投資家または発行者は，格付機関が故意または重大な過失によって有責的に規則の付録Ⅲ所定の違反行為を犯した場合には，発生した損害の賠償を明文をもって求めることができるようになった。この意味では，当該民事責任の規定は格付機関の取締りを強化し，かつ発展させたものとして理解できる。もっとも，この場合に損害賠償請求を発生させるには，投資家または

(169)　Deipenbrock, a. a. O.（Fn. 39），S. 2294.

(170)　Deipenbrock, a. a. O.（Fn. 39），S. 2294. もっとも，森谷智子「証券化商品市場における格付機関の適切な行動」嘉悦大学研究論集56巻1号26頁以下（2013）では，他の代替案として，①発行者と投資家の両者が格付手数料を支払うモデル（Pay from Deal Proceeds and Secondary Market Transaction Fees）や，②政府や規制機関が設立したファンドによる格付機関への支払いモデルが紹介されている。EUでも②のモデルに関連して，新たに大規模な「ヨーロッパ格付機関」の創設が提唱されたことがあったが，資金面等の理由からこのプロジェクトは頓挫し，これに代わり小規模格付機関のネットワーク化の理念が議論されたことがある（脚注（45）を参照）。なお，渡辺信一「格付会社は市場のゲートキーパーか？―信用格付けの理論と現実」証券経済学会年報48号156頁（2013）でも，米国の報告書を参考に具体的に7つの代替モデルが紹介されているが，格付会社のインセンティブを損なうこと，長期的に維持可能なビジネスモデルであるかどうかが判然としない等の問題点が指摘されている。そうであれば，いまだ適切な代替案の発見にはいたらず，さしあたり発行者支払モデルを前提にせざるを得ない側面がある。

(171)　Chiwitt, a. a. O.（Fn. 46），S. 400.

発行者の側で格付機関の義務違反が格付に及ぼした影響を証明する必要があるが，この証明は事実上ほとんど不可能ではないかとの疑義が呈されている(172)。また発行者は，格付機関の市場支配的地位に基づき今後も格付機関を頼らざるをえないとすると，発行者は将来の金融資本市場での取引のために少なくとも３社の格付機関のうち１社の格付を必要とするので，通常は訴えの提起を見合わせることも予想される(173)。そうであれば，格付機関に対して民事責任の規定が導入されたといっても課題は完全に解決されておらず，今後の慎重な対応には留意する必要がある。しかしそうはいっても，格付が実際上投資決定の重要な根拠の一つとしてあげられるのは，格付機関により付与された優良な格付がしばしば事実上「勧誘的機能」を果たすからにほかならず，この意味において有責的な違反行為に対し，格付機関に民事責任の規定が導入されたことの意義は小さくない(174)。その詳細な検討は，次編で改めて扱うことにしよう。

---

(172)　Chiwitt, a. a. O. (Fn. 46), S. 401.

(173)　Chiwitt, a. a. O. (Fn. 46), S. 401.

(174)　したがって，わが国でも証券化に対する市場の信認を回復するという目的に照らせば，明文による損害賠償規定を置くことが望ましい（橋本・前掲注（44）91頁）。そのためにも，EU 規則を参考にわが国に格付機関の民事責任論の導入を検討する意義は大きい（なお，杉村和俊「格付会社の私法上の義務と民事責任に関する一考察―各種ゲートキーパー責任との比較に照らして」金融研究33巻３号152-153頁（2014）では，①格付会社が入手したものの発行体が投資家に提供していない情報があり，②その情報は投資家が自ら知ることを通常期待できないものであり，③その情報が投資判断を左右する重要な情報であり，④その情報を発行体自身が開示するよう，発行体に促すこともなく，⑤格付けを新規に付与することを社債等の発行前に中止し，または発行後の社債等について既に付与した格付けを取り下げることもなく，⑥投資家に対してその情報を開示することもなかったという６つの要件を具体的に定立し，投資家の自己決定の基盤を確保するための「情報提供義務違反」として，格付機関の不法行為責任を構成する要件としている）。なお，米国では2010年に成立したドッド＝フランク法を受けて，格付機関の規制の強化が図られたところであるが，その一環として，「格付機関が故意または過失により，格付された証券に関して信用リスクを評価するための手法から得られた事実要素に基づいて合理的な検証を行わなかった，または格付機関が証券発行者や引受人以外の情報ソースを利用して事実要素について合理的な検証を行わなかったという強い推論がある場合，格付機関は損害賠償請求の対象となる」ことがすでに明確化されている（これについては，小立・前掲注（30）147頁を参照）。黒沼悦郎『金融商品取引法入門〔第７版〕』（日本経済新聞出版社・2018）242頁でも，今後の議論の深化が期待されるとする。

第 4 編

EU 法における格付機関の民事責任規制の法的根拠

第1章
はじめに—本編の目的

1　格付の経済的意義および格付機関の機能

金融資本市場での将来の環境に依存する投資リスクの不確実性は，情報の非対称性に基づいても発生する[(1)]。このような不確実性に対処するため，格付機関が格付記号に従って各投資計画に係る包括的な情報を提供することで，非対称性を解消する機能を果たす。格付記号は，投資の成功要因やリスク要因に係る将来指向の客観的評価を付与するものである。その対象も，金融商品の発行者（いわゆる発行者格付）や金融商品そのもの（いわゆる証券格付）だけでなく発行者には国家も含まれるので，国民経済全体にも影響が及ぶ。他方，格付はその対象だけでなく誰が格付作成のイニシアティブを有するのかによっても区別され，「依頼格付」と「勝手格付」に区分される[(2)]。

このような格付には，すべての投資家の情報需要を満たし，すべての投資家のために取引費用を引き下げる経済目的があるほか，金融市場における金融証券（Finanztiteln）の過大評価や過小評価を防止することで，いわゆるバブルの発生も阻止できる。なぜなら，発行者からの依頼格付の場合，未公開の企業情報や各企業経営者との対話を通じて，特別な情報も評価の際に取り入れることが可能であるからである。格付は資金供与者（Geldgeber）のための情報源として利用される以外にも，資金受入者（Geldnehmer）の側では格付を通じて他人資本の調達に要する資本コストを考慮に入れられるので，資金受入者の情報源としても利用される。そのため，企業または金融証券の格付には一種の「証

(1)　第3編第2章2(5)を参照。
(2)　第3編第3章1および2を参照。

明書付与機能」[3]が認められ，その結果，他人資本に係るリスク・プレミアムが引き下げられ，さらに，一定の場合には資本市場へのアクセスを格付に依拠させる状況も生じる。このように，格付機関は情報提供によって市場における適切な価格形成を促進し，投資家に対し投資決定のための透明性ある比較の対象を提供し，かつ資本市場における相場の変動を防止する機能を果たす。そのため，格付機関は国民経済的観点からすれば，資源配分を改善する役割を担う重要な機関である[4]。

2　民事責任規制の創設の経緯

しかしながら，このような格付機関の役割・機能にもかかわらず，金融危機の過程では，格付の見直し作業が大幅に遅れた事実や格付分析に相当な時間を費やさなかった事実等[5]が存在した。その背景には，格付の表明自体，「表現・言論の自由」によって保護される[6]といった長期にわたる判断も一因であったように思われる。格付機関は情報仲介者であり，情報の非対称性を解消することで投資家に対して格付を通じた合理的な投資決定を可能にさせるが，前述の事実の存在は，その実務に対して非難を受けさせるのに十分であった。

さらに，サブプライム危機によるリーマンショックや国債危機[7]のプロセスでも，「格付機関が米国における担保付ローンの証券化商品を過大評価したほか，その後のギリシャをはじめとする南欧諸国家の信用度評価を通じて，当該国家の国債に係る金利負担（Zinslast）を増強させた」との非難が向けられた[8]。そのため，格付機関への法的措置が実務上喫緊に必要ではないかとの認識が広まり，EUでは取締りが不十分であった格付市場に一定の規制枠組みを設けることが企図されたのである[9]。その結果，2009年に格付機関規則[10]が決議され，この規則を通じて格付機関の行為規制や透明性等の規定が設けられた。

---

(3)　第3編第2章2(6)を参照。

(4)　Gietzelt/Ungerer, Die neue zivilrechtliche Haftung von Ratingagenturen nach Unionsrecht, GPR 2013, S. 333, 335.

(5)　第3編第1章1(2)を参照。

(6)　米国では憲法修正第一条，ドイツでは基本法5条1項に基づく。これについては，第3編第1章1(3)を参照。

(7)　2009年10月のギリシャの財政危機を発端とするいわゆる欧州債務危機に基づくユーロの暴落等によって，ヨーロッパの経済不況の深刻さがいっそう増加した（櫻川昌哉＝福田慎一編『なぜ金融危機は起こるのか』〔小川英治〕（東洋経済新報社・2013）223-224頁）。

(8)　Gietzelt/Ungerer, a. a. O. (Fn. 4), S. 333-334.

もっとも，当該規則には格付機関の民事責任に係る明文規定が欠けていたので，欧州委員会はすでに2010年の当該規則の施行以前からその不十分さを認識し，近い将来変更を行う必要性を認識していた(11)。このような経緯から，欧州委員会は2011年の第一次変更規則(12)の制定を経て，その約2年後の2013年には第二次変更規則(13)も制定し，この段階ではじめて35a条に新たな民事責任の規定を設ける決定を行ったのである。当該規定によれば，故意または重大な過失に基づき規則（付録Ⅲ所定）に基づく行為義務に違反する場合，格付機関は投資家および発行者に対して損害賠償義務を負うことになり，これによって欧州委員会は立法上の不備につき一応の解決を図ったのである。

3　本編の目的

格付は投資家の投資決定に重大な影響を与えるとともに，発行者の評判や財務的魅力にも重大な影響を及ぼす。それにもかかわらず，投資家および発行者は法律上，これまで格付機関に対して発生した損害の責任を追及できなかっ

---

(9)　EUにおける格付機関規制の動向については，弥永真生「信用格付機関の民事責任」『企業法制の将来展望―資本市場制度の改革への提言（2013年度版）』（資本市場研究会・2012）102頁以下のほか，小立敬「EUの格付機関規制案―サブプライム問題を踏まえたEUの対応」資本市場クォータリー12巻3号134頁以下（2009），海外情報「EUにおける格付機関の規制に関する動き」商事法務1844号34頁（2008），海外情報「信用格付機関に関する国際的取組みの最新動向」商事法務1734号48頁（2005），松尾直彦「IOSCOによる信用格付機関原則・証券アナリスト原則の策定」商事法務1676号14頁（2003）等を参照。

(10)　Verordnung（EG）Nr. 1060/2009 des Europäischen Parlaments und des Rates über Ratingagenturen vom 16. 9. 2009, ABl. EG Nr. L 302/1 vom 17.11.2009.

(11)　European Commission, Public Consultation on Credit Rating Agencies vom 5.11.2010, p. 24（http://ec.europa.eu/finance/consultations/2010/cra/docs/cpaper_en.pdf〔2018年6月16日現在〕）によれば，格付機関規則の違反行為に関連して格付機関の民事責任を追及することは，適用される構成国の法に従って行われることから，質問項目（31）では格付機関の民事責任につきEUレベルで共通の原則を導入する必要があるかどうかを問うている。

(12)　Verordnung（EG）Nr. 513/2011 des Europäischen Parlaments und des Rates vom 11.5.2011 zur Änderung der Verordnung（EG）Nr. 1060/2009 über Ratingagenturen, ABl. EU Nr. L 145/30 vom 31.5.2011.

(13)　Verordnung（EU）Nr. 462/2013 des Europäischen Parlaments und des Rates vom 21.5.2013 zur Änderung der Verordnung（EG）Nr. 1060/2009 über Ratingagenturen, ABl. EU Nr. L 146/1 vom 31.5.2013のほか，Kommission, Vorschlag für eine Verordnung des Europäischen Parlaments und des Rates zur Änderung der Verordnung（EG）Nr.1060/2009 über Ratingagenturen, KOM（2011）747 endgültig vom 15.11.2011も参照。

た(14)。そのため，このような格付機関に対する責任の隙間を埋め，法律上の義務を履行させ，かつ品質の高い格付へのインセンティブを強化するには，国家による格付機関の監督以外にも民事責任の導入により，格付機関にEU規則に合致する行動を行わせることが（私的エンフォースメント〔private enforcement〕）法的に有効な補完要素ではないかと考えられた(15)。このような趣旨で導入された第二次変更規則35a条につき，格付機関に対するEUの民事責任規制がどのような法的構造を有するのかを検討し，それをもって今後の格付機関の民事責任の展望を探ることが本編の目的である(16)(17)。

(14)　Verordnung (EU), a. a. O. (Fn. 13), ABl. Nr. L 146/7, Erwägungsgrund (32).

(15)　なお，わが国でも「民事責任の付加は格付けの信頼性を高める一つの方策である」との指摘がある（黒沼悦郎「コメント一」季刊企業と法創造20号51頁（2010)。同『金融商品取引法入門〔第6版〕』（日本経済新聞出版社・2015）237頁も参照）。もっとも，格付機関の責任に係る結論は，格付機関の義務および義務違反をどのように構成するのか，格付の「意見」としての側面（この側面を強調すれば，格付機関の言論の自由に配慮して格付機関の責任を極力認めるべきでない）と，格付機関のゲートキーパー的性格（これを強調すれば，いわゆる専門家責任として，格付機関の責任を広く認める）のいずれを重視するのかによって，大きく異なる（橋本円「信用格付業者に対する規制」ジュリスト1390号92頁（2009）参照）。

(16)　本編は，Gietzelt/Ungerer, a. a. O. (Fn. 4), S. 333のほか，主として以下に掲げる文献によっている。すなわち，Berger/Ryborz, Die Haftung von Rating-agenturen zwischen Kompensation und Verhaltenssteuerung, WM 2014, S. 2241; Halfmeier, Die Haftung von Ratingagenturen gegenüber Kapitalanlegern: Von Sydney lernen?, VuR 2014, S. 327; Möllers/Niedorf, Regulation and Liability of Credit Rating Agencies – A More Efficient European Law?, ECFR 2014, S. 333; Blaurock, Neuer Regulierungsrahmen für Ratingagenturen, EuZW 2013, S. 608; Dutta, Die neuen Haftungsregeln für Ratingagenturen in der Europäischen Union: Zwischen Sachrechtsvereinheitlichung und europäischem Entscheidungseinklang, WM 2013, S. 1729; Haar, Neues zur Haftung von Ratingagenturen im Zuge der zweiten Novelle der Rating-Verordnung (CRA III) ?, DB 2013, S. 2489; Wojcik, Zivilrechtliche Haftung von Ratingagenturen nach europäischem Recht, NJW 2013, S. 2385.

(17)　なお，格付機関の活動の国際化に伴い，格付機関の規制も国際的な整合性を図ることが重要である（近藤光男＝吉原和志＝黒沼悦郎『金融商品取引法入門〔第4版〕』（商事法務・2015）540頁ほか，有吉尚哉「格付会社の規制」法学教室377号44頁（2012）も参照）。

第2章
格付機関に対する民事責任の根拠

発行者と格付機関の間での契約関係に基づく場合，両者間の格付契約の存在から，必ずしも契約法ルールに基づく責任追及が考えられないわけではない。しかしながら，格付を利用する投資家と格付機関の場合には，投資家が投資決定に際して格付機関の評価を信頼せざるをえない場合であっても，両者の間に直接的な契約関係は存在しない。そのため，投資家が特別の規定に基づき格付機関の民事責任を追及しようにも，その明文規定がEUの各構成国に存在しないのが実状であった。発行者の場合とは責任追及の根拠が相違するため，投資家の側で「契約関係」に基づく民事責任の追及は実際上困難を伴っていたのである(18)。かりに責任追及が認められる余地があるとしても，格付機関は約款で包括的免責条項を定めることから(19)，民事責任の追及はいっそう困難を極めた。したがって，投資家による格付機関の民事責任追及の可能性を認めるには，契約責任の場合，ドイツ法のような特別の法解釈が必要とされ，契約責任以外では，一般不法行為責任に求めざるをえず，EU規則によってはじめて特別規定が設けられたのである。

以下では，このように理解される格付機関の民事責任の可能性につき，まず，

(18)　Vgl. Haar, a. a. O. (Fn. 16), S. 2489.

(19)　たとえば2018年3月1日付のS&Pグローバル・レーティングの行動規範11頁では，「本行動規範を公表することをもって，S&Pグローバル・レーティングはいかなる第三者に対して本行動規範から生じたあるいは関連した一切の責任および義務を負うものではありません。本行動規範はいかなる第三者との間の契約の一部を構成するものではなく，いかなる第三者も本行動規範の規定を直接的にあるいは間接的に強制する（契約上，またはその他の）権利を有しません。」と定められる。この行動規範については，https://www.standardandpoors.com/ja_JP/delegate/getPDF?articleId=2041870&type=COMMENTS&subType=REGULATORY において参照できる（2018年6月16日現在）。

EU規則に基づく成立過程を概観し，その法的根拠を探ることにしたい。

1　第二次変更規則35a条にいたる格付機関に対する民事責任の立法過程

(1)　2011年11月15日の欧州委員会提案[20]

取締りが不十分であった格付機関に対する一定の法的枠組みを設けるため，2009年に格付機関規則[21]が成立し，当該規則を通じて格付機関の行為規制や透明性等の規定が設けられたのは前述のとおりである。しかし，当該規則には投資家に対する格付機関の民事責任に係る明文規定を欠いていたので，欧州委員会はその施行以前から不十分であるとし，変更の必要性を認識していた。その認識は，当該規則の前文に掲げられた検討理由第69号において「本規則の規定の違反に基づく格付機関に対する賠償請求権は，民事責任に関する国内の法規定に準拠して行使される」旨が定められ[22]，直接に明文規定を置かなかったことからも窺える。この認識を基礎に，まず，2011年5月31日の第一次変更規則の制定後の2011年11月15日の欧州委員会提案（以下，2011年11月提案とする）では，格付機関規則の付録Ⅲにおいて利益相反，組織および運用上の規制，ならびに監督および開示規制に係る中心的義務等に違反する格付機関の行為は，原則として格付機関の責任を発生させるものと規定された（2011年11月提案35a条1項）。同提案35a条は，次のような内容を定める。

「①格付機関が故意または重大な過失によって付録Ⅲ所定の違反行為を行い，かつこの違反行為が，評価された金融商品の取得に際して，投資家が信頼した格付に影響を及ぼした場合には，投資家は，格付機関に対して，自己に生じた損害の賠償を訴求することができる。

②格付機関が表明した格付が，当該格付機関が違反行為を行わなかった場合に表明された格付と相違する場合においては，違反行為は格付に影響を及ぼしたものとする。

③格付機関がこの規則に基づく義務を著しく懈怠する場合には，重大な過失によって行為したものとする。

(20)　Kommission, Vorschlag für eine Verordnung des Europäischen Parlaments und des Rates, a.a.O. (Fn. 13)，KOM (2011) 747 endg.

(21)　Verordnung (EG)，a. a. O. (Fn. 10).

(22)　Verordnung (EG)，a. a. O. (Fn. 10)，ABl. EU Nr. L 302/7.

④投資家が，格付機関が付録Ⅲ所定の違反行為を行ったことを推定させる事実を疎明できる場合には，格付機関が，この違反行為を行わなかったこと，またはこの違反行為が表明された格付に影響を及ぼさなかったことを証明しなければならない。

⑤第1項による民事法上の責任は，これをあらかじめ合意によって排除するか，または制限することはできない。民事法上の責任があらかじめ排除されるか，または制限される合意条項は，無効とする」。

このように2011年11月提案では，組織および運用上の諸規制や監督・開示規制に対する違反行為が格付に影響を及ぼし，かつ投資家がその格付を信頼して，評価された金融商品を取得し，これによって投資家に損害が発生した場合において，当該投資家は損害賠償請求権を行使できる旨が規定されたのである。この場合にとくに投資家に有利なことは，損害賠償請求権を発生させるには単に格付機関の違反行為の一つでも推定させる事実が疎明されるだけで足りるとされたことである(23)。その反面，格付機関には，瑕疵のない完全な格付を作成したこと，ならびに付録III所定の種々の違反行為が格付に影響を及ぼさなかったことへの反証が負わされる。

このことから，当該提案は一方では格付機関に対して格付の基礎にある格付手法や格付モデルの開示を強制させる効果を有するが，その反面，2009年格付機関規則によっても定められていた企業秘密に属する情報開示義務の制限に反することでもあった。それゆえ，格付活動を抑制する効果もあることが懸念された(24)。

(2)　2012年5月25日の欧州理事会の「共通の立場（Gemeinsame Standpunkt）」(25)

次にこのような背景から，2012年5月25日の欧州理事会の「共通の立場」で

---

(23)　Haar, a. a. O. (Fn. 16), S. 2492.

(24)　Haar, a. a. O. (Fn. 16), S. 2492.

(25)　Council of the European Union, Proposal for a Regulation of the European Parliament and of the Council amending Regulation (EC) No 1060/2009 on credit rating agencies, General approach, Interinstitutional File: 2011/0361 (COD), Brussels, 25.5.2012, pp. 44 (http://register.consilium.europa.eu/doc/srv?l=EN&f=ST%206300%202012%20INIT〔2018年6月16日現在〕).

は，2011年11月提案が相当に制限され，抜本的変更を受けた形での責任の明文規定が提示された。民事責任の実効性を考慮し，合理的かつ相当な枠組みの範囲内での規制の撤廃は許容されるものとみなし，2011年11月提案35a 条２項ないし４項までの証明責任の転換に係る規定を完全に削除したのである[26]。ここでは投資家に対して，格付機関の故意または重大な過失による違反行為に係る証明責任，投資決定に際しての格付に対する信頼に係る証明責任ならびに違反行為と発生した損害との間での因果関係に係る証明責任の３つが課されているが（共通の立場35a 条１項），その反面，実質的には2011年11月提案の考え方に介入するさらなる変更も定められた。たとえば共通の立場35a 条６項1文では，損害や故意，重大な過失のような解釈上不確定な概念については，それぞれ関係する国際私法によって確定される構成国の法令上の概念が適用されるとの考えから，

「本条では使用されるが，この規則によって定義されない，損害，故意，重大な過失，合理的な信頼，相当な注意（due care）のような用語，および第５条所定の合理性（reasonability）および相当性（proportionality）と同様の影響（impact）は，国際私法の重要な規定によって決定される適用可能な国内の法に従って解釈され，かつ適用されるものとする。」

との規定を設け，さらに投資家が提起する民事責任の請求に係る裁判所の権限についても，国際管轄のルールに従って決定されるとしている[27]。しかし他方，共通の立場では，契約責任であれ，不法行為責任であれ，構成国での実体法上の民事責任の考え方が異なる結果，議論の過程では欧州委員会の格付機関に対する効果的な責任追及の意図も限定されていたので，議論の継続は第二次変更規則の成立時まで避けられなかった[28]。

(3)　2013年８月23日の欧州議会の変更動議[29]

その後の欧州議会の変更動議でも，2011年11月提案による民事責任規定のい

(26)　Council of the European Union, a. a. O. (Fn. 25), p. 45では，同条２項ないし４項が「削除（deleted）」されている。
(27)　Council of the European Union, a. a. O. (Fn. 25), p. 45.
(28)　Haar, a. a. O. (Fn. 16), S. 2493.

わば「希釈化（Verwässerung）」[30]が広く維持された。なぜなら，すべての関係者の均衡のとれた利害調整を考慮しつつも，欧州議会の法務委員会は2011年11月提案35a 条４項所定の格付に与える違反行為の影響と投資家の投資決定に対する重大な影響につき，投資家の側に証明責任を課したからである[31]。したがって，「共通の立場」と同様に変更動議における変更提案35a 条４項が定める，

「投資家が，格付機関に対し，この規則の違反の結果として表明された格付によって発生した損害の賠償を求めて訴えを提起する場合には，その証明責任は投資家にあり，投資家は，この違反行為が表明された格付に影響を及ぼしたこと，およびこれによって自己の投資決定が影響を受けたことを証明しなければならない。」

との規定は，証明責任の観点では投資家に不利な扱いになっている。さらに法務委員会は，格付機関規則における違反行為の統一的な評価のため，受託裁判所は原則として重大な違反行為に関して欧州証券市場監督局の見解を徴求し，かつ当該欧州証券市場監督局の各形式上の決定を考慮に入れるものと定める第３項を挿入したほか[32]，第６項では，裁判管轄は投資家の損害の発生時に常居所があった構成国にある旨の定めを置いた[33]。管轄規制の観点から国際管轄権が明定されたこと自体は，その後の第二次変更規則においても意義を見出されており，格付機関の民事責任の実効性にとっても重要であると判断されている[34]。

(29)　Europäisches Parlament, Ausschuss Wirtschaft und Währung, Bericht über den Vorschlag für eine Verordnung des Europäischen Parlaments und des Rates zur Änderung der Verordnung（EG）Nr. 1060/2009 über Ratingagenturen（COM（2011）0747 – C7-0420/2011 – 2011/0361（COD））vom 23.8.2012（http://www.europarl.europa.eu/sides/getDoc.do?pubRef=-//EP//NONSGML+REPORT+A7-2012-0221+0+DOC+PDF+V0//DE〔2018年６月16日現在〕).

(30)　Haar, a. a. O.（Fn. 16），S. 2493.

(31)　Europäisches Parlament, a. a. O.（Fn. 29），S. 89 f., 92.

(32)　Europäisches Parlament, a. a. O.（Fn. 29），S. 91.

(33)　Europäisches Parlament, a. a. O.（Fn. 29），S. 92.

(34)　Haar, a. a. O.（Fn. 16），S. 2493.

(4) 2013年1月16日の第一読会[(35)]に基づく2013年6月20日の第二次変更規則[(36)]

このような種々の提案を背景に，2012年12月初頭，2011年11月提案に係る欧州委員会，欧州理事会および欧州議会の審議が終結したこともあり，欧州議会は，2013年1月16日の第一読会において35a条に係る格付機関の民事責任につき，次のような立場を表明した。すなわち，投資家は原則として民事法上，格付機関が故意または重大な過失によって付録Ⅲ所定の違反行為を行いかつ違反行為が格付に影響を及ぼした場合には，格付機関に対して損害賠償を請求できるというものである。ここでの特徴は，違反行為に基づき発生した損害賠償の請求が，投資家だけでなく発行者にも拡大されたこと，さらに投資家および発行者ごとに証明責任の内容を定めたことに認められる[(37)]。この第一読会を受け第二次変更規則が2013年6月20日に成立し，格付機関の民事責任の規定がはじめてEU法に導入された。その結果，最終的に次のような内容を有する格付機関の民事責任の規定になった。すなわち，

「①格付機関が，故意または重大な過失により，付録Ⅲ所定の違反行為を行い，かつこの違反行為が格付に影響を及ぼした場合には，投資家または発行者は，当該格付機関に対し，この違反行為に基づき発生した損害の賠償を請求することができる。

投資家は，本条に従い，格付が関係する金融商品に投資するか，当該金融商品を継続して保有するかまたは売却する自己の投資決定の場合において，第5a条第1項に適合する正当な方法もしくはその他の方法によって相当な注意を払ってこの格付を信頼したことを証明する場合には，損害賠償を請求することができる。

発行者は，本条に従い，格付が当該発行者自身または発行者の金融商品に関するものであり，かつ違反行為が，当該発行者が直接にまたは入手可能な公開情報に基づき格付機関に誤導を伴うかもしくは虚偽の情報を提供したことによるもの

---

(35) Standpunkt des Europäischen Parlaments, festgelegt in erster Lesung am 16. 1. 2013 im Hinblick auf den Erlass der Verordnung (EU) Nr. /2013 zur Änderung der Verordnung (EG) Nr. 1060/2009 über Ratingagenturen (EP-PE TC1-COD (2011) 0361) (http://www.europarl.europa.eu/sides/getDoc.do?pubRef=-//EP//NONSGML+TC+P7-TC1-COD-2011-0361+0+DOC+PDF+V0//DE〔2018年6月16日現在〕).

(36) Verordnung (EU), a. a. O. (Fn. 13), ABl. EU Nr. L 146/1.

(37) Vgl. Haar, a. a. O. (Fn. 16), S. 2493.

でないことを証明する場合には，損害賠償を請求することができる。

②格付機関が本規則に違反したこと，およびこの違反行為が表明された格付に影響を及ぼしたことが明らかになる正確かつ詳細な情報を提出する責任は，投資家または発行者にある。

正確かつ詳細な情報とみなされるものは，国内の所轄の裁判所がこれを決定し，その場合には，投資家または発行者が格付機関の内部にある情報については入手できない場合があることを斟酌する。

③第1項による格付機関の民事法上の責任は，次に掲げる場合に限り，あらかじめ制限することができる。

a．その制限が適切かつ相当である場合，および，

b．それぞれ国内の現行法によれば，第4項に合致して許容されている場合。

民事法上の責任の制限が，a. に掲げられた要件を充たさない限り，責任制限は法的効力を有しない。

④「損害」，「故意」，「重大な過失」，「正当な方法によって信頼する」，「相当の注意」，「影響を及ぼす」，「適切」かつ「相当」のような本条に定められるが，定義されない概念については，それぞれ国内の現行法に合致して，関係する国際私法の規定に基づき解釈され，かつ適用される。この規則に規制されない格付機関の民事法上の責任の問題は，関係する国際私法の規定に基づき，それぞれ国内の現行法の適用を受けるものとする。どの裁判所が，投資家または発行者の申立てによる民事法上の責任に基づく請求権につき判決する権限を有するのかについては，関係する国際私法の規定に基づき決定される。

⑤本条は，国内法に合致する他の民事法上の責任に基づく請求権を除外するものではない。

⑥本条に定められた損害賠償請求は，欧州証券市場監督局に対し，第36a 条によるその権限を完全に行使することを妨げるものではない。」

第二次変更規則35a 条は，前述した2011年11月提案に相当な変更を加えているが，もともと両者とも格付機関の民事責任追及の実効性を確保することが目的とされたことでは共通していた(38)。ここでは，両者とも当該民事責任の法的性質は特別の不法行為責任と解されており，その導入が決定されたのも，

(38)　Vgl. Haar, a. a. O. (Fn. 16), S. 2493.

EUのレベルにおいて一般的な不法行為法の規定を欠いていたからにほかならない[39]。

もっとも規定の不存在だけでなく，そもそもなぜ特別な規定が必要であったのか，一般的な規制だけでは足りなかったのかという根本的な疑義も学説から指摘されているところであるが[40]，この指摘については次の2つの理由から説明された。すなわち，第一に，たとえば共通参照枠草案（Draft Common Frame of Reference; DCFR）VI.-2:204条所定の「他人に関する事実でない情報の伝達による損失」またはVI.-2:207条所定の「誤った助言又は情報を信頼したことによる損失」[41]のような不法行為法の一般規定の導入は，現在のところ政治的に実現できないか，いずれにしても迅速に十分な実施をすることができないこと，第二に，グローバルな金融市場では，格付機関による「価値の判定」に対し重大な意義が与えられる反面，市場の危機を防止し，被害者に損害が発生した場合には当該被害者に補償することが要求されるので，一定の私法上の法主体に対し格付機関の格付に係る訴求可能な責任を定める特別な規制を創設することは，根本的に（dem Grund nach）妥当であったこと，の2点である[42]。

2　小　括

以上のように，2011年11月提案から2013年6月20日の第二次変更規則にいたるまでの格付機関の民事責任に係る議論の経緯をみてきた。最終的に確認でき

---

(39)　Gietzelt/Ungerer, a. a. O. (Fn. 4), S. 337.

(40)　Gietzelt/Ungerer, a. a. O. (Fn. 4), S. 337.

(41)　共通参照枠草案（DCFR）VI.-2:204条は，「他人に関する情報の伝達によってその者に生じた損失は，その情報が真実でないことを伝達者が知り，又は知ることを合理的に期待されるときは，法的に重要な損害とする」旨を規定する。

また VI.-2:207条は，誤った助言又は情報を合理的に信頼して意思決定をしたことによって生じた損失は，次に掲げるすべての要件を満たすときは，法的に重要な損害とする。

(a)　当該助言又は情報が，専門家としての職務の遂行において，又は取引の過程で提供されたこと，

(b)　助言又は情報を提供した者が，情報受領者がその意思決定をする際に当該助言又は情報を信頼するであろうことを知り，又は知っていたことを合理的に期待されること」旨を規定する（DCFRの各条文については，クリスティアン・フォン・バール他編／窪田充見他監訳『ヨーロッパ私法の原則・定義・モデル準則―共通参照枠草案（DCFR）』（法律文化社・2013）253頁を参照）。

(42)　Gietzelt/Ungerer, a. a. O. (Fn. 4), S. 337.

るのは，第二次変更規則35a 条は，もともと格付機関に対する純粋な民事責任制度を EU に定着させる試みであったということである。

このような試みがなされたのも，とりわけドイツ法でみられたように，本規定が格付機関と特別な契約関係がない(43)投資家に対する格付機関の責任の「不備」を除去する点に，その根拠が存在したからである(44)。すなわち，ドイツ法では，損害賠償請求権者である投資家には格付に基づく投資決定を原因とする契約上の損害賠償請求権は付与されないのが原則であるが(45)，このことは，法律上の不備から投資家の賠償請求権の効果的な行使が妨げられていることを意味したのである。

依頼格付の場合，発行者の側ではもともと格付作成の基礎にある格付契約(46)に基づき，有責的な違反行為に基づく損害賠償請求権を主張できるのとは大きく異なる。すなわち，投資家の場合は，別の請求原因として，たしかに有責的な違反行為に基づき不法行為に基づく損害賠償請求（ド民823条１項）を主張することも考えられるが，投資家にとってその行使は非常に困難でしかないのである。その理由としては，たとえば①不法行為責任を定めるドイツ民法823条１項は，生命，身体，健康等，抽象的に財産を保護しているにすぎず，格付機関の違反行為を伴って作成された格付は必ずしも当該規定に定められた投資家の法益を侵害するわけではないこと，②たとえ良俗違反による故意の加害行為を定めたドイツ民法826条に依拠したとしても，投資家にとっては格付機関の加害行為の良俗違反性ならびに最低限必要な未必の故意の証明を行うのは極めて困難でしかないこと，などがあげられる(47)。

このことから，学説上「第三者のための保護効を伴う契約」ならびに「信頼責任（ド民311条３項・241条２項・280条１項）」に基づく損害賠償請求権の発生が根拠づけられてきたが，それでも投資家が効果的に賠償請求権を行使できる保証はなかったのである。たとえ前者の第三者保護効に依拠しても，潜在的な

(43)　たいていの場合，投資家はたとえば新聞やインターネットまたは広告媒体を通じてのみ格付に触れるにすぎない（Wojcik, a. a. O.（Fn. 16），S. 2386 Fn. 18）。
(44)　Wojcik, a. a. O.（Fn. 16），S. 2387.
(45)　もっとも，投資家がいわゆる定期購読者として対価と引換えに公表物で格付に接する場合，売買契約または情報提供契約（auskunftsvertragliche）に基づく損害賠償義務が存在するかどうかが議論される（Wojcik, a. a. O.（Fn. 16），S. 2386 Fn. 17）。
(46)　ドイツ法における格付契約の法的性質の議論については，第３編第３章１(1)を参照。
(47)　Wojcik, a. a. O.（Fn. 16），S. 2386.

請求権者の数は常に無限であり，格付機関の制御が及ぶ領域ではないので，格付機関が潜在的に保護される第三者（投資家）の範囲を十分に認識できるかどうかは問題であるし，他方，格付機関が格付を通じて特別な信頼を生じさせたとしても，実際に投資家に対しこの信頼が自己の投資決定に重大な影響を及ぼしたことを証明させるのは非常に困難な状況である[48]。さらに，格付機関は国際的に組織されることから，たいていの事実関係は渉外事件として常に国際管轄や国際私法上の問題も孕んでいる[49]。そうであれば，投資家と格付機関との法的紛争は，潜在的に不安定にならざるをえない状況であったのである。

そこで，なぜ格付機関に対する民事責任が EU に必要であったのかは，ドイツ法のように法律上の不備にその根拠が求められる。この不備を基礎に第二次変更規則では，格付機関規則に違反して作成された格付を信頼した場合，投資家に救済を求める権利が付与されるだけでなく，当該規則の違反によって損害を被った発行者も救済を受ける可能性が開かれた。もっとも，投資家であれ，発行者であれ，格付機関に対して民事責任を追及する場合，第二次変更規則35a 条では，証明責任の問題や格付機関の責任制限の問題，ならびに既存の国内法上の賠償責任請求権との関係等も問題になる。そのため，これらの問題をどのように考察すべきかが次の課題として浮上するが，この課題については章を改めて検討することにしたい。

(48)　Wojcik, a. a. O.（Fn. 16），S. 2386-2387.
(49)　Wojcik, a. a. O.（Fn. 16），S. 2387.

第3章
第二次変更規則35a 条に基づく格付機関の損害賠償責任の法律要件

1　国際私法および国際民事訴訟法上の要件[(50)]

(1)　ローマⅡ規則

第二次変更規則35a 条による民事責任規定の適用につき，まず，当該規定が国際私法に基づきどのような場合に適用されるのかが問題となる。なぜなら，とくに大規模格付機関であるS&P，ムーディーズおよびフィッチの所在地が米国等にあるので，投資家または発行者が損害賠償請求権を行使する場合，必然的に国際私法上の問題が避けられないからである[(51)]。そのため，第二次変更規則35a 条の不法行為的構成を前提に，EU 法上，国際私法の観点から考慮されるべき接点として注意すべきことは，まず，2007年７月11日のいわゆるローマⅡ規則（契約外債務関係の準拠法に関する規則）[(52)]との適用関係である。

これは，ローマⅡ規則の重点が不法行為にあり，当該規則によって指定された法は，それがEU 構成国の法であるか否かに関係なく普遍的に適用されることによる（ローマⅡ規則３条）[(53)]。したがって，原則として損害が発生した国家の法が適用されるので（ローマⅡ規則４条１項）[(54)]，格付機関の責任を生じさせる損害が構成国において発生する場合には，第二次変更規則に基づき国内法化された当該構成国の責任規定の適用を受ける。たしかに損害発生地の認定は，被害者が自己の行為によって国際的な金融資本市場で財産上の損害を被る場合，

(50)　なお，国際私法ならびに国際民事訴訟法上の問題については，第６編の格付機関に対する損害賠償の訴えと国際裁判管轄において改めて詳しく論じる。
(51)　Gietzelt/Ungerer, a. a. O. (Fn. 4), S. 338.

容易に確定できるものではないが，結果発生地は被害者の「財産の中心（Vermögenszentrale)」の場と同視されるほか，常居所（gewöhnlichen Aufenthalt）とも同視されるので(55)，いずれにしても格付機関の情報を信頼して取引する者に対しては，どの国で損害が発生したのかが重要になる。もっとも，格付に基づく情報そのものが損害を発生させるわけではないので，金融資本市場情報への信頼の結果として生じた損害の場所が情報の受領地である必要はない(56)。したがって，損害発生地が EU 域内にある限り，第二次変更規則35a 条の民事責任規定が適用され，自己の財産が EU 域内にある投資家または発行者が格付に基づき損害を被る場合には，格付機関は第二次変更規則35a 条の要件のもとで責任を負わされる可能性がある(57)。

そうであれば，区別なく各構成国の法令に国内法化される（EU 機能条約288条2文，291条1項）(58)第二次変更規則35a 条の民事責任規定は常に同一の規制の適用を受けることになるので，損害発生地がどの構成国にあるのかは重要で

(52)　Verordnung（EG）Nr. 864/2007 des Europäischen Parlaments und des Rates über das auf außervertragliche Schuldverhältnisse anzuwendende Recht（„Rom II“）vom 11.7.2007, ABl EG Nr. L 199/40 vom 31.7.2007. ローマⅡ規則案の段階を含めて，ローマⅡ規則全般に係る邦語文献ついては，佐野寛「EU 国際私法はどこへ向かうのか？―ローマⅡ規則を手がかりとして」国際私法年報14号33頁以下（2012），不破茂『不法行為準拠法と実質法の役割』（成文堂・2009）257頁以下，シュテファン・ライブレ＝西谷祐子訳「契約外債務の準拠法に関する欧州共同体規則［ローマⅡ］の構想」国際商事法務34巻5号594頁以下（2006），佐野寛「契約外債務の準拠法に関する欧州議会及び理事会規則（ローマⅡ）案について」岡山大学法学会雑誌54巻2号37頁以下（2004），高杉直「ヨーロッパ共同体の契約外債務の準拠法に関する規則（ローマⅡ）案について―不法行為の準拠法に関する立法論的検討」国際法外交雑誌103巻3号1頁以下（2004）等がある。

(53)　ローマⅡ規則3条は，「この規則によって指定された法は，それが構成国の法であるか否かにかかわらず，適用される」と規定する（佐野・前掲注（52）岡山大学法学会雑誌54巻2号42頁を参照）。

(54)　ローマⅡ規則4条1項は，「この規則に別段の定めがない限り，不法行為に基づく契約外の債務関係には，損害の原因となる事実が発生した国もしくは間接的な損害の結果が生じた国に関係なく，損害が発生した国の法が適用される」と規定する。

(55)　Gietzelt/Ungerer, a. a. O.（Fn. 4），S. 338.

(56)　Gietzelt/Ungerer, a. a. O.（Fn. 4），S. 338.

(57)　Gietzelt/Ungerer, a. a. O.（Fn. 4），S. 338.

(58)　EU 機能条約288条2文は，「規則は，一般的適用性を有する。それは，その全体において拘束力を有し，すべての構成国において直接に適用される」と規定し，同291条1項は，「構成国は，法的拘束力を有する連合法につき，履行に必要な国内法上のすべての措置をとらなければならない」と規定する（条文訳は，岡村堯『新ヨーロッパ法』（三省堂・2010）439-440頁を参照）。

はないように思われる。しかしながら，解釈上の疑義が生じた場合には，第二次変更規則35a条の各概念をEU法に基づき解釈するのではなく，解釈のために各構成国の法を援用するという形式が採用されているため（第二次変更規則35a条4項1文・2文），解釈に際して正確な損害発生地あるいは構成国を確定する必要が生じてくる。そのため，「損害」「故意」「重大な過失」「相当の注意」のような定義されない概念（同規則35a条4項1文参照）をどのように解釈するのかにつき，場合によっては各構成国で解釈の結果が相違する可能性も生じうる(59)。ここでは，各構成国の国内法の解釈が重要である限りEU法の解釈は重要ではないので，必ずしもEU機能条約267条所定の先決判決手続に基づく欧州司法裁判所の解釈の統一が期待できるものでもない(60)。そうであれば，各構成国の法にたとえば「重大な過失」の概念がないような場合，解釈に限界が生じうることもある。

たとえばイギリスでは，たしかに「重大な過失（gross negligence）」の概念が存在するとはいえ当該概念に対し単純な過失よりも特別な意義が与えられるわけではないため(61)，第二次変更規則に基づく2013年信用格付機関（民事責任）レギュレーション(62)では，重大な過失（gross negligence）を無謀（recklessness）として定義せざるをえなかった。このことからイギリスでは，当該レギュレーションにおいて「①第35a条の場合において，違反行為が行われたかどうかにつき，信用格付機関の上級管理者（senior management）が無謀であった場合には，当該違反行為は重大な過失によって行われたものとみなす。②この規則の目的のために，信用格付機関の上級管理者は違反行為が行われたかどうかにつき，注意を払うことなく行為する場合には，無謀とする」との規定が設けられることになった(63)。

(2)　外国に関連する訴えの裁判籍

他のEU構成国に居住地がある者は，ブリュッセルⅠ規則2条1項(64)に基

(59)　Gietzelt/Ungerer, a. a. O.（Fn. 4），S. 338.

(60)　Gietzelt/Ungerer, a. a. O.（Fn. 4），S. 338.

(61)　Gietzelt/Ungerer, a. a. O.（Fn. 4），S. 338.

(62)　本レギュレーションについては，http://www.legislation.gov.uk/uksi/2013/1637/contents/made（2018年6月16日現在）を参照。

(63)　2013年信用格付機関（民事責任）レギュレーションの，4. “Gross negligence”を参照。

づき原則としてその場所で訴えられる。たとえばS&PやCredit Market Services Europe Ltd.のように，請求を受けた格付機関の所在地がたとえばドイツではなくドイツ以外の構成国にある場合（外国関連性〔Auslandsbezug〕）には，当該格付機関はその場所の裁判所で訴えられる。また，不法行為の場合，訴えは選択的に損害の事実が発生した場所の構成国の裁判所でも提起できる（ブリュッセルⅠ規則5条3号）[65]。このことから，被害を被った原告は，訴えにつき原因となる事件の被告の居住地と実際に損害が発生した場所の間において選択権を有することになる。

その場合，原告の訴えが同一の構成国の裁判所によってかつ当該構成国の法に従って判断されるならば，損害発生地が選択されることになるが，第二次変更規則に基づく格付機関の民事責任の場合，格付機関の所在地がEU域外にあれば，そもそも格付機関の裁判籍は問題にならない[66]。なぜなら，第二次変更規則35a条の民事責任は実体法上，EUに所在地がありかつ登録された格付機関に限り適用されるからである。つまり，当該規定は，EUで登録された格付機関によって作成された格付に限り適用されることになるのである[67]。そのため格付機関の裁判籍も当該格付機関の所在地がEU構成国にある場合に限り問題になるので，まさに米国に所在地があるS&Pのような格付機関には妥

(64)　いわゆる「民事及び商事事件における裁判管轄及び裁判の執行に関する2000年12月22日の理事会規則（EC）44/2001」がブリュッセルⅠ規則である。ブリュッセルⅠ規則については，その提案も含めて，以下に掲げる文献がある。すなわち，関西国際民事訴訟法研究会「民事及び商事事件に関する裁判管轄及び裁判の承認及び執行に関する理事会規則（EC）についての提案（ブラッセル規則についての提案）〔1〕～〔4・完〕」国際商事法務31巻2号251頁，31巻3号399頁以下，31巻4号550頁以下，31巻5号708頁以下（2003），中西康「民事及び商事事件における裁判管轄及び裁判の執行に関する2000年12月22日の理事会規則（EC）44/2001（ブリュッセルⅠ規則）〔上〕〔下〕」国際商事法務30巻3号311頁以下，30巻4号465頁以下（2002），同「民事及び商事事件における裁判管轄及び裁判の執行に関するブリュッセル条約〔1〕〔2・完〕」民商法雑誌122巻3号426頁以下，122巻4・5号713頁以下（2000）等である。なお，ブリュッセルⅠ規則2条1項は，「本条約に別段の規定がある場合を除き，構成国の領域内に住所を有する者は，国籍のいかんにかかわらず，その国の裁判所に訴えられる」と規定する（中西・前掲民商法雑誌122巻3号431頁を参照した）。

(65)　ブリュッセルⅠ規則5条3号は，「構成国の領域内に住所を有する者は，次に定める場合においては，他の構成国の裁判所に訴えられる」との本文に続き，3号において「不法行為又は準不法行為事件においては，損害をもたらす事実が発生した地の裁判所」と定めるものである（中西・前掲注（64）民商法雑誌122巻3号432頁を参照）。

(66)　Gietzelt/Ungerer, a. a. O.（Fn. 4），S. 339.

(67)　Gietzelt/Ungerer, a. a. O.（Fn. 4），S. 339.

当しない。このことから，第二次変更規則35a 条に従い構成国の裁判所で米国の格付機関に民事責任を負わせ，その実効性を確保するには，本来ならばこれらの格付機関にも責任が及ぶ措置が必要となるのである。

しかしながら現状では，単に格付機関の「ヨーロッパ支社」に訴えを提起する方法だけが残されているにすぎない[68]。たとえば米国に所在する S&P の場合，2009年の格付機関規則に基づき，すでに子会社（Standard & Poor's Credit Market Services Europe Limited）が構成国（イギリス）において欧州証券市場監督局に登録されかつ設立されているが，当該子会社に対して訴えを提起する方法しか開かれていないのである[69]。これは主として次の理由による[70]。第一に，格付が米国の親会社で作成されオンライン等を通じて公表されるとしても，第三国で表明された格付を引き継いだ格付機関はこの格付に対して無限に責任を負うと擬制されるので（格付機関規則４条３項・５項）[71]，その意味ではヨーロッパの子会社である格付機関が親会社の作成した格付に責任を負うことになる，ということである。第二に，支店，代理店その他の営業所の業務に関する紛争については，これらの所在地の裁判所に訴えることになるので（ブリュッセルⅠ規則５条５号）[72]，主たる所在地が米国にある格付機関（親会社）は本来の被告にはならない，ということである。以上から，民事責任の追及を受ける格付機関は，構成国において欧州証券市場監督局に登録された格付機関の（子）会社に限定されることになる。

(68)　Gietzelt/Ungerer, a. a. O. (Fn. 4), S. 339.

(69)　EU で登録された格付機関については，欧州証券市場監督局のホームページ上で公表されている（http://www.esma.europa.eu/page/List-registered-and-certified-CRAs〔2018年６月16日現在〕）。

(70)　Vgl. Gietzelt/Ungerer, a. a. O. (Fn. 4), S. 339.

(71)　格付機関規則４条３項は，「共同体に住所を有しかつこの規則に基づき登録された格付機関は，格付の表明の基礎にある格付活動が，以下の要件を充たす場合にのみ，第三国で表明した格付を引き継ぐことができる」と規定するのに対し，５項は，「第３項に基づき第三国において表明された格付を引き継いだ格付機関は，当該格付ならびに当該格付に定められた条件の遵守について無限責任を負う」と規定する。

(72)　ブリュッセルⅠ規則５条５号は，「構成国の領域内に住所を有する者は，次に定める場合においては，他の構成国の裁判所に訴えられる」との本文に続き，５号において「支店，代理店その他の営業所の業務に関する紛争については，これらの所在地の裁判所」と定めるものである（中西・前掲注（64）民商法雑誌122巻３号432-433頁を参照）。

2　責任成立要件

(1)　請求権者（投資家，発行者および国家）

次に，EUに所在地がある格付機関に対し，誰がその民事責任を請求できるのかが問題となる。この問題に関しては，ヨーロッパの立法手続の過程でも変遷したとはいえ，最終的に欧州委員会は投資家に対してもその正当性を肯定し，この場合の投資家にも，個人投資家だけでなく機関投資家も含まれるものとした(73)。もっとも，金融機関，証券会社，保険会社，再保険会社等の機関投資家は，企業または金融商品の信用度評価に際してもっぱら格付だけに依拠してはならないし，自動的に格付に依拠することもできないので（第二次変更規則5a条1項）(74)，格付に関しては固有の注意義務を払わなければならない(75)。

さらに，発行者自身も民事責任を追及する根拠を有するので，民事責任追及の対象は発行者自身が格付される場合の当該発行者自身だけでなく，発行者が有価証券を発行する場合の当該発行証券にまで及ぶ。これによって，発行者自身に財産上の損害が発生する場合には，当該発行者自身にも格付機関に対して損害賠償を請求でき(76)，また国家の場合にも国家自身が投資家または発行者の地位にあれば，その正当性が付与されることになる(77)。

(2)　責任を発生させる違反行為

第二次変更規則35a条1項では，付録IIIを基礎に約100項目に及ぶさまざまな態様の違反行為が定められる。格付機関の民事責任を発生させるには，これらの違反行為でなければならない。もともと違反行為は，2011年の第一次変更規則に基づく格付機関への欧州証券市場監督局の監督法上の措置（第一次変更規則24条），ならびに過料または強制金のような刑罰目的（第一次変更規則36a条）のために規定されたものであるが，第二次変更規則でも付録Ⅲにおいてこれらを引き継ぎ，格付機関の民事責任に係る根拠として用いられた(78)。

(73)　Gietzelt/Ungerer, a. a. O. (Fn. 4), S. 340.
(74)　第二次変更規則5a条1項は，「第4項第1項に掲げられた機関は，固有の信用リスク評価を実施しなければならず，かつ企業または金融商品の信用度を評価する場合には，もっぱら格付に依拠するかまたは自動的に格付に依拠してはならない」と規定する。
(75)　Gietzelt/Ungerer, a. a. O. (Fn. 4), S. 340.
(76)　Gietzelt/Ungerer, a. a. O. (Fn. 4), S. 340.
(77)　Gietzelt/Ungerer, a. a. O. (Fn. 4), S. 340.

当該違反行為は，大まかに①利益相反，組織または運用上の要件，②監督活動，③開示という3つの関連行為に分類され，具体的には次のような代表的行為が掲げられる。すなわち，(a)要件を充足せずに第三国（たとえば米国の親会社）から格付を引き継いだ場合，(b)業務執行機関や経営・監督機関，格付アナリストが自己に要求される専門知識を具備するための組織体制が構築されなかった場合，(c)格付および格付見通しの作成の両場面において独立の公正な格付活動に対して利益相反が存在した場合，(d)適正な格付手法，すべての重要情報の反映，可能な再調査に基づき，適切かつ専門的に信頼できる格付を作成しなかった場合，(e)（組織上および運用上の要件を定める付録Ⅰ・A・Bを援用する）格付機関の独立性および利益相反の回避に違反した場合，(f)付録Ⅰ・C所定の格付アナリスト，職員およびその他，格付の表明に関与した者が適切な専門知識や経験を有しなかった場合，(g)格付機関が格付活動に際してどのような格付手法，格付モデルおよび基本的前提を使用したのかを開示しなかった場合等であり，これらが責任を発生させる違反行為になる。

このような違反行為を掲げたのは，とりわけ手続上の措置を通じて瑕疵ある格付の表明を予防する目的があったからであり，したがって，格付の表明に際して格付機関が単にこのような行為ルールに違反したことだけが重要であると解されたからである(79)。そのため，必ずしも内容的に瑕疵ある格付が表明されたことに重点が置かれたわけではないので(80)，当該民事責任の創設は格付機関に対し私的エンフォースメントとして手続上の行為義務を履行するよう仕向けたものであるとの指摘がある(81)。

(3)　格付機関の有責性

第二次変更規則35a条1項では，前述のような違反行為が格付機関の故意または重大な過失によって行われたことが前提とされる。しかしながら，格付機関が民事責任を負う場合，当該責任が潜在的に無限になる可能性があることを否定できないので，軽過失の場合の責任については放棄されたとする(82)。ただし，単純な過失の場合については欧州証券市場監督局によって過料の制裁が

(78)　Vgl. Gietzelt/Ungerer, a. a. O. (Fn. 4), S. 340.
(79)　Vgl. Berger/Ryborz, a. a. O. (Fn. 16), S. 2246; Dutta, a. a. O. (Fn. 16), S. 1733.
(80)　Dutta, a. a. O. (Fn. 16), S. 1733.
(81)　Dutta, a. a. O. (Fn. 16), S. 1733.
(82)　Gietzelt/Ungerer, a. a. O. (Fn. 4), S. 341.

科される可能性は残されている（第一次変更規則36a条1項）。

もっとも，どのような場合が故意または重大な過失に該当するかにつき，固有の定義が定められているわけではなく（第二次変更規則35a条4項），むしろ当該概念の解釈に際して各構成国の法が援用されるにすぎないため，解釈に際しては民事責任を発生させる違反行為がどの構成国で行われたのかが重要な要素となる。したがって，たとえばドイツ法では，格付機関が違反行為であることを知り，かつ少なくとも違反行為であることを認容した場合には，格付機関は故意に基づき付録Ⅲの違反行為を行ったことになるのに対し，格付機関が重大な客観的注意義務違反を犯したような場合には，重大な過失が存在することになろう(83)。

この場合の注意義務違反は，単に付録Ⅲ所定の行為の違反から直接に認定されるのではなく，注意義務違反の調査の結果として認定されるため，違反行為の存在は単に客観的な注意義務違反の徴憑として理解される。ただし，重大な過失であるためには，当該徴憑に対し主観的な非難可能性も存在しなければならないし，その際には違反行為者の属性として個人的事情も考慮される。もっとも，重大な過失であるには個別事案によるところも大きいことから，明確かつ予見可能な注意義務の基準を設定するのは，たとえドイツ法のもとであっても困難ではないかとの指摘がある(84)。

(4)　瑕疵ある格付

また第二次変更規則35a条1項では，付録IIIの有責的な違反行為が「格付に影響を及ぼした」ものでなければならないことを要求するが，このことは，後述する違反行為と格付との因果関係を前提とするだけではない。すなわち，この場合の格付は，「瑕疵ある」格付が要求されていることも前提とするのである(85)。そもそも格付とは，企業，債務証書（Schuldtitel）もしくは金融負債（finanzielle Verbindlichkeit），債務証券，優先株式もしくはその他の金融商品，または当該債務証書，金融負債，債務証券，優先株式その他の金融商品の発行者に係る信用度判定であって，格付を分類するために確定されかつ定義された等級手続（Einstufungsverfahren）に基づき表明されるものをいうが（格付機関

---

(83)　Gietzelt/Ungerer, a. a. O.（Fn. 4），S. 341.
(84)　Vgl. Gietzelt/Ungerer, a. a. O.（Fn. 4），S. 341.
(85)　Gietzelt/Ungerer, a. a. O.（Fn. 4），S. 341.

規則3条1項a)，当該格付に瑕疵が存在しかつその瑕疵ある格付が公表されたことが必要となるのである。

もし瑕疵ある格付を前提としないならば，たとえ違反行為があったとしても格付機関が正確な格付判定を行った場合において，投資家がその格付を信頼し，それでも損害を被った場合にまで格付機関が責任を問われることにつながりかねない(86)。そのような場合にまで，格付機関が責任を負わされることに正当性は認められない。もっとも，具体的にどのような格付が瑕疵を有するのかを確定するのは事実上困難である。たとえば格付機関が事後的に格付を変更することを表明すれば，事前に公表された格付に「瑕疵」があることを意味するのであろうか。その場合の格付の変更は，単に事情が変更した結果として変更した事情に適合させるという意味では瑕疵ある格付ではなく，少なくとも格付機関が事後的に格付に瑕疵があることを自状（Eingeständnis）したという意味で捉えられるものではない(87)。そうでなければ，格付機関に対しできる限り格付は変更してはならないとの誤ったインセンティブが付与されることにもなるからである。むしろ，格付機関が格付に際して悪化した市況を適時に認識せず（違反行為），結果として事後的に当該格付を適時に適合させなかったことの方が問題であろう。予測的性質を伴う格付について瑕疵を判断するには困難な側面があるが，少なくともその判断時点は格付の公表時点でなければならず，通常は違反行為の結果として格付が変更されるような場合に，当該変更された格付に瑕疵の存在を推認できるであろう(88)。

(5)　因果関係

民事責任追及の要件のうち，因果関係の存在は一般的に要求されるものであるが，ただし第二次変更規則35a条1項との関係では，どの要件の間に因果関係がなければならないのかが責任追及の実効性を決める上で重要な役割を果たす。証明責任が転換されない限り，原則として請求権者が因果関係を証明しなければならないからである(89)。

発行市場の場合にも流通市場の場合にも適用される第二次変更規則35a条1

(86)　Gietzelt/Ungerer, a. a. O.（Fn. 4），S. 341.
(87)　Gietzelt/Ungerer, a. a. O.（Fn. 4），S. 341.
(88)　Gietzelt/Ungerer, a. a. O.（Fn. 4），S. 341.
(89)　Gietzelt/Ungerer, a. a. O.（Fn. 4），S. 341.

項の規定では，いずれの市場の場合であれ，まず区別されなければならないのは，格付がいわゆる勝手格付の場合であるか，あるいは依頼格付の場合であるかである。勝手格付の場合には発行者も投資家も格付機関に関与しないのに対し，依頼格付の場合には少なくとも発行者が依頼を通じて格付機関に関与するからである。一般的に民事責任は，原則として対面取引（face-to-face-Transaktionen）に基づき両当事者が対立することになるが，格付機関に直接的に関与しない「勝手格付」の場合には，発行者または投資家は匿名の資本市場で自ら取引を行うことになる。このことは，一般的な民事責任と異なり，第二次変更規則35a条の因果関係の分析に際して留意されなければならない問題点である[(90)]。

ドイツ法の観点からすれば，因果関係につき，成立要件としての因果関係である責任設定的因果関係（haftungsbegründende Kausalität）[(91)]についても，責任範囲としての因果関係である責任充足的因果関係（haftungsausfüllende Kausalität）[(92)]についても，両者とも要求される。そのため第二次変更規則35a条1項の文言によれば，付録Ⅲ所定の違反行為が「瑕疵ある格付」と因果関係にあるだけでなく（責任設定的因果関係）[(93)]，「損害」との間でも因果関係になければならない（責任充足的因果関係）[(94)]。したがって，本規定の文言上，瑕疵ある格付と損害との間の因果関係は要求されないので[(95)]，責任成立要件としての因果関係にとって重要なのは，瑕疵ある格付ではなく付録Ⅲ所定の違反行為である。

もっとも証明責任の観点では，このような因果関係の理解が被害者の観点から妥当かどうかという問題は残される[(96)]。たとえば，コンプライアンス体制

(90)　Gietzelt/Ungerer, a. a. O. (Fn. 4), S. 342.

(91)　ドイツ法上，責任設定的因果関係とは，義務違反行為と法益侵害の間での因果関係をいう（ハイン・ケッツ＝ゲルハルト・ヴァーグナー（吉村良一＝中田邦博〔監訳〕）『ドイツ不法行為法』（法律文化社・2011）94頁）。

(92)　責任充足的因果関係とは，責任の範囲としての因果関係の意味において，加害者が加害行為に基づき生じた損害のうち，どこまでの範囲について責任を負わなければならないかという問題である（ケッツ＝ヴァーグナー・前掲注（91）107頁参照）。

(93)　すなわち，第二次変更規則35a条1項所定の「この違反行為が格付に影響を及ぼした」という文言が該当する。

(94)　すなわち，第二次変更規則35a条1項所定の「この違反行為に基づき発生した損害」という文言が該当する。

(95)　Dutta, a. a. O. (Fn. 16), S. 1734. もっとも，瑕疵ある格付と損害との間の因果関係を要求する学説もある（Wojcik, a. a. O. (Fn. 16), S. 2387）。

(96)　Gietzelt/Ungerer, a. a. O. (Fn. 4), S. 342.

の欠如のような違反行為と発生した一定額の損害との間での因果関係を証明する場合，証明責任が格付機関に転換されない限り，発行者または投資家が格付機関の違反行為とその具体的な損害が直接に因果関係にあることを証明するのは非常に困難である。匿名の資本市場での情報不足からしても，この因果関係が投資家または発行者によって証明される可能性は稀でしかなかろう[(97)]。したがって，現在では規定の文言上，違反行為と損害の因果関係の証明に際して，違反行為が表明された格付に影響を及ぼしたことが明らかになる正確かつ詳細な情報を提出する責任は投資家または発行者にあるとする一方で，正確かつ詳細な情報とみなされるものにつき国内の所轄の裁判所は，投資家または発行者が格付機関の内部情報については入手できない場合があることを斟酌するものとされた（第二次変更規則35a条2項）。このことは，立法者がまさに前述した対面取引の場合と異なる投資家または発行者の情報不足を意図していた証左であると指摘される[(98)]。

(6)　投資家の信頼

さらに，格付機関に対して訴えを提起する投資家は，投資決定に際して瑕疵ある格付を信頼したことの証明責任を負うことから（格付機関規則35a条1項），この場合の投資家の信頼も特別な要件として導き出される。したがって，たとえ単純な投資家（einfacher Anleger）であっても格付を信頼する場合には，当該投資家は相当な注意を払う必要が生じる[(99)]。その場合，相当な注意の概念は構成国の法に従って解釈される必要があるとはいえ（格付機関規則35a条4項1文），基本的に客観的注意義務が問題とされるので，投資家として慎重に行為する者であれば，客観的にどのように行為したのかが重要となる[(100)]。そのため，金融機関あるいは他の機関投資家の場合にはより厳格な注意義務が負わされることになり，その結果，機関投資家は固有の信用リスク評価を行う必要があるだけでなく，信用度評価に際してはもっぱら格付にだけ依拠してはならない。

これに対し，個人投資家は固有のリスク評価義務を負わないため，一般的に

---

(97)　Gietzelt/Ungerer, a. a. O. (Fn. 4), S. 342.
(98)　Gietzelt/Ungerer, a. a. O. (Fn. 4), S. 342.
(99)　Gietzelt/Ungerer, a. a. O. (Fn. 4), S. 343; Möllers/Niedorf, a. a. O. (Fn. 16), S. 347.
(100)　Vgl. Gietzelt/Ungerer, a. a. O. (Fn. 4), S. 343.

は格付を信頼できる結果として，自己が格付を合理的に信頼したことを証明しなければならないことになる。もっともそうであっても格付判定に否定的立場にあるマスコミ報道等があるような場合に，自己の投資決定と格付との因果関係を証明するのは事実上不可能ではないかとの指摘もある(101)。

(7)　発行者の正確な情報提供

反対に，発行者が格付機関に訴えを提起する場合には発行者は，格付が自己または金融商品に関するものであり，かつ格付機関の違反行為が自己の瑕疵ある情報に基づき行われたもの（誤導または虚偽の情報の提供）でないことを証明しなければならない（格付機関規則35a条1項）。この場合，因果関係で述べたように，格付機関の違反行為が証明の重要な対象であって瑕疵ある格付がその対象ではないため，発行者は，公表した情報または格付機関に提供した情報が単に付録Ⅲ所定の違反行為と因果関係になかったことだけを証明する必要があるにすぎない(102)。

3　証明責任の分配

格付機関の不法行為責任を考える場合，少なくとも構成国の法律上の問題点は，とりわけ投資家が不法行為の法律要件である因果関係の具備につき証明するのが極めて困難であることにある(103)。投資家または発行者が格付機関に訴えを提起する場合，投資家等は基本的に自己が格付を知り得た上で取引したことを証明しなければならないが，個人投資家は通常，投資に際してコンサルタントの助言を信頼したか，あるいは単純に市場の雰囲気（Stimmung）に従って取引したような場合が多い(104)。したがって，このような場合に因果関係の証明を要求するならば，必然的に証明の簡易化措置を講じないと保護の実効性を欠く。そのため第二次変更規則では，原則として「格付機関が本規則に違反したこと，およびこの違反行為が表明された格付に影響を及ぼしたことが明らかになる正確かつ詳細な情報を提出する責任は，投資家または発行者にある」ことを前提に，さらに「正確かつ詳細な情報とみなされるものは，国内の所轄

(101)　Möllers/Niedorf, a. a. O.（Fn. 16），S. 347.
(102)　Gietzelt/Ungerer, a. a. O.（Fn. 4），S. 343.
(103)　Gietzelt/Ungerer, a. a. O.（Fn. 4），S. 343.
(104)　Gietzelt/Ungerer, a. a. O.（Fn. 4），S. 343.

の裁判所がこれを決定し，その場合には，投資家または発行者が格付機関の内部にある情報につき入手できない場合があることを斟酌する」との規定を設けた（第二次変更規則35a条2項）[105]。投資家および発行者の立証の困難を基礎に，証明責任の転換ではなく原告の立証に係る基準を疏明にまで引き下げることで解決を見出したものと評価されるが，反対にこのことは，結果的に被告である格付機関が原告の立証を争う場合，高度な立証の要件が設定されたことを意味する[106]。

もっともこのように基準を引き下げたとしても，請求権者の情報不足につき裁判所がどの程度斟酌するのかは条文上明確でない[107]。たとえ請求権者の証明の程度を疏明に引き下げても，そもそも請求権者の情報不足のため請求権者は実質的に事実を提出できないことを考慮すると，不十分であるといわざるをえないであろう[108]。そうであれば，民事責任の導入による私的エンフォースメントの実効性の観点からすれば，やはり格付機関の側に主張および証明責任が転換される方が適切であったようにも考えられる。あるいは，情報が格付機関の領域にある限り，請求権者が違反行為と格付への影響を主張すれば，少なくとも格付機関の側に主張および証明義務が負わされるという解釈も可能であり[109]，この解釈によれば，結果的に請求権者の証明の軽減につながるだけでなく，ひいては格付機関の責任リスク回避の観点からも格付プロセスを文書に記録するインセンティブが高められる利点があるように思われる[110]。

4　法律効果としての損害賠償

(1)　損害の範囲

格付機関の民事責任は，格付機関の違反行為に基づき請求権者が損害を被った場合に限り存在するため，当該損害の算定方法にも一定の問題が生じる可能

(105)　なお，Verordnung (EU)，a. a. O. (Fn. 13)，ABl. (EU) Nr. L 146/8, Erwägungsgrund (34) でも，「規則 (EG) Nr. 1060/2009の規定の違反に基づき損害賠償を請求する投資家または発行者は，格付機関が本規則に違反したことが明らかになる正確かつ詳細な記載をするものとする。この記載は所轄の裁判所によって評価され，その評価に際しては，投資家または発行者がもっぱら格付機関の領域にある情報にアクセスできない場合があることを斟酌しなければならない」ことが説明される。

(106)　Wojcik, a. a. O. (Fn. 16)，S. 2388.

(107)　Vgl. Dutta, a. a. O. (Fn. 16)，S. 1734.

(108)　Vgl. Dutta, a. a. O. (Fn. 16)，S. 1734; Wojcik, a. a. O. (Fn. 16)，S. 2388.

(109)　Dutta, a. a. O. (Fn. 16)，S. 1734.

(110)　Dutta, a. a. O. (Fn. 16)，S. 1734.

性がある[111]。損害の概念の解釈は構成国の法にゆだねられているので（第二次変更規則35a条4項1文），損害の算定方法は各構成国の法に従うことになるが，たとえばドイツ法では，損害の算定方法につき原則として次の2つの可能性が想定され[112]，したがって，損害の範囲もまた以下に掲げる算定方法によって確定される。すなわち，第一に投資家の現在の状況と当該投資家が実際の価格ではなく，格付機関の適切な格付に基づき取引された価格で買付もしくは売付を行った場合に存在したであろう状況とを比較し，その差額を損害と捉える可能性である（差額損害説）。これによれば，実際に支払われた取引価格と正確な格付の場合に形成されたであろう価格との間の差額が損害となる。第二に，投資家による投資取引後の現状と投資取引がなかった場合の投資家の状況を比較する可能性である（取引損害説）。これによれば，投資家は取引自体によって損害を被るものと観念し，投資家には発行された金融商品の取得価格が賠償されることになる（いわゆる原状回復〔Restitution〕）。

ドイツ法では，主としてこれら2つの見解が主張されているが，後者の見解では，格付機関はもともと投資家の有価証券の売買に関与しなかったにもかかわらず，投資決定のリスクとともに瑕疵ある格付に関係しない相場動向のリスクも負担する問題が生じるので，学説では前者の差額損害説が支持されているところである[113]。このことは，純粋な価格形成の保護と投資決定前の投資家の自由意思の尊重という第二次変更規則35a条の保護目的にも合致するものと主張されており[114]，発行者が格付機関に対して責任を追及する場合にも，同様に差額損害説が妥当するものと考えられている[115]。それゆえ，瑕疵ある格付に基づき金融商品の差額から生じた損害が発行者に賠償されるか，あるいは格付に瑕疵がある場合に発行市場または流通市場で金融商品の取引から生じた損害が発行者に賠償されることになる。

なお，イギリス法でも発行者に対し賠償される損害の額につき差額損害を前提としており[116]，発行者と信用格付機関との間に契約が存在しない場合には，

---

(111)　Gietzelt/Ungerer, a. a. O. (Fn. 4), S. 344; Dutta, a. a. O. (Fn. 16), S. 1734.
(112)　Vgl. Gietzelt/Ungerer, a. a. O. (Fn. 4), S. 344. さらに，Möllers/Niedorf, a. a. O. (Fn. 16), S. 349.
(113)　Gietzelt/Ungerer, a. a. O. (Fn. 4), S. 344.
(114)　Gietzelt/Ungerer, a. a. O. (Fn. 4), S. 344.
(115)　Gietzelt/Ungerer, a. a. O. (Fn. 4), S. 344.
(116)　Gietzelt/Ungerer, a. a. O. (Fn. 4), S. 344.

第二次変更規則35a 条の請求に際して発行者に回復される損害は，信用格付が影響を及ぼしたことに基づく発行者の資金調達費用の増加分であるとしている（2013年信用格付機関（民事責任）レギュレーション13.(1)(b)）。

もっとも，とりわけ流通市場での投資取引に基づき，投資家に対する損害賠償が巨額になるおそれがあることが懸念される。そのため，格付機関の賠償責任のいわば「調節ネジ」として損害賠償に最高限度額を設けるため(117)，賠償責任基金を創設し，被害を被った投資家は各損害につき当該責任基金から案分比例に従って賠償を受けられるべきと主張する見解(118)や，格付機関は仕組み金融商品の評価に基づき相当な手数料収入を得られることから，当該手数料収入に着目して格付機関の賠償を当該利益の吐き出し（Gewinnabschöpfung）に限定するべきと主張する見解(119)もある。

(2) 共同過失（Mitverschulden）

損害の範囲を確定する場合，投資家または発行者の共同過失も考慮される必要がある(120)。もともと投資家の場合は格付に対する信頼，発行者の場合は正確に提供した情報を基礎に保護されなければならない。それにもかかわらず損害が拡大する場合において，投資家または発行者がその拡大に寄与（Mitwirkung）し回避できなかったとすれば（ド民254条２項参照），その共同過失は過失相殺として発生した損害に算入されることになろう(121)。

(3) 時効の問題

格付機関に対する損害賠償請求権の時効は，第二次変更規則35a 条には規定されていない。もっとも，当然に当該責任が永久に続くことを意図しているわけではないので，時効は各構成国の法に従って解決されることになる（第二次変更規則35a 条４項２文）。したがって，たとえばドイツ法では，不法行為に基づく請求権の時効期間は通常の時効期間としての３年になる（ド民195条・199

(117) Haar, a. a. O. (Fn. 16), S. 2495.

(118) Vgl. Wagner, Die Haftung von Ratingagenturen gegenüber dem Anlegerpublikum, in: Einheit und Vielheit im Unternehmensrecht – Festschrift für Uwe Blaurock zum 70. Geburtstag, 2013, S. 467, 492 f.

(119) Vgl. Haar, a. a. O. (Fn. 16), S. 2495.

(120) Gietzelt/Ungerer, a. a. O. (Fn. 4), S. 345; Halfmeier, a. a. O. (Fn. 16), S. 332.

(121) Gietzelt/Ungerer, a. a. O. (Fn. 4), S. 345.

条1項)[122]。

5　格付機関の民事責任の制限：免責条項（disclaimer）の有効性

一般的に格付の性質が格付機関の側から述べられることがある。たとえばS&Pグローバル・レーティングでは，「信用格付は，投資や財務などに関する助言ではない。また信用格付は，特定の証券の購入，保有，売却，あるいはその他の投資に関する意思決定を推奨するものではない。信用格付は，特定の投資家に対する特定の投資への適合性について言及するものではなく，投資に関する意思決定をする際に依存すべきものではない。格付先に対する信用格付の付与は当該格付先の業績を保証するものではない。S&Pグローバル・レーティングは発行体や投資家などいかなる者に対しても，投資や財務などのアドバイザーとしての役割を担うことはなく，また受託者としての関係にもない。信用格付は，検証可能な事実の表明ではない」[123]ことが明示されている。

さらに，免責条項として「本コンテンツにおける，信用格付を含む信用関連などの分析，および見解は，それらが表明された時点の意見を示すものであって，事実の記述ではありません。S&Pの意見，分析，格付けの承認に関する決定（…）は，証券の購入，保有または売却の推奨や勧誘を行うものではなく，何らかの投資判断を推奨するものでも，いかなる証券の投資適合性について言及するものでもありません。S&Pは，本コンテンツについて，公表後にいかなる形式やフォーマットにおいても更新する義務を負いません。本コンテンツの利用者，その経営陣，従業員，助言者または顧客は，投資判断やそのほかのいかなる決定においても，本コンテンツに依拠してはならず，本コンテンツを自らの技能，判断または経験に代替させてはならないものとします。S&Pは『受託者』あるいは投資助言業者としては，そのように登録されている場合を除き，行為するものではありません。S&Pは，信頼に足ると判断した情報源から情報を入手してはいますが，入手したいかなる情報についても監査はせず，またデューデリジェンスや独自の検証を行う義務を負うものではありません」と明示している[124]。

---

(122)　Gietzelt/Ungerer, a. a. O. (Fn. 4), S. 345. なお，Halfmeier, a. a. O. (Fn. 16), S. 332 f.

(123)　2018年3月1日付のS&Pグローバル・レーティングの行動規範（前掲注（19））の7.2による。

したがって，当該条項からすれば，格付機関は投資家とアドバイザーや受託者としての関係にないことから，投資家はそもそも自己責任によって金融商品を調査し，その結果に基づき自己の財産の処分を行わなければならない。しかしながら，このような包括的免責条項が実際にどのような効果を有するのかが，格付機関の責任との関連で検討すべき問題として浮上する。

このような免責条項の有効性につき第二次変更規則によれば，格付機関は次の要件のもとでは，あらかじめ自己の民事責任を制限できるものとされた（格付機関規則35a条3項）。その制限とは，第一に，それぞれの構成国の法に合致し構成国の現行法が許容する場合でなければならないことである（第二次変更規則35a条3項b）。たとえばドイツ法の場合，債務者は故意に基づく責任についてはあらかじめ自己の責任を免除されず（ド民276条3項），かつ定型的な免責条項の利用に際しては，免責条項利用者の重大な過失に基づく義務違反によって損害が発生した場合，当該損害に対する責任は排除もしくは制限できないことから（ド民309条7号b），これらの規定に適合しなければならない[(125)]。したがって，ドイツ法では，そもそも故意または重大な過失に基づく責任に係る制限の効力は生じないことになる[(126)]。そのため，免責あるいは責任制限が考えられる余地としては，第二に，責任制限が適切かつ相当である場合であるが（第二次変更規則35a条3項a），これも条文上明確化されているわけではないので，この規定についても最終的に各構成国の法によって確定される（格付機関規則35a条4項a文）。しかしそうであっても，ほとんどの場合，この規定の内容を具体的に確定できるものではないとの疑義もある[(127)]。

6　小　括

このように私的エンフォースメントの措置として格付機関に対し民事責任を導入したことは，一般的に正当な方向であると評価する見解が多い[(128)]。なぜなら，少なくとも第二次変更規則35a条の規定は，とくに格付機関と特別な契

(124)　https://www.standardandpoors.com/ja_JP/web/guest/regulatory/legal-disclaimers（2018年6月16日現在）による。
(125)　Gietzelt/Ungerer, a. a. O. (Fn. 4), S. 345.
(126)　Gietzelt/Ungerer, a. a. O. (Fn. 4), S. 345.
(127)　Gietzelt/Ungerer, a. a. O. (Fn. 4), S. 345.
(128)　たとえばBlaurock, a. a. O. (Fn. 16), S. 611; Möllers/Niedorf, a. a. O. (Fn. 16), S. 362.

約関係に立たない投資家のために，ドイツ等の構成国に存在する責任システムの欠陥を埋めるものであるからである[129]。もっとも，投資家等の賠償請求権行使の要件，とりわけ因果関係の証明や証明責任の分配，損害の範囲等，投資家等が格付機関に賠償請求権を行使する多くの場合において引き続き困難を伴うことは避けられない。たしかに投資家等にとっては立証の基準の引下げを通じて立証の問題が緩和したほか，最終的に国際私法や各構成国の法に従い解決する方法も残されるが，そうであれば，常に渉外事件としての複雑さが残るのも否定できない。これらの問題を克服し，格付機関の民事責任のヨーロッパモデルを確立できるかどうかは，今後の実務の運用にもかかっている[130]。

(129)　Wojcik, a. a. O. (Fn. 16), S. 2389.
(130)　Wojcik, a. a. O. (Fn. 16), S. 2389.

第4章
本編の要約
—今後の課題と展望

1　法政策的課題

格付機関が金融資本市場において情報インフラとしての機能を果たすことになればなるほど，世界的にも格付機関の公的規制の必要性が高まり，現在では規制の必要性が格付機関の民事責任にも及んでいる。そのため，今後は民事責任に関しても議論の進展が深化することになろう。前述のように，格付機関に対する規制そのものがすでに完結されたわけではなく引き続き改革の途上にあり，たとえば格付機関のシステム面でも，EU における小規模格付機関のネットワーク化の可否など[131]，さまざまな議論が継続している。もっとも域内市場の統一化を促進するため，EU レベルでの特別な規定を設けること自体は一般的に正当であるとしても，本書が対象とする格付機関に対する民事責任の導入については，以下の各関係者に残された課題は少なくない。

(1)　請求権者の側面

たとえば投資家や発行者といった第二次変更規則35a 条に基づく私法上の賠

(131)　Meeh-Bunse/Hermeling/Schomaker, Ein europäisches Netzwerk kleiner Ratingagenturen – Eine mögliche Alternative zur gescheiterten europäischen Ratingagentur?, WM 2014, S. 1464. このネットワーク構想は，いわゆる「ビック・スリー」といわれるアメリカの大規模な格付機関に対抗し，EU でも，とくに政治レベルで大規模なヨーロッパ格付機関を創設することが議論されたことに始まる。しかしながら，実際問題として，この構想の理念が実現しなかったことから，その選択肢として，欧州委員会は，EU にある小規模格付機関をネットワーク化し，反対勢力を形成できるかどうかを議論したという経緯がある。

償請求権の請求権者は，格付機関の責任が故意または重大な過失に制限されているので，当該請求権行使の法的根拠が創設されたとはいっても非常に限定的である[(132)]。その意味では，当該規定が実際に実効性を有するかどうかは，いまだ問題が残されているといわざるをえず発展途上であるといえる。

とりわけ違反行為は米国等の第三国出身の格付機関に関係するにもかかわらず，第二次変更規則ではEUに所在する格付機関を原因とする損害に限り賠償される。このことは，いっそう投資家等の被害者への補償を限定する要因になろう[(133)]。

証明責任の問題も同様であり，格付機関の側への証明責任の転換が最終的に導入されず，各国の裁判所が自己の裁量で格付機関の内部情報に係る入手困難を斟酌できることになったとしても，そもそも請求権者の情報不足のため，例外的な場合にしか証明を成功に導くことができない[(134)]。

(2)　格付機関の側面

しかし反対に，過度な責任リスクは格付機関に対し慎重すぎる格付を表明させることにもつながり，そのような傾向は，ひいては金融資本市場での資金調達コストにネガティブな影響を及ぼす可能性がある[(135)]。たしかに第二次変更規則35a条のもともとの創設の趣旨は，民事責任の導入によって格付機関に対し規則に基づく行為義務の履行を仕向けることにあったが，たとえ格付機関が違反行為の責任リスクを負うとしても，そのような資金調達コストにネガティブな影響を避ける必要があることは当然である。しかしながら，格付機関が責任を免れるために慎重な行動を要求することは，基本的に格付機関の注意が欠如していた過去の事実からみれば当然の成り行きではないかとも思われる。たとえ免責条項に依拠できたとしても，責任制限は適切かつ相当でなければならないが，それらの基準の判断は依然として困難である。

(3)　監督当局の側面

ただし現在，格付が仕組み金融商品や国別格付の規制手法として監督当局に

(132)　Berger/Ryborz, a. a. O. (Fn. 16), S. 2248.
(133)　Berger/Ryborz, a. a. O. (Fn. 16), S. 2248.
(134)　Berger/Ryborz, a. a. O. (Fn. 16), S. 2248.
(135)　Berger/Ryborz, a. a. O. (Fn. 16), S. 2248.

よって使用されることも考慮される必要がある[136]。格付機関に対する行為抑制的効果は，民事責任の導入だけでなく監督法上の公的規制によっても生じうるが，格付機関は両者の組み合わせを通じて規制を受ける。そうであれば，監督法上の規制にも過度な責任リスクの観点からの配慮が必要となろう[137]。

このように格付機関の規制には，格付機関に対する民事責任，格付機関の十分な経営裁量の保持，さらに監督当局の取締り規制といった三者の側面において十分なバランスが要求される[138]。前述のように，格付機関の規制が引き続き改革途上であれば，このような観点が法政策的に重要な判断要素になるようにように思われる。

2　EUにおける格付機関の民事責任の展望

第二次変更規則35a条による格付機関の民事責任の導入は，もともと各構成国に対し純粋な民事責任制度を定着させる試みでもあった。このような試みがなされたのも，とりわけドイツ法のように，格付機関と特別な契約関係がない投資家に対する格付機関の責任の「不備」を除去する点に本規則の根拠を見出したからにほかならない。その不備を除去するという意味では，EUレベルでの格付機関の民事責任は不法行為の性質決定上も一定の意義を有するものであり，少なくともその目的につきドイツの学説で支持を得ているところである。そのため，当該規定の導入を通じて原告となる投資家等は，たとえその法律要件が高いとはいえ，現在，損害賠償請求権を行使できるチャンスが与えられたことになる。このことから，投資家等は，公的な監督規制よりも効果的な「民間の司法長官（private attorney general)」であるとさえいわれる[139]。この規定が事実上，格付機関の民事責任の下限を確定しうるものであれば，一種の最

(136)　たとえば金融機関等の自己資本比率に係る補足要件を定める，ドイツの信用制度法10条2項5文3号。もっとも，Möllers/Niedorf, a. a. O. (Fn. 16), S. 361 f. では，「多くの法律や指令で格付を参照するようになり，格付への依存が高まったことから，投資家は，固有のリスク分析に代わって，格付を使用し始めた。このことが，格付の情報的価値以上に格付への信頼が大きくなった風上をもたらした一因である。これにより，金融産業界は，格付が常に予見もしくは予知できない将来の動向の予測であることを忘れていた」と分析し，引き続き「EU規則や規制での格付の参照が，格付に権威を与えすぎることになるので，法律や指令における格付への参照を放棄するべきである」と主張される。

(137)　Vgl. Berger/Ryborz, a. a. O. (Fn. 16), S. 2249.

(138)　Berger/Ryborz, a. a. O. (Fn. 16), S. 2249.

(139)　Gietzelt/Ungerer, a. a. O. (Fn. 4), S. 346.

低限の基準としても分類できよう。残された課題が存在するとはいえ，一応，格付機関の民事責任の根拠が整ったことから，今後の展望としては世界的にも通用する効果的なヨーロッパモデルとなりうる可能性はあるように思われる。しかし，その可能性が現実になるかどうかは，実務での運用にかかっている部分も少なくないため，今後の動向には注目する必要があろう。

第5編

EUの主要構成国における
格付機関に対する民事責任規制

第1章

はじめに—本編の目的

EU 法で検討したように，発行者と格付機関の間では，契約関係に基づく格付契約が存在することから，契約法ルールに基づく責任追及が考えられないわけではなかった。しかし，格付を利用する投資家と格付機関の場合には，投資家が投資決定に際して格付機関の評価を信頼せざるをえない場合であっても，両者の間に直接的な契約関係が存在せず，少なくとも民事責任の追及に係る特別な明文規定を設ける EU 構成国が少なかったことから，発行者の場合とは事情が異なっていた。そのため，投資家が契約関係に基づき格付機関の民事責任を追及する場合において実際上困難を伴うことは，一般的に容易に想像できたことである。

たとえ責任追及が認められるとしても，契約上，格付機関は自己に有利な包括的免責条項を定めるので，民事責任の追及はいっそう困難を極める。そうであれば，発行者の場合は格付機関との契約関係に依拠できるとしても，投資家の場合は後述するドイツ法のような一定の法解釈を必要とし，契約責任以外では一般不法行為責任に求めざるをえないのが現状であった。

EU 法上の格付機関に対する民事責任追及の可能性（第二次変更規則35a 条）は，いわばこの欠陥を埋める目的も有していた。本編は，格付機関の民事責任の根拠につき，ドイツをはじめ EU の主要構成国の法規制を簡単に概観して各国の法的根拠を探ることを目的とする。

第2章

投資家の格付機関に対する契約責任追及の可能性

1　民事責任追及の可能性―フランス法の場合

格付機関の民事責任に係る特別の規定は，必ずしもEUの主要構成国にまったく存在しないわけではなかった。契約責任ではないが，唯一，不法行為に基づく民事責任追及の直接の可能性を設けていたのがフランス法である[1]。フランスでは2010年10月22日の銀行金融規制法（Loi no. 2010-1249）以降，格付機関が格付機関規則に違反した場合には，当該格付機関に対して不法行為責任が適用されうることが明文をもって規定された（通貨金融法L. 544-5条）。

すなわち，「（L. 544-4条所定の）信用格付機関は，自己のフォートおよび違反行為により，2009年9月16日の格付機関規則（CE）n° 1060/2009における一定の義務違反に基づき発生した損害の結果については，顧客に対しても，第三者に対しても，不法行為責任および準不法行為（quasi délictuelle）責任を負い，たとえ信用格付機関が包括的免責条項（clauses qui visent à exclure la responsabilité）を定めたとしても，その条項の定めは禁止され，かつ書かれなかったものとみなされる」旨を定めている（通貨金融法L. 544-6条）。この規定によれば，フランス法では格付機関の民事責任の根拠はそもそも不法行為責任として判断されていることが確認できよう。

（1）　フランス法については，すでに弥永真生「信用格付機関の民事責任」『企業法制の将来展望―資本市場制度の改革への提言（2013年度版）』（資本市場研究会・2012）119頁以下を参照。

2　民事責任追及の可能性─イギリス法の場合

(1)　イギリス法上の契約責任の可能性

これに対しイギリス法では，もともと明文規定に基づく格付機関の民事責任に係る法的枠組みは存在しないとされた[2]。契約法ではそもそも契約の効力は直接の契約当事者間でのみ生じ（privity of contract）契約の効力が第三者に及ぶものではないので，少なくとも第三者である投資家の契約に基づく請求権の根拠は存在しないと解されたからである。そのため，投資家に対する民事責任の根拠としては一般不法行為上の過失責任（negligence）が妥当するにすぎなかったが，一般不法行為に依拠したとしても，必ずしもその成立要件に絶対的権利の侵害が要求されるわけではなかった。

このことから，イギリス法では現在のところ2013年にEUの第二次変更規則に依拠した特別のレギュレーション（The Credit Rating Agencies（Civil Liability）Regulations 2013）が制定されているとはいえ[3]，注意義務の保護範囲の拡大を通じて民事責任が第三者にも及ぶものと理解されてきた経緯がある[4]。以下では，その経緯を確認することにしたい。

(2)　第三者に対する注意義務の拡大

まず，純粋な財産損害のうち，表明意見の結果に対する表明者の民事責任に係る従来の議論を整理し，第三者に対する注意義務がどのように拡大されたのかを検討したい。検討の結果，もしこのような責任が考慮できるのであれば，格付機関の場合にも理論的に民事責任追及の余地が生じるからである。この場合，表明意見の結果に対する責任を検討する上で有用な判例としてあげられるのが，①1951年のCandler v. Crane事件[5]ならびに②1963年のHedley Byrne

---

(2)　イギリス法については，主としてv. Schweinitz, Die Haftung von Ratingagenturen, WM 2008, S. 953, 955 f. のほか，Wanambwa, Civil Liability of Credit Rating Agencies, [2014] J.I.B.L.R., 29(8), p. 519. を参照した。

(3)　Financial Services and Markets, The Credit Rating Agencies（Civil Liability）Regulations 2013, statutory instruments 2013 No. 1637. このレギュレーションについては，http://www.legislation.gov.uk/uksi/2013/1637/contents/made（2018年6月16日現在）において参照できる。

(4)　Vgl. v. Schweinitz, a. a. O.（Fn. 2），S. 955.

(5)　Candler v. Crane, Christmas & Co., [1951] 2 K.B. 164（C.A）. 本判例については，塚本重頼『英国不法行為法要論〔増補版〕』（中央大学出版部・1966）519頁以下，杉浦貫一『英国不法行為法論』（大阪経済大学・1979）17-18頁を参照。

v. Heller事件[(6)]であるので，これらの判例を通じて格付機関の免責条項の問題も含め格付機関の民事責任の根拠を探ることにする。

① Candler v. Crane 事件

本件は，次の事実関係に依拠している。すなわち，「有限責任会社（limited liability company）への投資（2,000ポンド）の可能性を検討していた原告が，投資決定の前に当該会社の計算書類の閲覧を希望していた。そのため，当該会社の経営者が，計算書類の作成を受けていた被告である会計士事務所に対し計算書類の作成を依頼したが，当該会計士事務所の事務員が，不注意によって当該会社の状態が完全に健全であるかような誤導を伴う印象（misleading picture）を与える計算書類を作成した。当該事務員が原告に当該計算書類を提示し，かつ議論を重ねた結果，原告は計算書類の内容が真正であると信じて投資を行うことになった。しかしその後，1年以内に当該会社は解散し，原告は投資の全額を喪失した」というものである。

原告は，被告は正確な経理内容を伝える義務があるのに不注意によりこれを怠った過失があるので自己に対して責任を負うと主張したが，控訴院は，結論として会計士は第三者に対して純粋な財産損害に基づく責任を負わない旨を判示した。すなわち，「他人に対して，詐欺的にではなく，不注意で虚偽の発表をした場合，その発表を受けた者がこれに基づいて行動し，損害を被ったとしても，当事者間に契約または信任関係がない限り，その発表は訴権発生の原因とはならない」としたのである。

② Hedley Byrne v. Heller 事件

しかしながらその後，本件において貴族院は，①事件を覆し，結論として過失による虚偽の発表は，発表者と，当該発表に基づき行動した結果として損害を被った者との間に契約または信任関係がなくても損害賠償責任を発生させると判断した。本件の事実関係は，次のとおりである。「広告代理店である原告が，取引銀行に対し自己が取引する取引先の財務上の安定性について信用調査を依頼したが，そもそも取引銀行にこの依頼を行ったのは，当該取引先の広告料につきテレビ放送会社の側から，原告もまた連帯して責任を負うように要求

(6) Hedley Byrne & Co., Ltd v. Heller and Partners Ltd. [1963] 2All E. R. 575. 本判例については，塚本・前掲注（5）520-521頁，杉浦・前掲注（5）18-21頁のほか，木下毅『英米契約法の理論〔第2版〕』（東京大学出版会・1985）338頁以下，田井義信『イギリス損害賠償法の理論』（有信堂高文社・1995）186-187頁，望月礼二郎『英米法〔新版〕』（青林書院・1997）162-163頁等を参照。

されたからであった。取引銀行は，同じ商業銀行であるHeller社（被告）への信用調査の照会の結果，親展として当行（Heller社）に責任がない旨を付記した上で，『(取引先の）通常の業務については何ら支障なし』との回答を受けた。原告は取引銀行から受け取った回答を信頼して広告を引き受けたが，最終的に取引先が倒産したことから，広告代金の未収など1万7,000ポンドの損失を被った。そこで原告は，被告であるHeller社に対し，被告の不注意な調査に基づき損害を被ったとして損害賠償請求の訴えを提起した」というものである。

これに対して貴族院は，「特別の技能を有する者から情報を得ようとする当事者は，相手方当事者が正当な注意を払うことを信頼し，相手方が自己の技能と判断を信頼されていることを知り，または知ることができる場合には，法は注意義務を含めるものとする」と結論づけた。貴族院は，その限りにおいて意見の表明を行ったアドバイザー（助言者）の責任につき次の3つの要件を導き出している。すなわち，(a)依頼者がアドバイザーの知識および能力に対して信頼したこと，(b)助言を受けた者が助言の正確性を信頼するであろうことを，アドバイザーが知っていたかもしくは知ることができたこと，および(c)助言を受けた者の信頼が個別事案における一切の諸事情の検討を基礎に正当性を有すること，である。このような3つの要件を充足すれば，助言を求める者とアドバイザーとの間に特別な関係（special relationship）が認められ，ひいては助言を求める者に対する注意義務違反もまた認められるとする。

このように過失に基づく虚偽の発表に対する責任は，①事件の登場から②事件へといたることで，②事件以降，当該責任を肯定する可能性が残されたと判断することができる。もっとも②事件では，貴族院が最終的に免責条項（Disclaimer）に基づき訴えを棄却したことについては留意されなければならない。

(3)　免責条項の有効性

なお，免責条項につき当該条項が有効であるためには，法律上，②事件後の1977年の不公正契約条項法（Unfair Contract Terms Act）による合理性基準（reasonableness）に適合しなければならない（同法11条1項・3項・24条1項）(7)。この基準では，免責条項が契約条項の形式で定められる場合，「契約締結時に両当事者が知りもしくは知ることができた事情，または両当事者が予期しもしくは予期することができた事情を考慮して，当該契約条項を挿入することが公正かつ合理的であったこと」（同法11条1項），また，責任の免除が契約としての効果を有する通知にあたらない通知によっている場合には，「責任が発生した時または責任が発生したはずの時に存在するすべての事情を考慮して，この通知の援用を許すことが公正かつ相当であること」（同法11条3項）という要件に従い合理性が判断される(8)。

この合理性の有無の判断につき，免責条項が不合理であると判断された判例としては，たとえばSmith v. Eric S. Bush事件(9)がある。本件は「原告が家屋の購入に際して訴外Aから融資を受けるため，その価値の鑑定評価の必要が生じたことから，被告がAから鑑定人として選任されたが，被告は評価額の適正性を保証しかつ過失により重大な瑕疵がない物件であるとの鑑定書を作成したため，これに基づき原告が家屋を購入したのに対し，実際のところ煙突に欠陥があり，その崩落の結果，寝室の天井に損害を与えた」という事実関係であるが，これに対して控訴裁判所は，「相応の免責条項は不合理であるので，不動産の鑑定評価を行った不動産鑑定士は，当該条項に基づくことはできない」と判断した。本件で不合理とされたのは，鑑定士自身にとって家屋の買主（原告）が鑑定を信頼するであろうことが明白であったからであるとされるが，このことは格付機関の場合も同様に，免責条項の有効性につき，このような合理性基準に従えば不合理であると解される余地が残されたことを意味する。

(4)　2013年の信用格付機関（民事責任）レギュレーション

このように，イギリス法では格付機関に対する民事責任につき，これまで必ずしも当該責任が成立するための明確な基準が設けられていたわけではなかった。もし当該責任の根拠を見出すとすれば，意見表明を行ったアドバイザーに

(7)　1977年不公正契約条項法の紹介および研究は多数存在するが，とりわけ石原全「英国の1977年不公正契約条項法について」国際商事法務7巻4号156頁（1979），田島裕「過失責任の契約による免責―イギリス不公正契約条項法（1977）の制定」田中英夫〔編〕『英米法の諸相』（東京大学出版会・1980）585頁以下のほか，鹿野菜穂子「不公正条項規制における問題点(2)―EU加盟各国の最近の動きを手掛かりに」立命館法学257号3頁以下（1998）等を参照。その他の文献は，鹿野・前掲19頁の脚注（9）に掲げられている。

(8)　なお，本法11条の条文訳については，長尾治助「英国不公正契約条項法の法技術的概念について」民商法雑誌90巻5号661頁（1984）を参考にした。

(9)　Smith v. Eric S. Bush, [1989] 2 W.L.R. 790; [1989] 2 All E.R. 514, H.L. [E.]. 本判例については，田井・前掲注（6）211-212頁のほか，幡新大実「イギリス債権法」（東信堂・2010）98頁を参照。

対する不法行為責任，あるいは場合によっては約束的禁反言（promissory estoppel）に対する責任に依拠して，解釈上，格付機関に対する責任を認める余地が残されていたにすぎない[(10)]。

しかしながら，前述のような法解釈上の変遷を受けた後，第二次変更規則を基礎に2013年の信用格付機関（民事責任）レギュレーションが制定されたことは留意される必要があろう。判例上もともと契約責任からアプローチする傾向があったが，ここでは契約責任ではなく不法行為責任を基調とするものであり，これによって格付機関の民事責任の性質決定がなされたことは注目される。レギュレーションでは，具体的に第二次変更規則35a条を解釈する場合における故意（Intention）または重大な過失（Gross negligence），相当な注意（Due care）等のような概念が補充される[(11)]。

3　民事責任追及の可能性―ドイツ法の場合

(1)　ドイツ法上の問題点[(12)]

ドイツ法では，投資家と格付機関の間での契約関係の不存在から，原則として直接に格付機関の投資家に対する契約責任は生じず，せいぜい格付情報に関して投資家が格付機関と定期購読契約（Abonnementvertrag）を締結したよう

---

(10)　このことを指摘する見解として，参照，Haar, Neues zur Haftung von Ratingagenturen im Zuge der zweiten Novelle der Rating-Verordnung (CRA III)?, DB 2013, S. 2489, 2491.

(11)　たとえば故意につき，「(…) 信用格付機関の最高経営者（senior management）が意図的に違反行為を犯して行った場合においては，当該違反行為は故意に信用格付機関によって犯されたものとみなされる」と定めるのに対し，重大な過失については，「(1) (…) 信用格付機関の最高経営者が，違反行為が発生したかどうかに関して無謀であった場合においては，当該違反行為は重大な過失によって犯されたものとみなされる。(2)このレギュレーションの目的のために，信用格付機関の最高経営者は，違反行為が発生したかどうかを気にかけることなく行動する場合には無謀である」と定める。また，相当な注意につき，「(…) 投資家は，思慮分別のある合理的な投資家であれば当該状況下において果たしたであろう注意を払った場合においては，相当な注意を払ったものとみなされる」と定める。

(12)　ドイツ法の議論に関しては，主として以下に掲げる文献によっている。すなわち，v. Schweinitz, a. a. O. (Fn. 2), S. 953; Haar, a. a. O. (Fn. 10), S. 2489のほか，Vetter, Rechtsprobleme des externen Ratings, WM 2004, S. 1701; Witte/Hrubesch, Rechtsschutzmöglichkeiten beim Unternehmens-Rating, ZIP 2004, S. 1346; Habersack, Rechtsfragen des Emittenten-Ratings, ZHR 169 (2005), S. 185; Wildmoser/Schiffer/Langoth, Haftung von Ratingagenturen gegenüber Anlegern?, RIW 2009, S. 657; Halfmeier, Die Haftung von Ratingagenturen gegenüber Kapitalanlegern: Von Sydney lernen?, VuR 2014, S. 327.

な場合において契約責任が生じる余地があるにすぎない。格付機関の投資家に対する民事責任はおそらくこれが原則であるよう思われる。しかしながら，投資家が瑕疵ある格付を信頼して投資した結果，損害を被った場合において，そもそも特別法に基づく格付機関の対第三者責任が存在しないことを前提とすると，契約外の投資家に残された責任追及の可能性は不法行為責任でしかない。

もっともその反面，ドイツの不法行為法では不法行為の一般規定が存在しないこと，さらに，格付機関の格付は絶対権の侵害行為（ド民823条1項）あるいは刑法違反行為のような保護法規違反（ド民823条2項）または故意の良俗違反行為（ド民826条）に該当するものではないことからすれば，たとえ不法行為責任が成立するとしても，その成立の余地は極めて狭い。そうであれば，ドイツ法において格付機関からの実効的な投資家保護が期待されるかどうかが疑われる。そのため，学説からも不法行為責任によって格付機関の責任を根拠づけることは実際上困難であると指摘され[13]，発行者ならびに投資家に対する格付機関の責任を直接認めた判例も存在しないのが現状であった[14]。したがってドイツでは，契約責任に基づく追及の必要性から，それを基礎づけるための理論構成が構築されなければならなかったという事情がある。

(2)　いわゆる「第三者のための保護効を伴う契約」法理

もし格付機関に対する民事責任の根拠を見出すならば，その根拠は，完全な契約責任構成でも不法行為責任構成でもない特別な中間領域において考慮されなければならない[15]。その中間領域が，ドイツの判例上，主として信義誠実（ド民242条）に基づき展開された「第三者のための保護効を伴う契約」法理[16]である。契約の効力は法律の規定や特別な合意がない限り，契約当事者間でしか生じないが（契約の効力の相対性），この法理は契約当事者だけでなく保護に値する契約外の第三者についても，契約から発生する危険に接触する場合には当該第三者を保護するものとして確立され，契約責任の体系に生じうる間隙を埋めるのに有益な制度であると理解された[17]。もちろん，第三者を当事者と

(13)　Wildmoser/Schiffer/Langoth, a. a. O. (Fn. 12), S. 664.
(14)　Vgl. v. Schweinitz, a. a. O. (Fn. 2), S. 956; Habersack, a. a. O. (Fn. 12), S. 198.
(15)　Wildmoser/Schiffer/Langoth, a. a. O. (Fn. 12), S. 664.
(16)　この法理を検討した近年のドイツの文献として，Zenner, Der Vertrag mit Schutzwirkung zu Gunsten Dritter - Ein Institut im Lichte seiner Rechtsgrundlage, NJW 2009, 1030.

する独立の契約関係を構成するものではない。典型的には売買契約の売主が買主に対して負っている買主の生命，身体，財産上の法益を害しないよう配慮すべき注意義務は，単に買主だけでなく，信義則上その目的物の使用，消費が合理的に予想される買主の家族や同居者に対しても負う場合が考えられる(18)。これによって契約責任の人的拡張が考慮されるのである。

このように，この法理はもともと契約締結後の第三者の生命および身体に対する積極的損害を把握していたにすぎなかったが，その後，母親の買い物に付き添い，スーパーマーケットに来た子供が野菜の葉で滑って転び怪我をした事例において，売買契約が母親と売主であるスーパーマーケットとの間で締結されていなかったにもかかわらず，契約締結前の領域において適用されるものとみなされた(19)。本来ならば契約締結上の過失（ド民311条2項）(20)に基づく責任が肯定されうる場面ではあるが，この法理が契約締結の準備段階において適用が肯定されたことで，学説では「契約法の肥大（Hypertrophie des Vertragsrechts）」(21)として非難する見解もある。

ところで，この法理が適用されることによって契約外の第三者が契約の保護領域に取り込まれるには，次の法律要件を充足していなければならない(22)。すなわち，

①　給付との近接性（Leistungsnähne）

まず，第三者が契約関係に基づく債権者と同様に，契約関係から生じる同一の危険にさらされていなければならないことである。たとえば，この場合の第三者としては，瑕疵ある食品を購入した者の家族や同居人，瑕疵ある建物を賃借した場合の賃借人の家族等が典型例である。反対に，危険が生じるおそれのない第三者に対して責任を拡大することはできない。すなわち，いわば契約か

(17)　Zenner, a. a. O. (Fn. 16), S. 1030.

(18)　上田貴彦「契約外の第三者による情報責任根拠と信頼責任法理―ドイツ民法典における専門家情報責任論の新たな動向」同志社法学60巻7号727頁，728-729頁（2009)。

(19)　BGH, Urteil vom 28. 1. 1976 - VIII ZR 246/74, BGHZ 66, 51 = NJW 1976, 712.

(20)　ドイツ民法311条2項は，債務関係は，その内容に応じて各当事者に対して，相手方の権利，財産および利益を配慮することを義務づけることができるという民法241条2項を受けて，「第241条第2項による義務を伴う債務関係は，一方当事者が，場合によっては発生する法律行為上の関係を考慮して，他方当事者に対して，他方当事者の権利，法益および利益に影響を及ぼす可能性を与えるか，または自己にそれらをゆだねる契約締結の準備（Anbahnung）よっても発生する」と規定する。

(21)　Zenner, a. a. O. (Fn. 16), S. 1032.

(22)　以下は，主として Zenner, a. a. O. (Fn. 16), S. 1031 f. による。

ら遠く離れた者を当該契約の保護領域に取り込むことは，当事者の意思に合致しないし，第三者が契約に基づく給付に接触しない場合には，特別な危険の状況も存在しないからである。

② 債権者との近接性（Gläubigernähe）

次に，第三者が契約関係の保護領域に取り込まれることに対し，契約の債権者が正当な利益を有していることである。この正当な利益については，「禍福（Wohl und Wehe）」の定式に基づき，債権者が第三者の「禍福」に対して利害を有していなければならない場合に存在するとされた。もともと禍福とは，たとえば家族法上の関係（両親と子供）や使用者と被用者の関係等から想定されたものであるが，現在ではこの利益を拡大して，契約当事者が第三者を契約に取り込む意思を有していたかどうかという一般的な解釈上の原則に従い，その存否が決定されている。

たとえば，国家資格を有する専門家が依頼を受けて鑑定意見を述べるか，または鑑定書を交付する場合には，それが第三者に対して利用されることを認識している限り，第三者への保護効を与える意思があったことが認められるとされる。このように，当初は債権者が第三者の「禍福」に責任を負う他の家族構成員や同居者，被用者等を，保護される「第三者」として判断されてきた経緯がある。しかし現在ではこの定式を放棄して，一般的な解釈上の原則に従っているのが現状である。

③ 認識可能性（Erkennbarkeit）

前述した①と②の近接性（保護の利益）は，契約の締結に際して契約の相手方（債務者）に認識できるものでなければならない。つまり，たとえば契約の相手方である売主が，誰に対して責任を負うのかを知りうるものでなければならないのである（人的範囲の画定）。そうでなければ，契約の相手方は債権者と密接な関係にある多数の者がどのように給付に接触するのかを予見できないので，必然的に予見不可能な責任リスクを負うことになり，契約の相手方にとって法的安定性は無に等しいものとなる。

④ 第三者の保護の必要性

最後に，第三者に対して保護の必要性がなければならない。債権者と債務者との間において契約に基づき第三者に対する責任がすでに合意された場合には，保護の必要性を観念する必要はないが，反対に合意されなかった場合については，第三者が保護の利益を有するかどうかにつき個別事案での検討が必要となる。

主として以上のような要件を基礎に，従来，ドイツでは，契約外の第三者に対する契約上の保護義務が判例上拡大されてきたが，その大半が生命身体に対する狭義の保護義務の拡張事例であるとされた。しかしながら，その後の判例において保護義務の範囲が財産的損害（純粋経済損害）にまで拡大されることになった。本編の関心からすれば，これを基礎に「第三者のための保護効を伴う契約」法理に基づく格付機関の民事責任追及の可能性について検討した判例を扱いたいが，その前に当該責任を検討するのに有益な類似の判例が存在することから，最初に当該判例を扱うことで従前の議論を確認することにしたい。

(3)　連邦通常裁判所の２つの判例

格付機関の民事責任の問題を検討するのに有益な判例が，①不動産鑑定士ならびに②経済監査法人に対して，「第三者のための保護効を伴う契約」法理に基づく責任を肯定した以下の２件である[(23)]。

①　連邦通常裁判所2004年４月20日判決[(24)]

まず，連邦通常裁判所2004年４月20日判決であるが，本件の事実関係を要約すると次のとおりである。すなわち，「被告は，Ｅ有限会社（以下，Ｅ）の依頼に応じてＮ登記協同組合（以下，Ｎ）が所有する不動産の取引価値を約1,170万マルクと評価し，1994年４月２日付で鑑定書を作成した不動産鑑定士である。鑑定の結果，被告はこのうち約27,500㎡の広大な土地について約817万マルクと評価し，またその土地上に建設された建物について356万マルクと評価した。当該鑑定書には『一般的記載』の表題のもと，『目的：不動産価値の鑑定は，計画の策定（居住用兼営業用施設の建築：筆者注）および資金調達目的のために使用される』と付記されていた。さらに，当該鑑定書には鑑定書は依頼人および鑑定書記載の目的のためにのみ作成されたことが記載され，かつ土地の価値は推定に基づく収益価値によって算定されたとの記載がある。なお，比較価値に基づく価値の算定は，直接に比較可能な土地の不存在のため不可能であったとされる。

鑑定書の作成の後，ＥのためにＮ所有の不動産に1,000万マルクの土地債務（Grundschuld）[(25)]が登記された。登記後，Ｅは債務証書（Obligationsscheinen）

(23)　Halfmeier, a. a. O. (Fn. 12), S. 330.
(24)　BGH, Urteil vom 20. 4. 2004 - X ZR 250/02, ZIP 2004, S. 1814.

の形式によって総券面額で1,000万マルクの債券を販売した。Eは発行目論見書をもって，債券自体は公証人に供託される不動産担保権（総計約1,170万マルク：筆者注）によって保証されているものとして勧誘を行った。これに対して，総額3万マルクの券面額をもって当該債券を取得したのが原告である。しかしながら，Eは銀行業の認可を有しなかったので，当時の連邦信用制度監督庁がその後に当該債券の販売を禁止したことから，Eの計画自体が頓挫することになった。このことから，Eは原告に対し，合意された9％の利息とともに払い込まれた資本を返還する義務を負った。1996年1月にEは和解申立てを行ったが拒否され，破産手続が開始されたので，原告は専門家として土地の評価に従事する被告に対し，土地に対する不正確な価値の記載に基づく損害賠償を要求した」というものである。

本件につきブランデンブルク上級地方裁判所は，原告は鑑定書作成契約の保護範囲に含まれないので，被告である不動産鑑定士に対する損害賠償請求を否定したが，連邦通常裁判所は控訴裁判所の見解と異なり，「原告がEの被告に対する鑑定依頼の保護効に含まれないとの理由をもって，原告に対する被告の責任が否定されるものではない」と判示し，控訴裁判所に差し戻した。その理由につき連邦通常裁判所は，「第三者が契約関係に含まれるための法律行為に基づく意思が契約当事者に存在するかどうかについては，事実審の裁判所が一般的な解釈上の原則に従い探求しなければならない」とした。しかし連邦通常裁判所においても，従来，依頼に基づき国家に承認された特別の専門知識を有する者によって作成された鑑定書または証明書が，当事者の通常の意思によれば，契約外の第三者によって利用されることが明らかである場合に，当該専門家が相応の証明力を備えた鑑定書または証明書を交付したときは，そのような第三者を契約関係に取り込む意思が推定されるとしていた。したがって，「国家に承認された特別な専門知識を有し，かつこの資格において鑑定人として意見を表明する者は，第三者のための保護効を伴う契約の原則に従い，鑑定結果を利用する者に対して責任を負う」ものと判断する。「この場合の決定的な問題は，当該専門家が，契約の内容によれば，鑑定書が第三者にも利用され，かつ当該第三者によって財産の処分に係る決定の基礎にされることを予測しなけ

---

(25)　土地債務とは抵当権と同様に，土地から一定金額の支払いを受ける物権であるが，抵当権と異なり債権の有無にかかわらないものである（円谷峻『比較財産法講義』（学陽書房・1992）6頁）。

ればならないのかどうかである」とも判示する。

さらに，「国家の承認なしに鑑定人として活動する専門家についても，第三者のための保護効を伴う契約に基づき，契約当事者の意思によれば，鑑定書の作成に係る契約に第三者の保護も含める場合には，当該専門家は契約相手方だけでなく，第三者に対しても鑑定書の正確性に対して責任を負わなければならないことが認められる。とくに鑑定書作成の依頼人と関係を有する第三者によって，財産の処分のための基礎として提示され，かつ財産の処分のために使用される鑑定書は，原則として第三者の保護も含まれる」とし，控訴裁判所の結論を支持しなかった。

②　連邦通常裁判所2004年6月8日判決(26)

次に，連邦通常裁判所2004年6月8日判決であるが，本件の事実関係を要約すると次のとおりである。すなわち，「原告は，1994年12月1日に投資ファンド法人に資本参加したが，その際の資本参加の意思表示の前提は，当該ファンドの創設者によって発行された勧誘目論見書にあった。被告は，当該ファンドに対する資本参加のための勧誘目論見書を監査した経済監査法人である。この目論見書によって所得の高い投資家に資本参加が勧誘された一方，目論見書には当該ファンドが複数の地方自治体に対する廃水処理システムへの融資モデルとして紹介されており，また廃水処理施設の建設のため地方自治体によって構成された廃水処理連盟と当該ファンドとの間の契約では，25年間にわたる固定の配当が保証されていた。目論見書では，『目論見書の監査』の見出しのもとに，次のことが掲載されていた。すなわち，『経済監査法人に対して目論見書の監査を依頼したが，この監査に係る報告書が完成した場合には直ちに，照会に応じて重要な利害関係人に当該報告書を提供する用意がある』と。また，1993年11月23日の被告の監査報告書には次のような記載があった。すなわち，『監査の結果，目論見書の記載は，提出された契約書および契約書案，および提供された情報によれば，完全かつ正確であることを確認することができる。事実および仮定された事項は適切に説明されており，また納得かつ信用できるものである…』と。

ところで，廃水処理施設の建設は1993年12月に開始されたが，施設の建設費用の一部については廃水処理連盟によっても融資された。当該施設の規模および融資そのものは，当初ブランデンブルク州における16の地方自治体のために

(26)　BGH, Urteil vom 8. 6. 2004 – X ZR 283/02, NJW 2004, S. 3420 = WM 2004, S. 1869.

構想されたものであったが，実際にはこのうち7つの地方自治体しか廃水処理連盟には加盟しておらず，もともと想定されていた地方自治体による出損および公的援助も行われなかったとされる。1996年以降は，建設費用の支払いや当該ファンドに対する固定の配当等も，廃水処理連盟によって行われることはなかった。これに対して原告は，被告の側に発表された公的援助を調査する必要があること，9つの地方自治体が加盟しなかったこと，および廃水処理システムの構想全体に不経済性があったことを認識しなければならなかったと主張し，従前に受領した配当金を控除した出資総額につき，被告である経済監査法人に対して損害賠償を求めた」というものである。

これに対して連邦通常裁判所は，「第三者のための保護効を伴う契約」に依拠して，被告である経済監査法人の責任を肯定した。すなわち，「公的に任命されかつ宣誓した専門家，あるいは経済監査士もしくは税理士のように，国家に承認された特別の専門知識を有しかつこの資格において鑑定書もしくは鑑定意見を表明する者は，当該鑑定書もしくは鑑定意見を利用した第三者に対しても責任を負う。この前提は，経済監査法人が投資ファンド法人の依頼によって投資に係る勧誘目論見書を監査し，かつその完全性（Vollständigkeit），正確性（Richtigkeit），信用度（Plausibilität）および信頼性（Glaubhaftigkeit）を当該目論見書に掲載した本判決においても存在する。なぜなら，この場合，経済監査法人は，監査報告書が投資ファンド法人に出資させる材料として利害関係人に提示されることを知っていたからである。

ところで，本判決では投資家の目論見書責任に基づく固有の損害賠償請求権についても考慮されるが，この請求権は第三者のための保護効を伴う契約に基づく請求権と同等ではない。なぜなら，目論見書責任は，投資家の保護のため，出資から生じるリスクにつき真実に基づく完全な説明が指向されなければならないこと，またこの目的のために，発行目論見書は通常，投資の利害関係人にとって唯一の情報源であることから，目論見書に対して責任を負う者が責任を負わされなければならないからである。したがって，目論見書責任は，勧誘の完全性および正確性に対する責任であるのに対し，第三者のための保護効を伴う契約に基づく不完全な鑑定書または監査報告書による責任は，期待された職業上の専門知識および個人的な信頼を専門家に要求する，特別な信頼関係に基づく専門家の第三者に対する職業上の責任なのである。もっとも，その場合，両者の請求権は，異なる目的を有しかつ異なる根拠に基づくので，相互に排斥される根拠は認められない」。

(4) 格付機関に対する「第三者のための保護効を伴う契約」法理の適用

このような不動産鑑定士や経済監査法人に関する２件の連邦通常裁判所の判例は，同様に格付機関に対する民事責任の場合にも親和的であるように思われる。すなわち，専門家によって作成された不動産鑑定書や勧誘目論見書の内容は格付機関の格付の場合と同様であり，格付機関もまた，その格付の内容を信頼した契約外の第三者（投資家）に対して，「第三者のための保護効を伴う契約」に基づき責任を負う根拠が認められるのである[27]。格付機関は不動産鑑定士や経済監査法人と同様に，常法に従えば（lege artis）自己の商品（格付意見）を提供する特別の専門知識を具備した専門家として市場で行動する[28]。そうであれば，格付機関による格付は，少なくとも投資家に対する信頼の基礎とその投資決定に対する決定の根拠を作出するので，格付が市場における証券発行の目的のために第三者（投資家）に開示されることで，格付機関はこれを信頼した投資家が財産の処分を行うことを意図していると考えられるし[29]，むしろ格付の目的は，格付が市場で投資家に公表され，かつ財産の処分に係る決定の根拠を投資家に付与することでもある。したがって，前述の２件の判決の結論は，格付機関の場合にも妥当する素地があるように思われる。

次に，第三者のための保護効を伴う契約の本質的な要件は，①給付との近接性，②債権者との近接性，③認識可能性および④第三者の保護の必要性であるが，格付機関の格付の場合にもこれらの要件が妥当するかを検討しなければならない[30]。まず，①の要件として，契約関係に基づく債権者と同様に，第三者は契約関係から生じる同一の危険にさらされていなければならないが，格付は市場において公表され，かつ投資決定の根拠として事実上勧誘的機能を果た

(27) もっとも，ドイツでも，格付機関に対する当該法理の適用による処理につき争いがある。肯定する見解としては，たとえば Wildmoser/Schiffer/Langoth, a. a. O. (Fn. 12), S. 664 ff.; v. Schweinitz, a. a. O. (Fn. 2), S. 956 ff.; Witte/Hrubesch, a. a. O. (Fn. 12), S. 1351等があるが，全体的に第三者責任の観点からみれば，瑕疵ある格付に基づく大衆投資家に対する格付機関の責任は問題にならないとして否定する見解（Vetter, a. a. O. (Fn. 12), S. 1711）も存在する。

(28) Wildmoser/Schiffer/Langoth, a. a. O. (Fn. 12), S. 665.

(29) Wildmoser/Schiffer/Langoth, a. a. O. (Fn. 12), S. 665.

(30) この検討については，Wildmoser/Schiffer/Langoth, a. a. O. (Fn. 12), S. 665ならびに v. Schweinitz, a. a. O. (Fn. 2), S. 956 ff. を参照。

し，投資家に利用され，信用リスクの不完全な評価が投資家にも向けられることから，格付契約に基づき行われた格付と第三者である投資家との近接性は存在する[31]。

②の要件として，第三者が契約関係の保護領域に含まれることに対し，契約の債権者が正当な利益を有していなければならないが，すでに現在では判例によって放棄されているとはいえ，当初，第三者の「禍福（Wohl und Wehe）」が債権者自身にも関係することが要求されていた。これによれば，債権者である発行者は第三者である投資家を契約の保護効に含めることに利益を有しなければならないか，もしくは信義誠実の原則（ド民242条）に基づきこのような利益が存在したのと同様な状況に置かれなければならない[32]。格付契約の場合には，格付機関は信用リスクを適切に評価する義務を負うが，この格付契約の目的は発行者に対しても格付を信頼する投資家に対しても重要であって，さらに発行者と投資家は債券の発行条件にも拘束される。そうであれば，その内容に応じて各当事者に対し，相手方の権利，財産および利益に配慮することを義務づける規定（ド民241条2項）に依拠し，発行者に対して投資家の財産を侵害しない投資家への注意義務が契約関係から発生すると考えられる[33]。このように解釈できれば，禍福を問題にしなくても投資家と債権者である発行者との近接性が存在することに疑義は生じない。

また，③の要件については，債務者が①と②の要件が明らかな事情を認識できる場合に存在することになるが，格付機関にとって投資家が発行者と同様に瑕疵ある格付の評価の危険を負うことは明らかであり，かつ投資家が格付を信頼することも容易に認識できることであろう。もっとも，格付機関が責任を負うところの人的範囲についても客観的に画定されるものでなければならないが[34]この場合の人的範囲の画定は，格付機関が最初から瑕疵ある格付の評価によって投資家に損害が生じる可能性があることを認識していれば足りる。この場合，格付機関は発行者以外に潜在的投資家まで知る必要はないが[35]，投資家が格付に基づき発行者の信用リスクに投資した者の範囲に含まれることは

---

(31)　Vgl. Wildmoser/Schiffer/Langoth, a. a. O.（Fn. 12），S. 665; v. Schweinitz, a. a. O.（Fn. 2），S. 956.

(32)　v. Schweinitz, a. a. O.（Fn. 2），S. 956.

(33)　v. Schweinitz, a. a. O.（Fn. 2），S. 956.

(34)　Vgl. Wildmoser/Schiffer/Langoth, a. a. O.（Fn. 12），S. 666; v. Schweinitz, a. a. O.（Fn. 2），S. 956.

格付機関にとっても明らかであろう。

最後に，④の要件についても，投資家の保護の必要性はそもそも投資家自身が瑕疵ある格付リスクにさらされている事情から明白である。

以上から，格付契約は，前掲の4つの要件を充足する第三者のための保護効を伴う契約の典型的な事案であって，そうであれば，格付機関に対して損害賠償請求権を行使する根拠そのものが認められることになろう(36)。

(5)　デュッセルドルフ地方裁判所2017年3月17日判決(37)

もっとも近年，下級審裁判例ではあるが，潜在的に保護される第三者の範囲は格付機関にとって十分に認識されえないので，投資家は格付機関と発行者の間での格付契約の保護領域に含まれないと判示した裁判例が登場し注目された。

本件の事実関係は次のとおりである。「原告は，2013年4月23日に7,160ユーロ87セントで，また2013年7月18日に8,347ユーロで，Fa. M株式会社（発行者）のISINコードが付された債券を取得したが，当該債券に係る被告（ドイツの格付機関）の格付は不当にまたは瑕疵を伴って作成されたとして，当該被告に損害賠償請求権を主張した者である。被告は，2012年10月18日に発行者の依頼に基づく依頼格付の方法で『BBB』の注記をもって発行者を評価し，当該格付は同日に発行者のウェブサイトで公表された。また2013年9月16日のいわゆる追跡格付（Folgerating）でも，被告は『BBB』をもって発行者の信用度を評価し，その格付が被告のウェブサイトで公表された。この背景には，発行者がシュツットガルト証券取引所に当該債券を売り出す意図があった。しかしその後，発行者が2014年6月17日に債務者会社の再建準備のための特別な再建手続（いわゆる保護パラソル手続〔Schutzshirmverfahren〕）の開始を申し立てたことから，その日以降は被告による発行者の格付が中止され，この旨が被告のホームページでも告知された。これに関連して発行者の債券の相場も急落することになった。結局，2014年10月1日に発行者に対して倒産手続が開始された結果，当該債券はその価値の大部分を喪失した」というものである。

---

(35)　ただし，格付の意義および目的から，潜在的投資家も保護される人的範囲に含まれなければならないとする見解もある（Wildmoser/Schiffer/Langoth, a. a. O.（Fn. 12), S. 666)。

(36)　Vgl. Wildmoser/Schiffer/Langoth, a. a. O.（Fn. 12), S. 666; v. Schweinitz, a. a. O.（Fn. 2), S. 959.

(37)　LG Düsseldorf, Urteil vom 17.3.2017 - 10 O 181/15, WM 2017, S. 816.

原告は，2012年10月18日と2013年9月16日の両者の格付は虚偽であったこと，また被告には債券の評価に際して重大な過失があったこと，すなわち，発行者の信用度は，格付の作成に十分な注意が払われたならば，明らかに低く評価されなければならないものであったと主張する。さらに，当該債券の購入の決定前に被告の優良な格付を知り，唯一，この格付だけが債券の買付けとその後の保有を仕向けた要因であるとする。

これに対し裁判所は，第三者のための保護効を伴う契約からも不法行為に関する規定（ド民823条以下）からも被告に対する損害賠償請求権は生じないと判示した。すなわち，「第三者のための保護効を伴う契約に基づく責任は拒絶される。なぜなら，潜在的に保護される第三者の範囲が格付機関にとって十分に認識できるものではないからである。さらに，格付機関が自己の格付が多数の者に認知されることを知っていたとしても，当該請求権の潜在的債権者の数は常に無限であり，格付機関の統制の範囲に服しないし，本件のような発行者格付の場合，格付機関は投資家の投資決定に対して固有の経済的利益も有しない。格付機関の側でも，自己の評価は投資の推奨ではないことが強調されていた。また，第三者のための保護効を伴う契約を適用するにしても，格付機関には投資家を格付契約の当事者に含める意思がない。同様に不法行為に基づく請求権（ド民823条1項）の場合も，投資家には問題にならないが，これは，本規定は（生命，身体，健康等）抽象的に財産を保護するものであり，瑕疵ある格付の作成は投資家の法益を侵害しないからである」と判示した。以上の理由に基づき，第三者のための保護効を伴う契約からも不法行為からも格付機関の損害賠償請求権を理由づけなかった。当該理由づけは別にしても，今後，同様の事件がドイツでも増加する可能性は高いように思われる。

なお，本件はデュッセルドルフ上級地方裁判所に控訴されたが[38]，控訴審でも格付機関は第二次変更規則35a条に基づいても，第三者のための保護効を伴う契約の観点のもとでも投資家に対して責任を負わない旨が判示された。

(6)　免責条項（Haftungsfreizeichnungen; Disclaimer）の効果

前述のように[39]，格付機関は免責条項を明示する場合が一般的である[40]。

(38)　OLG Düsseldorf, Urteil vom 8.2.2018（I-6 U 50/17），ZIP 2018, S. 427 = AG 2018, S. 392.

(39)　第4編第3章5を参照。

したがって当該条項によれば，投資家はそもそも自己責任によって金融商品を調査し，その結果に基づき自己の財産の処分を行わなければならない(41)。しかしながら，格付機関の民事責任との関係では，このような包括的免責条項がどのような効果を有するのかが実際問題として生じる。

ドイツ法では，投資家に対する格付機関の民事責任の根拠は，信義誠実の原則（ド民242条）に基づき判例によって展開された「第三者のための保護効を伴う契約」法理によって基礎づけられる。格付機関から外部に提供される格付には，実際上，投資家に対し事実上の信頼が生じており，投資家はこの信頼を基礎に投資決定を行うだけでなく，格付機関自身にとっては格付の品質が市場で信頼を受ける基礎にもなる。そうであれば，このような信頼の発生にもかかわらず，投資家が自己責任によって調査し，その結果に基づき投資決定を行うべきであるとの主張は，少なくとも現実を無視した側面があることも否定できない(42)。

一般的に投資家は，必ずしも包括的な信用度分析に必要である十分な情報を有せず，その結果として個々の投資家による調査は事実上不可能であることからすれば，格付が投資決定の根拠として重要であればあるほど，ますます市場での情報の非対称性は大きくなる。また，格付が実際上投資決定の重要な根拠であることは，格付機関による優良な格付によって，格付が事実上市場での「勧誘的機能」を果たすからにほかならず，その結果として投資決定のためのインセンティブが投資家に付与されることになる(43)。したがって，免責条項において格付機関が特定の証券の売買等の推奨を表明するものではないと単なる形式的な保護を主張することは，少なくとも包括的免責条項としての効果を発生させるのに十分な根拠を有しえない(44)。第三者の利用の意図を認識できるにもかかわらず自己の責任を不相当に引き下げることは，すべての関係者に

(40)　たとえば2018年3月1日付のS&Pグローバル・レーティングの行動規範（7.2）（https://www.standardandpoors.com/ja_JP/delegate/getPDF?articleId=2041870&type=COMMENTS&subType=REGULATORY〔2018年6月16日現在〕）ならびにS&Pグローバル・レーティングのディスクレーマー（https://www.standardandpoors.com/ja_JP/web/guest/regulatory/legal-disclaimers〔2018年6月16日現在〕）を参照。

(41)　Wildmoser/Schiffer/Langoth, a. a. O. (Fn. 12), S. 666.

(42)　Wildmoser/Schiffer/Langoth, a. a. O. (Fn. 12), S. 666.

(43)　Wildmoser/Schiffer/Langoth, a. a. O. (Fn. 12), S. 666.

(44)　Wildmoser/Schiffer/Langoth, a. a. O. (Fn. 12), S. 667.

良俗違反を基礎づけるという見解でさえ主張されるところである[45]。

以上からすれば，格付契約に基づく第三者のための保護効は，判例によれば信義誠実の原則（ド民242条）から導き出されるが，この保護効が格付機関の免責条項によって一方的に破棄または制限されることは不合理な側面もあると考えられる[46]。

4　民事責任追及の可能性―オーストリア法の場合

オーストリア法でも投資家に対する格付機関の民事責任の問題がますます議論されているが[47]，当該議論においても，投資家に対する格付機関の責任が重要な位置を占める。その際，格付機関の投資家に対する責任は，投資家と格付機関との契約関係の存否によって区別されるが，この場合に契約関係が生じる典型的な事案としては，情報や評価と引換えに相当な手数料が支払われる定期購読者との契約関係が考えられている。ここで定期購読者が格付に瑕疵があることによって結果として損害を被るような場合においては，格付機関の責任は契約法上の諸原則によって定まることになる[48]。これに対し，格付機関と契約関係にない投資家に対しては状況はより複雑である。

この場合，学説によれば主として2つの責任根拠が主張されており，まず，格付が格付機関と被評価企業との契約関係（格付契約）を基礎に作成される場合には，投資家に対する格付機関の責任はドイツ法と同様に，第三者（投資家）のための保護効を伴う契約の法理によって発生するとの見解である[49]。もっともこの法理はそもそも契約当事者の利益と第三者の利益が合致することが前提であるが，格付機関の場合にはこれが妥当しない。すなわち，被評価企業は

(45)　v. Schweinitz, a. a. O.（Fn. 2），S. 957.

(46)　Wildmoser/Schiffer/Langoth, a. a. O.（Fn. 12），S. 667.

(47)　オーストリア法の議論に関しては，主として以下に掲げる文献を参照。すなわち，Bachleitner, Zur Verordnung des Europäischen Parlaments und des Rates über Ratingagenturen, ZFR 2010/2, S. 2; Karner, Zur Haftung von Rating-Agenturen, ÖBA 2010, S. 587; Graf, Unautorisierte Eigenwerbung mit fehlerhaften Ratings – Haftet die Ratingagentur?, JBl 134（2012），S. 210; Demirci, Die neue Ratingverordnung CRA III vor dem Hintergrund der Interessenkonflikte bei Ratingagenturen, ZFR 2014, S. 249; Graf, Die Europäische Haftungsordnung für Ratingagenturen, Art 35a der VO（EG）1060/2009, ZFR 2014, S. 308; Wimmer, Die Dritthaftung von Ratingagenturen nach dem Unionsrecht, ZfRV 2017, S. 32.

(48)　Karner, a. a. O.（Fn. 47），S. 592; Graf, a. a. O.（Fn. 47），JBl 134（2012），S. 212.

(49)　Karner, a. a. O.（Fn. 47），S. 593 ff.

格付に対して自己の利益を指向するのであって，投資家の利益・保護についてまで考慮されていないので，両者の利益が合致しない場合にしばしば擬制が働くものであると主張されるのである[(50)]。さらに，勝手格付の場合には格付契約の不存在のため第三者責任は最初から問題にならないことも考慮すると，むしろ次の見解が妥当ではないかと展開された。

その見解とは，第三者に対する責任は，いわゆる客観法上の注意義務（objektivrechtlicher Sorgfaltspflichten）[(51)]違反に依拠して発生するというものである。この注意義務は，たとえば鑑定人のような専門家が，第三者が自己の鑑定書を認識しかつ財産の処分に係る根拠を形成することを考慮しなければならない場合において当該第三者のために鑑定人に負わされるものであり，この客観法上の義務違反によって格付機関にも同様の責任を発生させるという見解である。この場合の鑑定人の表明は，単に第三者の意思形成に影響を及ぼすことが確実な場合で足り，鑑定人が第三者に対し専門的かつ中立的な意思決定の根拠を提供して，第三者が自己に特別な信頼を求めるかどうかが重要になる[(52)]。これは，格付の場合にも同様に，格付機関は専門家としての特別な知識を求められることで，意図的に投資家の信頼を引き寄せて金融資本市場に登場することから，格付機関の責任も信頼責任の事案として構成される。もっともその場合の責任は，格付機関が投資家に対して正確に企業を評価する義務を引き受けたことにその根拠を有しうるものではない。

5　小　　括

フランス法，イギリス法，ドイツ法およびオーストリア法の状況に直面した場合，現在，フランス法では明文規定（通貨金融法 L. 544-5条）をもって，イギリス法ではレギュレーションによって，格付機関への不法行為に基づく民事責任追及の可能性が認められる。ドイツ法の現状でも，解釈上（第三者のための保護効を伴う契約），民事責任追及の可能性が認められる余地があるにすぎない。オーストリア法では，学説上，とりわけ客観法上の注意義務違反が問われている。各構成国での現状は以上のとおりである。これに対し EU 全体では，従来，必ずしも統一的な民事責任の規定が存在したわけではなかったが，2011年11月

(50)　Karner, a. a. O. (Fn. 47), S. 594.
(51)　Karner, a. a. O. (Fn. 47), S. 594.
(52)　Karner, a. a. O. (Fn. 47), S. 594.

15日の欧州委員会提案以降，さまざまな議論を経て制定された第二次変更規則によって，私的エンフォースメントとしてのEUでの格付機関に対する民事責任規制が創設された(53)。EU域内での方向性を示すためにもこの創設の意義は小さくなく，当該規制が瑕疵ある格付への抑止的効果だけでなく，その実効性を果たすことも期待されている。

(53)　もっとも，フランスの通貨金融法上の明文規定およびイギリスの2013年のレギュレーションは，第二次変更規則に依拠している。

第3章
わが国における格付機関の契約責任論

1　判例・裁判例の動向
―「第三者のための保護効を伴う契約」法理の萌芽

次に，わが国における格付機関の民事責任追及の可能性を検討したい。本来，契約は契約当事者に対してのみ効力を有し，契約外の第三者は法的に契約の効力の外に置かれるのが原則である（契約の相対効）[54]。しかし，これまで契約関係の効力が，①時間的にも（契約締結上の過失），②質的にも（積極的債権侵害）拡張されただけでなく，③人的範囲も拡張する制度として，当事者間で締結された契約に基づく保護義務を契約外の第三者にも拡張する，「第三者のための保護効を伴う契約」法理も展開されてきた[55]。もっともわが国では，③の法理の第三者は契約上の接点がなく，かつ不法行為法上の法律要件の柔軟性からその必要性に疑義を呈する見解が存在するとはいえ[56]，わが国にこの法

---

(54)　北川善太郎『現代契約法Ⅰ』（商事法務研究会・1973）59-60頁参照。

(55)　これまでわが国の民法学でも，「第三者のための保護効を伴う契約」法理が比較的早い時期から検討された経緯がある。とりわけ北川善太郎『契約責任の研究』（有斐閣・1963）288-289頁，船越隆司「契約の第三者に対する保護効―ドイツ民法における『第三者のためにする契約』の発展」法学新報71巻6号1頁（1967），奥田昌道「契約法と不法行為法の接点―契約責任と不法行為責任の関係および両義務の性質論を中心に」於保不二雄先生還暦記念『民法学の基礎的課題（中）』（有斐閣・1974）233頁等を参照。

(56)　潮見佳男『新債権総論Ⅰ』（信山社・2017）169頁，同『新債権総論Ⅱ』（信山社・2017）550頁のほか，鈴木禄弥『債権法講義〔4訂版〕』（創文社・2001）67-68頁，田上富信「契約の第三者に対する効力」遠藤浩＝林良平＝水本浩監修『現代契約法大系第1巻』（有斐閣・1983）121-122頁。もっとも，民法学説でも，もはや議論に値しない問題とまではいえないと指摘する見解もある（山本宣之「契約の第三者保護効についての最近の議論と展望」石田喜久夫先生古稀記念『民法学の課題と展望』（成文堂・2000）616頁）。

理を導入する実益を説く見解[57]も少なくなく，下級審や最高裁判所ではすでにこの法理を肯定したものと思われる裁判例ならびに判例が散在する。このような状況に基づけば，少なくとも裁判実務ではこの法理が徐々に浸透しつつあると評価され[58]，この傾向は格付機関の対第三者責任を検討する上でも重要な要素になる。わが国の判例および裁判例については，主として売主が買主に瑕疵ある商品を給付し，その瑕疵によって買主以外の第三者にも損害が生じた場合において，この法理との接点を見出すことができるとされる[59]。その例として比較的古くから，①小売業者の販売した卵豆腐がサルモネラ菌に汚染されていたため，その買主と家族らが食中毒にかかった事案[60]や，②買主から贈与されたラケットを用いて遊戯中に，ラケットの柄が抜けたためにその受贈者が負傷した事案[61]が掲げられるところであるので，以下ではまず，これら2件の裁判例から示唆を得ることにしたい。

(1)　下級審裁判例の動向

裁判所は①および②の事案に対し，①について「売買契約の売主は，買主に対し，単に，売買の目的を交付するという基本的な給付義務を負っているだけでなく，信義則上，これに付随して，買主の生命・身体・財産上の法益を害しないよう配慮すべき注意義務を負っており，瑕疵ある目的物を買主に交付し，その瑕疵によって買主のそのような法益を害して損害を与えた場合，瑕疵ある

(57)　たとえば北川・前掲注（54）52頁，60頁のほか，船越隆司「第三者の保護効をともなう契約」奥田昌道ほか編『民法学5〔契約の重要問題〕』（有斐閣・1976）53頁，水本浩「契約の効力の主観的範囲の拡大―第三者に対する契約保護効の法理」『債権各論（民法セミナー5）』（一粒社・1979）68頁，渡辺達徳「契約の現代的展開と契約責任の人的拡大―『第三者のための保護効を伴う契約』法理をめぐるドイツ判例の新展開を契機として」比較法雑誌22巻2号82頁（1988），船越隆司＝渡辺達徳「契約の第三者効」神田博司先生追悼論文集『取引保護の現状と課題』（蒼文社・1989）163頁，半田吉信「契約責任と不法行為責任の交錯」奥田昌道先生還暦記念『民事法理論の諸問題〔上巻〕』（成文堂・1993）368頁，本田純一『契約規範の成立と範囲』（一粒社・1999）238頁，湯川益英『契約関係の変容と契約法理』（開成出版・2000）43-44頁等がある。

(58)　上田・前掲注（18）729頁。

(59)　民法の学説に依拠すれば，その他にも，元請業者が下請業者の被用者に対しても安全配慮義務を負うかどうかが問題となる場合，および債務者の債務不履行によって債権者の生命が侵害されたため，遺族に固有の精神的損害が生じる場合を観念することができるとされる（山本・前掲注（56）617頁以下）。

(60)　岐阜地裁大垣支部判決昭和48年12月27日判例時報725号19頁。

(61)　神戸地判昭和53年8月30日判例時報917号103頁。

目的物を交付し損害を与えたことについて，売主に右のような注意義務違反がなかったことが主張立証されない限り，積極的債権侵害ないし不完全履行となり，民法415条により買主に対して損害賠償義務がある。そして，そのような売主の契約責任は，単に買主だけでなく，信義則上その目的物の使用・消費が合理的に予想される買主の家族や同居者に対してもあると解するのが相当である」と判旨し，②については，「一般に，売主は，売買契約上買主に対して，売買の目的物を交付するという基本的給付義務に付随して，買主の生命，身体，財産上の法益を侵害しないように配慮すべき義務を負っているが，この安全配慮義務は信義則上，売買の目的物の使用・消費が合理的に予想される買主の家族，同居者，買主から贈与された者等に対しても負うと解するのが相当である」と判旨した(62)。

また近年においても，購入したインコがオウム病菌を保有していたために，購入者だけでなく，その家族全員がオウム病性肺炎に罹患した事案(63)において，裁判所は，「一般に，売買契約の売主は，買主に対し，売買の目的物を交付するという基本的な給付義務を負う他に，信義則上，これに付随して，買主の生命，身体，財産上の法益を害しないように配慮すべき注意義務を負っており，瑕疵ある目的物を買主に交付し，その瑕疵によって買主の右のような法益を害して損害を与えた場合には，積極的債権侵害ないし不完全履行として，民法415条により損害賠償義務があるというべきである（なお，右の契約責任は，信義則上その目的物の使用，消費等が合理的に予想される買主の家族や同居者に対しても及ぶと解するのが相当である）」と論じている。

(2)　最判昭和50年2月25日(64)

このように下級審の裁判例では，直接に「第三者のための保護効を伴う契約」法理と接点を有する判断がなされている状況であるが，さらに最高裁判所としても，自衛隊員が車両整備工場において車両整備中に同僚の隊員が運転す

(62)　なお，①と②の評釈において，①と②の裁判例を「第三者のための保護効を伴う契約」を用いて人的拡張を意図したものと評価し，これを肯定する見解がある（①の裁判例につき，植木哲「①判批」判例評論186号6頁（1974）および川村フク子「①判批」判例タイムズ312号132-133頁（1974）。また，②の裁判例につき，神田孝夫「②判批」判例タイムズ390号141頁（1979）。ただし，宮本健蔵「②判批」法学志林78巻3号114-115頁（1981）は結論を留保する）。

(63)　横浜地判平成3年3月26日判例時報1390号121頁。

(64)　最判昭和50年2月25日判例時報767号11頁。

る大型自動車にひかれて死亡した場合における国家公務員に対する国の安全配慮義務に関する判例が注目される。

この判例では，「国は，公務員に対し，国が公務遂行のために設置すべき場所，施設もしくは器具等の設置管理又は公務員が国もしくは上司の指示のもとに遂行する公務の管理にあたって，公務員の生命及び健康等を危険から保護するよう配慮すべき義務（安全配慮義務）を負っているものと解すべきであ〔り〕，右のような安全配慮義務は，ある法律関係に基づいて特別な社会的接触の関係に入った当事者間において，当該法律関係の付随義務として当事者の一方又は双方が相手方に対して信義則上負う義務として一般的に認められるべきものであって，国と公務員との間においても別異に解すべき論拠はな〔い〕」ことが論じられた。たしかにこの判例は安全配慮義務違反の存否を論じたものであって，直接にこの法理を論じたものではないが，調査官の解説によれば(65)，「ドイツにおいては，安全配慮義務は，雇傭契約に関して認められているのみならず，判例によって，契約締結交渉関係においても，第三者のための保護効を伴う契約に関しても，信義則上の義務として承認されていることは，注目すべき点である。本判決が，『安全配慮義務は，ある法律関係に基づいて特別な社会的接触の関係に入った当事者間において，当該法律関係の付随義務として当事者の一方又は双方が相手方に対して信義則上負う義務として一般的に認められるべきである』と判示しているのは，右のドイツの判例と同様な解釈をとることを明らかにしたものと解される」と理解されており，本法理の適用可能性について含みを持たせた文体になっている(66)。

このような判例および裁判例の傾向は，わが国おいてもこの法理を援用して理論的に第三者に対して契約の効力を及ぼす可能性が認められると同時に，今後の議論の進展が顕著な領域であることを予測させるものであろう。それでは，以上の判例・裁判例の動向を基礎にこの法理が格付機関の格付にも応用できるかどうかにつき，以下に掲げる名古屋高裁の判決を検討することにしたい。

2　名古屋高判平成17年6月29日(67)

契約の第三者保護効の適用可能性を格付機関の投資家に対する責任との関係

(65)　柴田保幸「本件解説」法曹時報28巻4号197頁（1976）。
(66)　なお，上田・前掲注（18）772頁の脚注(3)では，調査官が本判決において第三者のための保護効を伴う契約法理を承認した旨の解説がなされているとする。

に引き直した場合，実際にこの法理がわが国でも適用される余地があるかどうかは問題である。前述の裁判例では，信義則上，買主の生命，身体および財産上の法益を侵害しない配慮・保護義務を第三者に及ぼすものであるが，格付機関の場合には純粋に財産上の法益を侵害しない義務を第三者に及ぼすことが認められる必要がある。しかしこの必要性も，格付機関による優良な格付判断がしばしば事実上の勧誘的機能を果たし，第三者である投資家に投資決定のためのインセンティブが付与される側面があることを考慮すると，格付が資本市場に及ぼす影響は少なくなく，とりわけ大衆投資家には格付の正確性や信頼性を確認する手段は存在しない。このような事情からすれば，瑕疵ある格付を信頼した投資家に対する財産上の侵害は重大であると解せざるをえず，格付の場合においてもこの法理の適用可能性は存在するものと考えられる。

実際，格付機関の民事責任が問題となった裁判例としては，名古屋高裁平成17年6月29日判決があげられる。結論として原告であるXの請求は棄却されたが，本件は簡潔に述べれば，「XがY1株式会社から，株式会社Bの社債発行および同債券についてのY2株式会社による格付（Aマイナス）の紹介を受けて，当該社債を購入したが，社債の償還期限前にBについて会社更生手続が開始されたことにより損失を被ったことから，Y2によるBの債務償還能力に関する格付判定およびY1の目論見書への記載事項等が不適切であったこと等を理由に，Y1およびY2に対して不法行為に基づく損害賠償を請求した」という事実関係に基づいている。

これに対して名古屋高裁は，まず格付の定義について，「格付とは，当該債券の債務償還の確実性の程度をアルファベット符号等で分かりやすく示したものであるが，債務償還の確率等を絶対的な数値等で示すものではなく，各格付機関が，当該企業の有する諸要素，すなわち当該企業の経営指標，特性，業種の特徴，業界における地位や競争力等に基づいた判断としての企業収益力や，企業規模，資産価値等の様々な要素に，当該債券の特性をも考え合わせた上で示す当該時点における総合的な評価（意見）である」とし，「したがって，各格付機関が，評価に当たりどのような要素を重視するかによって，結論が異なることは当然あり得ることであるし，また，評価が将来の見通しに関する判断であるから，結果的に当該評価が現実の結果と一致しないこともあり得ること

(67)　名古屋高判平成17年6月29日判例集未掲載（判例秘書〔判例番号〕L06020336において参照できる）。

である。それ故，結果的に当該評価が現実の結果と一致しなかったからと言って，その評価が誤りであったことになるわけでもない。本来，一般投資家は，自らの責任と判断において，当該債券に係る投資判断を行うのであって，格付機関による格付は，上記のとおり格付機関の意見の表明に過ぎず，投資判断の一つの参考資料として提供されるものに過ぎないものである」と一般論を展開した。

しかし，「格付機関の格付は，信用リスク等に関する専門的な意見として，市場に対して実質的に大きな影響力を有するものであり，その意味で当該企業にとっても，また投資家にとっても重大な影響を与えるものであり，また特に一般投資家にとっては，自らの情報量や知識，判断力の欠如を補完する専門的知見としての意味を有するものとして，これを信頼することになるのであるから，格付機関は，信義則上，誠実公正に格付を行うべき義務を有している。それ故，格付機関が，上記誠実公正に格付を行う義務に反して恣意的ないし不公正な格付を行った場合や，当該格付の評価の前提となる事実に重大な誤認がある場合，判断の過程に一見明らかな矛盾や不合理が認められる場合等，およそ結果としての格付（判断）が合理的な意味を有するものとは認められないような場合には，格付機関は，これによって生じた損害を賠償すべき義務を負うと解するのが相当である」とし，格付機関に対しても，格付への誠実公正義務違反から，信義則上，損害賠償責任が課される場合があることを論じている。

3　格付機関の契約責任追及の可能性

(1)　前掲名古屋高判の意義

本件ではたとえ不法行為構成であるとしても，投資家に対する格付機関の責任の可能性が示されたことに意義がある。たしかに格付の前提となる事実について重要な事実誤認や，判断の過程に一見明らかな矛盾や不合理が存することは認められないとされたが，そうであっても，たとえば急激な格下げや不適切な時期の格下げの場合など，一方的な格付の変更から金融資本市場に及ぼす影響が大きい場合も否定できない。その意味では，不法行為責任だけでなく契約責任の追及も含め，格付機関の厳格な民事責任を広く検討する余地があるように思われる。

⑵　格付機関の誠実公正義務

判旨では，格付機関は信義則上，誠実公正に格付を行うべき義務を有しているとし，誠実公正に格付を行う義務に反して恣意的ないし不公正な格付などを行う場合において格付機関は，これによって生じた損害を賠償すべき義務を負うとされる(68)。この場合，現行金商法ではたしかに格付機関に独立した立場での誠実義務を課しているが（金商法66条の32），条文上，この誠実義務は顧客に対するものではない（同36条1項，66条の7参照）。しかしながら，独立した立場とは，発行者や格付を利用して勧誘を行う金融商品取引業者等から独立した立場を意味するにすぎないので，格付を投資判断の資料として利用する投資家に対しても誠実公正にその業務を遂行する義務を負うものと解しうる(69)。

⑶　格付機関に対する契約責任追及の可能性

そうであれば，格付契約（依頼格付）の場合において誠実公正義務には，債務者である格付機関が債権者（発行者）以外の第三者（投資家）の財産に及ぼす危険を防止すべき注意義務も含まれるものと解される。①格付機関は，格付が市場における証券発行の目的のために投資家である第三者にも開示されることで，これを信頼した投資家が財産の処分を行うことをすでに意図していること，また②この信頼を基礎に格付自体が事実上の勧誘的機能を果たすことで，投資家に投資決定のためのインセンティブを付与する側面があること，③とりわけ大衆投資家には格付の正確性や信頼性を確認する手段が存在しないこと，④格付機関は資本市場におけるゲートキーパー的性質を有する専門家としての地位を有することを考慮すれば，依頼格付では，瑕疵ある格付を信頼した第三者である投資家は，「第三者のための保護効を伴う契約」法理に基づき格付契約から生じる保護義務に含まれることで法的保護を受け，その結果，投資家には直接に格付機関に契約責任を追及できる地位が付与されるものと考えられる。

この場合，ドイツ法と同様に，適用要件である給付との近接性，債権者との

---

(68)　前掲の名古屋高判の判旨を前提とした場合，「格付機関はそもそも『間違ったことを言ってはいけない』という内容の義務は負っていなくて，誠実公正に振る舞う義務しか負っていない。そしてそのような義務に違反したということを原告が積極的に主張立証できない限り責任は生じないという判断構造なのです」と指摘される（山田剛志〔報告〕「格付会社への規制」金融商品取引法研究会研究記録〔藤田発言〕36号38頁（2014）。

(69)　黒沼悦郎「証券法制の見直し」金融法務事情1903号41頁（2010）。

近接性，認識可能性および第三者の保護の必要性は満たされ，このことから金商法の明文規定がないわが国の民事責任体系であっても，不法行為責任だけでなく契約責任によって追及できる基礎が存在する。不法行為責任以外に契約責任も構成できるのであれば[70]，少なくとも被害者である投資家が救済される責任追及の範囲が拡大され，一般論および判例によれば，両責任の要件および効果の違いから適合的な解決を図る余地も存在するものと解しうる[71]。

⑷　投資家の証明責任の軽減

もっとも実際上問題となるのは，投資家の証明責任である[72]。この問題につき，前掲名古屋高判を前提とした場合，学説からXが立証すべきは，「格付が誤っていたことではなくて，格付会社が誠実に行動する義務を怠っていたことであり，それは格付会社が恣意的不公正な格付を行った場合や格付の前提となった事実に重大な誤認があったり，判断の過程に一見明らかな矛盾や不合理が認められる場合に義務違反が認められるものと理解すべきだろう」と主張される[73]。たしかに恣意的不公正な格付，重大な誤認および明白な矛盾不合理に基づく格付を誠実行動義務違反として理解することは可能であるが，判旨によれば包括的に「およそ結果としての格付（判断）が合理的な意味を有するも

---

(70)　なお，投資家が購入したモーゲージ担保証券（collateralized mortgage obligation）が，格付機関であるS&Pの突然の格下げによって当該証券の価値が下落した結果，当該投資家が損失を被ったとして，S&Pの親会社であるマクグロウ・ヒル社に損害賠償を求めた米国の裁判例では，投資家はそもそも「格付契約」の第三受益者である地位にはないとされ（Maurice L. Quinn v. The McGraw-Hill companies, inc., 168 F. 3d 331 (7th Cir. 1999)），したがって，米国では契約責任の構成は困難な側面がある。

(71)　この場合，請求権競合の問題が生じるが，この問題には深く立ち入らない。なお，保護義務違反を理由とする契約責任（債務不履行責任）を構成する場合，消滅時効期間（平成29年改正民166条1項1号〔5年〕）の点で，一般に不法行為上の請求権（民724条1号〔3年〕）よりも有利であるし，証明責任についても債務者の側に帰責事由のないことの証明責任が課されるが，不法行為では債権者（被害者）の側に債務者（加害者）の故意または過失の存在の証明責任が課される点で相違する（さしあたり，奥田昌道『債権総論〔増補版〕』悠々社・1992）164頁，中田裕康『債権総論〔第3版〕』（岩波書店・2013）101-102頁を参照）。

(72)　ただし，不法行為責任以外に契約責任も構成できると解したとしても，双方の責任が競合する場面では，立証責任の差はほとんど存在しない（たとえば窪田充見『不法行為法〔第2版〕』（有斐閣・2018）84頁）。

(73)　山田剛志「格付会社への規制」金融商品取引法研究会〔編〕『金融商品取引法制の潮流』（日本証券経済研究所・2015）154頁。たしかに格付には予測的性質がある以上，単に格付が誤っていたならば，事後的に格付を適合させる余地も残されなければならない。

のとは認められないような場合」を掲げ，具体的にどのような格付に誠実行動義務違反が認められるかについて含みを残す。それゆえ，今後重視されるべきは，たとえば独立公正な格付活動に際して明白な利益相反が存在したにもかかわらず作成された格付の場合など，むしろ誠実行動義務違反として，当該義務違反を生じさせた具体的原因または過程の方であり，今後，立法論的にも具体的に確定されなければならない課題である。なぜなら，投資家が義務違反と損害との間における直接の因果関係に係る証明に際して，実際に格付機関のどのような義務違反の存在を証明できるかどうかは問題であり，現実には困難が伴うことからも，投資家が証明すべき義務違反行為の（具体的原因または過程の）対象リストが確定されることが重要であるからである。これを基礎に，証明責任の転換や証明から疏明への責任軽減を図る措置が講じられるべきである。もっともこのリストの確定に際しては，EU の第二次変更規則付録Ⅲ所定の具体的な違反行為のリスト[74]が，わが国でも立法論的に検討に値しよう。

(74)　つまり，EU 第二次変更規則35a 条に係る付録 III 所定の違反行為のように，たとえば①業務執行機関や経営・監督機関，格付アナリストが自己に要求される専門知識を具備するための組織体制が構築されなかった場合，②格付および格付見通しの作成の両場面において独立の公正な格付活動に対して利益相反が存在した場合，③適正な格付手法，すべての重要情報の反映，可能な再調査に基づき，適切かつ専門的に信頼できる格付を作成しなかった場合，④格付機関の独立性および利益相反の回避に違反した場合，⑤格付アナリスト，職員およびその他，格付の表明に関与した者が適切な専門知識や経験を有しなかった場合，⑥格付機関が格付活動に際してどのような格付手法，格付モデルおよび基本的前提を使用したのかを開示しなかった場合等については，公表された格付に合理的な意味があるものとは認められない。

第4章
本編の要約

格付機関は投資判断に関する情報を提供するが，金融商品の売買には関与しないために，法的規制の対象さえならないと認識されていた時代は過ぎ去り，公的規制の必要性が世界的に高まった。しかしそれと同時に，今後は金融資本市場において情報インフラとして重要な役割を果たす格付機関の民事責任についても，議論の進展が深まることであろう。その一環として本編では，投資家による格付機関に対する契約責任の追及可能性を扱い，もともと投資家と格付機関との間に契約関係が存在しないにもかかわらず，なぜ不法行為責任以外に契約責任も追及できるのか，その法的枠組みを検討した。

その根拠として，ドイツの「第三者のための保護効を伴う契約」法理を用いて追及の可能性を探り，結論として契約責任を追及できる可能性もあることを提示した。もっとも，不法行為責任の追及が可能であるにもかかわらず，そもそも契約責任の追及も検討する意義は何かという根本的な問題も生じる。しかし今日では，両責任の複雑な交錯状況が一般的に判例上さまざまに出現している状況であって，このような状況が出現するのは，少なくとも社会現象として被害者の救済される範囲を拡大する可能性があるからにほかならない[(75)]。

そうであれば，格付機関の責任追及の場合にも，その契約責任を考察する意義および必要性は，この可能性から導き出されるように思われる。たしかに前述の法理を用いれば，契約責任の範囲が著しく拡大することになろう。しかしながら，投資家が発行者と格付機関との間の格付契約を媒介に，格付判定を通じてこの特別な結合関係に接触することは両者とも想定していることである。また，格付機関は，投資家が格付を信頼して財産を処分することを認識してい

(75)　半田・前掲注（57）366頁を参照。

るだけでなく，格付の事実上の勧誘的機能に基づき投資決定のインセンティブも投資家に付与することになることを認識している。一方で，大衆投資家にとって格付の正確性および信頼性を確認するのは困難である。したがって，ゲートキーパー的性格を有する格付機関の専門家的地位に直面すれば，瑕疵ある格付の場合においても格付機関が免責条項を盾にまったく責任を負わないとすることは，いっそう金融資本市場に不信感を生じさせる。

格付の「意見」としての側面を強調し，格付機関の言論の自由に配慮して格付機関の責任を極力認めるべきではないのか，あるいはこのような格付機関のゲートキーパー的性格を強調して，いわゆる専門家責任として格付機関の責任を広く認めていくのか，いずれを重視するかによって結論は異なるが[76]，現在の世界的趨勢を考慮すれば，今後は後者のように格付機関の民事責任も厳格にならざるをえない。格付機関の民事責任を専門家による情報提供責任[77]として位置づけ，広く考察の対象とすることも検討に値しよう。

(76)　橋本円「信用格付業者に対する規制」ジュリスト1390号92頁（2009）。

(77)　民法学における当該議論につき，たとえば潮見佳男『契約法理の現代化』（有斐閣・2004）142頁，181頁以下ならびに上田・前掲注（18）727頁，771頁等を参照。

第6編

格付機関に対する損害賠償の訴えと国際裁判管轄

第1章

はじめに―本編の目的

格付機関は，金融資本市場における格付の作成に際して，評価される客体に関する複雑な情報または容易にアクセスできない情報を処理し，かつ「AAA」等の容易に理解可能な記号に要約することで「情報仲介者」の役割を果たす(1)。しかし，2008年に発生した金融危機に際していわゆる不動産担保証券（土地担保権によって担保された不動産ローンの集束による有価証券〔Mortgage-backed securities〕）の格付に対して批判を受けたことで(2)，格付機関は世界的に注目された。この批判は，格付機関が格付に際して悪化した市況を適時に認識せず，自己の格付を適時に適合させなかったことに原因がある（以下，このような格付を瑕疵ある格付とする場合がある）。このことは，米国における不動産ローンの簡易化された借入れを可能にし，結果的に金融危機の発生に寄与することになっただけでなく，ギリシャ等の南欧国家の信用度判定に関しても，格付の引下げによって当該国家の国債に係る金利負担（Zinslast）を増強させた(3)。このような状況に鑑み，格付機関の格付には単なる宣伝手法を超えて，むしろ投資決定の根拠や国家による資金調達にまで影響を及ぼす重大な意義があると理解される。そうであれば，前述の批判は単なる批判にとどまらず，情報仲介者である格付機関の法的責任の追及にまで及ぶ深刻なものであるともいえ，現にドイツ等では格付機関の責任を追及する訴訟が提起されている。

（1） したがって格付機関は，投資家の利益のために自己が表明する評価の真実性や正確性を得ようと努力する「サマリア人（Samariter）」ではなく，純粋な経済企業である（Wagner, Die Haftung von Ratingagenturen gegenüber dem Anlegerpublikum, in: Einheit und Vielheit im Unternehmensrecht – Festschrift für Uwe Blaurock zum 70. Geburtstag, 2013, S. 467, 469）。

（2） Vgl. Gietzelt/Ungerer, Die neue zivilrechtliche Haftung von Ratingagenturen nach Unionsrecht, GPR 2013, S. 333.

このような状況から，EUでは格付機関の民事責任を追及する法的規制の導入が議論され，結果として2013年6月20日に格付機関に関する変更規則(4)（第二次変更規則）が成立した。第二次変更規則は，EUにおいてはじめて投資家および発行者が格付機関に対して損害賠償請求権を直接行使できる民事責任の規定を導入した画期的なものであり，投資家および発行者は，格付に影響を与えうる要件として定めた当該規則所定の違反行為に基づき，格付機関に対して損害賠償を請求できるようになった(5)。この規定は，いわゆる私的エンフォースメント(6)として，EUのルールを遵守しないことへの格付機関の民事責任が立法者によって非常に注目されたことを裏付けるものである。

第二次変更規則の基本方針は，原則として格付機関が故意または重大な過失によって当該規則の付録III所定の違反行為(7)を行い，かつ当該違反行為が格付に影響を及ぼした場合に，当該格付機関に対して損害賠償を請求できるというものである。この民事責任の法的性質は特別の不法行為責任と解されている

(3)　Gietzelt/Ungerer, a. a. O. (Fn. 2), S. 333-334. なお，この状況に対し，2011年初頭に当時のギリシャの大統領であったギオルゴス・パパンドレウ（Giorgos Papandreou）が，「格付機関はわれわれの運命を形作ろうと試み，われわれの子供の将来を決定づけようとしている」と非難したほか，さらに，欧州委員会のミシェル・バルニエも，「…民間の会社が，前代未聞の取り組みに傾注するわれわれ以上に権限を有することを誰が正当化でき，また承認できるというのか。われわれは，格付機関がどのようにソブリン債を格付するのかについて，もっと要求する必要がある。格付は，格付された国家だけでなく，われわれの国家全体についても決定的な役割を果たす。すなわち，格下げには国家が借入れを行う場合に，よりコストがかかる直接的な効果があるだけでなく，国家を弱体化させ，場合によっては隣国の経済にも悪影響を及ぼす。…若干の構成国が現実の困難に直面しているのは明らかであるが，まさにこれらの構成国はEUの構成国であって，構成国の連帯から利点を得るという事実が考慮されていない…」との談話を発表している（これについては，第2編第3章5を参照）。

(4)　Verordnung (EU) Nr. 462/2013 des Europäischen Parlaments und des Rates vom 21.5.2013 zur Änderung der Verordnung (EG) Nr. 1060/2009 über Ratingagenturen, ABl. Nr. L 146/1 vom 31.5.2013.

(5)　その経緯については，第4編第2章を参照。

(6)　Steinrötter, Zuständigkeits- und kollisionsrechtliche Implikationen der Haftung für fehlerhaftes Rating, ZIP 2015, S. 110; Dutta, Die Haftung amerikanischer Ratingagenturen in Europa – Die Rolle des internationalen Privatrechts, IPRax 2014, S. 33, 35; ders., Die neuen Haftungsregeln für Ratingagenturen in der Europäischen Union, WM 2013, S. 1729, 1733; Blaurock, Neuer Regulierungsrahmen für Ratingagenturen, EuZW 2013, S. 608, 611; Wojcik, Zivilrechtliche Haftung von Ratingagenturen nach europäischem Recht, NJW 2013, S. 2385.

(7)　格付機関規則の付録IIIでは，利益相反，組織上または運用上の諸要件に関連する違反や開示義務違反等，100項目を超える違反行為が掲げられる（これについては，第4編第3章2(2)を参照）。

が[(8)]，その導入が決定されたのも，EUに一般的な不法行為法の規定が存在しなかったからである。もっとも，導入が実現したといっても，EUを前提とする場合には事実関係が国境を越えて問題になることも少なくなく，このことは国際裁判管轄および国際私法上の問題も生じさせ，問題をいっそう複雑にさせる。周知のように格付市場はもともと寡占市場であり，格付市場はその約95%が米国のビッグスリーといわれるS&P，ムーディーズおよびフィッチによって支配されており[(9)]，その主たる所在地もそれぞれニューヨークにあるほか，フィッチの場合はロンドンにも所在地がある。この状況は，格付機関の民事責任に関する事案は必然的に国境を超えるという事実に直面し，ひいてはこうした国境問題の検討が避けられないことを示す。本編では，このことを前提にEU法とドイツ法を基礎に，格付機関の民事責任に係る国際裁判管轄と準拠法決定の原則を考察する。

(8) Dutta, a. a. O. (Fn. 6), IPRax 2014, S. 35; Gietzelt/Ungerer, a. a. O. (Fn. 2), S. 337.
(9) Dutta, a. a. O. (Fn. 6), IPRax 2014, S. 34.

第2章
瑕疵ある格付に対する国境を超える責任の問題

EUでは金融危機の発生以降，まず2009年にはじめて格付機関規則[10]を制定することによって，米国の格付機関をいわば「飼い慣らす」よう試みられたが[11]，ここでも国境を超える事実関係に直面することに変わりはなかった。そのため，EUの立法者は主としてEU域内で活動する格付機関に対し，EU域内での取締りの基礎を固めるため強制的に格付機関を（その子会社等を通じて）EUに定住させようと企図したとされる[12]。すなわち，監督法上の目的からEU域内に定住しかつ登録され，格付機関の組織や格付の表明に関してEU法の規律に服し，かつEUの監督当局の監督に服する格付機関によって表明される格付に限り，機関投資家は当該格付を利用できるとすることで（格付機関規則14条）定住の強制が達成できるものと考えられたのである。このような間接的に格付機関を取り締まる法的戦術は，ビッグスリーがEU域内に子会社を設立し，当該子会社を欧州証券市場監督局（ESMA）に登録（同15条1項）したことで奏功する結果につながった。S&Pは3社の子会社，ムーディーズは6社の子会社，またフィッチは7社の子会社を設立し，その子会社の所在地が主としてドイツ，フランス，イタリア，ポーランド，イギリス，キプロスに置かれることになったのである[13]。

この事実は，確実に米国の格付機関ならびにその責任をEUに近づける効果

(10)　Verordnung (EG) Nr. 1060/2009 des Europäischen Parlaments und des Rates vom 16.9.2009 über Ratingagenturen, ABl. Nr. L 302/1 vom 17.11.2009.
(11)　Dutta, a. a. O. (Fn. 6), IPRax 2014, S. 34.
(12)　Dutta, a. a. O. (Fn. 6), IPRax 2014, S. 34.

をもたらしたが，EUからみれば必ずしも国境を超える問題が完全に解消されたわけではない。米国の格付機関による格付はEUにおいて依然として影響力が強く，将来的にも重要な役割を果たすことからすると，EUに子会社が存在するとはいえ，引き続き米国の格付機関の責任問題が生じる可能性を否定できない。たしかに格付機関規則では，第三国の格付の利用が許容される場合として，監督法上の目的から一定の要件のもとにおいて（格付機関規則4条3項ないし6項）EUの子会社が第三国の親会社から格付を引き継いで当該格付を利用する場合には，その格付に係る第三国の規制がEUの規制と同等である必要がある（同5条1項b)。しかしながら，この規定は単に監督法上の目的に基づく格付の利用を定めたにすぎず，米国の格付機関の格付を信頼して企業に投資する個人投資家のように，監督法上の目的以外で格付を信頼する者が格付によって損害を被る場合も想定されうる(14)。格付機関規則に基づく間接的な取締りは，金融機関等の機関投資家（同4条1項）が当該格付を利用する場合だけを含むにすぎないのである。したがって結局のところ，損害賠償責任の観点からすれば，親会社が十分な財産を具備していれば，通常，個人投資家のような被害者はとりわけ米国の親会社である格付機関の損害賠償責任に着目することになり，結果としてEUに所在する子会社にはあまり関心が向けられない(15)。2009年の格付機関規則は，格付機関に一定の資本を具備させることも，子会社に対して付保義務を課すこともしていない。

もっとも，EUにおいて一般に瑕疵ある格付に対する格付機関の民事責任をどのように観念できるかどうかの問題が生じる。格付機関は，国家，企業または金融商品の信用度を分析し，かつ記号における簡潔な要約によってその信用力を評価するが，もちろんこの表明される信用力の評価には原則として対価を伴う。つまり，格付機関は，被評価企業である依頼者または自己の分析を定期的に講読する投資家である定期購読者から対価を受けるのが通例なのである(16)。この場合，瑕疵ある格付に基づく損害および責任は，第一に，ネガティブな格付を表明する場合，証券の発行者である企業（または国家）は悪い条件

(13)　現在のリストは，欧州証券市場監督局のホームページにおいて参照することができる（https://www.esma.europa.eu/supervision/credit-rating-agencies/risk〔2018年6月16日現在〕)。

(14)　Dutta, a. a. O. (Fn. 6), IPRax 2014, S. 34.

(15)　Dutta, a. a. O. (Fn. 6), IPRax 2014, S. 34.

(16)　Dutta, a. a. O. (Fn. 6), IPRax 2014, S. 34-35.

でしか市場において資本を受け入れられないことになり，結果として高額の資金調達コストを生じさせること，第二に，反対にあまりにもポジティブな格付を表明する場合には，投資家は，もし信用度が低いならば投資を控えたであろう企業（または国家）に対して資金を投入することになること，という２つの前提のもとで考慮される[17]。

---

(17)　Dutta, a. a. O. (Fn. 6), IPRax 2014, S. 35.

第3章
格付機関の民事責任体系

1 ドイツ法における格付機関の民事責任

前述のような前提があるならば，格付機関の民事責任の追及には，どのような法的構成が可能であろうか[18]。たとえばドイツ法[19]では，格付機関と被害者との間で契約が締結された限り契約関係が基礎にあるので，通常は特別な問題は生じない。すなわち，いわゆる依頼格付に基づき評価を依頼する被評価企業に対して，格付機関が故意または過失に基づきネガティブに評価をするならば，損害賠償を生じさせる有責的な契約上の義務違反が存在するので，被害者（被評価企業）は損害賠償を請求できるのである。しかしながら，他方，定期購読契約の場合を除き，格付機関と被害者との間に契約上の義務が存在しない場合，とりわけポジティブな格付に対して信頼を裏切られた投資家への義務が存在しない場合には，瑕疵ある格付に対する賠償責任を根拠づけるのは非常に困難になる。したがって，有責的に瑕疵ある格付が表明される場合においては，不法行為責任が観念されうることになろう[20]。

しかし不法行為責任の場合，投資家がポジティブな格付の信頼に基づき被った財産損害は，経済学的には再分配による損害（Umverteilungsschäden），つまり，同時に他の市場参加者に対し同等の利得が発生する結果，当該損害の補償に対し経済的関心が向かない損害であるとも反論される[21]。そのため，せいぜい依頼格付の場合に，たとえば「第三者のための保護効を伴う契約」法理に

---

(18) ドイツ法については，第5編第2章3を参照。

(19) Dutta, a. a. O. (Fn. 6), IPRax 2014, S. 35.

(20) Dutta, a. a. O. (Fn. 6), IPRax 2014, S. 35.

(21) Dutta, a. a. O. (Fn. 6), IPRax 2014, S. 35. さらに，Wagner, a. a. O. (Fn. 1), S. 483-484も参照。

基づく責任[22]または契約類似の信頼責任（ド民311条3項2文）[23]を通じて，格付機関の契約責任を投資家にも拡大させることが考慮される。もっとも，このような契約に基づく第三者責任は，責任の相当な拡大につながるだけでなく[24]，格付がいわゆる勝手格付として行われる場合には限界に直面すると指摘される[25]。

2　EU法における格付機関の民事責任

これに対し，EU法の立法者も格付市場の取締りに厳格であり，格付機関の民事責任を考慮することは当然の成り行きであった。瑕疵ある格付に基づく損害が主として経済学的に再配分による損害であるとしても，これまでの格付機関の責任は法政策的に満足できるものではなかったことが同様に認識されたのである[26]。すなわち，前述のように，格付機関はせいぜい依頼格付の場合の被評価企業に対して契約責任を負う余地があるにすぎず，ポジティブな格付への信頼に基づく投資家に対する責任については責任を負わなかったのである。

このことを「非対称的に歪められたインセンティブ構造」と主張する見解もあり[27]，EU法の立法者もこの不平等なインセンティブ構造を認識するに至り，格付機関規則における固有の不法行為責任の規定の導入が決定されたことは前述のとおりである。すなわち，格付機関が故意または重大な過失により，付録

(22)　この法理は，わが国では「契約当事者間での契約の履行が第三者の生命・身体・健康等の完全性利益を侵害する危険性を有する場合に，契約当事者に対してこの第三者の完全性利益を保護するために必要な措置を講じる義務（保護義務）を課すことを内容とする契約」であると説明される（さしあたり，潮見佳男『新債権総論II』（信山社・2017）549-550頁および同『新債権総論I』（信山社・2017）167頁以下）。もともと民法の不法行為責任に関する規定（ド民823条1項・2項，826条）が狭隘であることから展開されたものである。なお，その詳細については，第5編第2章3(2)を参照。

(23)　ドイツ民法311条2項は，「債務関係は，その内容に応じて各当事者に対して，相手方の権利，財産および利益を配慮することを義務づけることができる」という民法241条2項を受け，この「第241条第2項による義務を伴う債務関係は，一方当事者が，場合によっては発生する法律行為上の関係を考慮して，他方当事者に対して，他方当事者の権利，法益および利益に影響を及ぼす可能性を与えるか，または自己にそれらをゆだねる契約締結の準備（Anbahnung）よっても発生する」と規定する。

(24)　たとえばZenner, Der Vertrag mit Schutzwirkung zu Gunsten Dritter – Ein Institut im Lichte seiner Rechtsgrundlage, NJW 2009, S. 1030, 1032によれば，学説上，「契約法の肥大（Hypertrophie des Vertragsrechts）」として強調されたところである。

(25)　Dutta, a. a. O. (Fn. 6), IPRax 2014, S. 35.

(26)　Dutta, a. a. O. (Fn. 6), IPRax 2014, S. 35.

(27)　Wagner, a. a. O. (Fn. 1), S. 478.

Ⅲ所定の違反行為を行い，かつこの違反行為が格付に影響を及ぼした場合には，投資家または発行者は当該格付機関に対し，この違反行為に基づき発生した損害の賠償を請求できるというものである（第二次変更規則35a条）。この規定によって，投資家または発行者と格付機関との間での契約関係の有無に関係なく，立法者は，発行者および投資家に対する格付機関のインセンティブ構造を平準化することに努めたのである[(28)]。

もっとも，責任要件に係る行為抑制的効果についても強調された結果，内容的に瑕疵ある格付の表明が重要なのではなく，手続上，格付機関の違反行為に関する瑕疵ある格付の表明を防止するためのEU基準の方が重視された。このことから，当該責任ルールのもとでは，格付機関は私的エンフォースメントの結果として[(29)]，格付機関規則に基づく行為義務に従うよう要請されることになったのである。なお，この場合に構成国の国内法に基づく広範な格付機関の責任については格付機関規則によって妨げられないことが明定されたことには留意されなければならない（同35a条5項）。

---

(28)　その表れとして，Verordnung, a. a. O.（Fn. 4），L 146/7，Erwägungsgrund（32）によれば，「格付は，（格付が監督目的のために表明されるか否かに関係なく）投資決定ならびに発行者の名声および財務的魅力に重大な影響を及ぼす。それゆえ，格付機関は，投資家および発行者に対し特別な義務を負う。格付機関は，規則（EG）Nr. 1060/2009を遵守し，これによって格付が中立で客観的であり，かつ適切な品質のものであることを保証しなければならない。しかしながら，投資家および発行者は，常に格付機関に責任を負わせられるとは限らない。格付機関と，たとえば投資家または相応の依頼なく評価された発行者との間に契約関係が存在しない場合において格付機関に民事法上の責任を負わせることはとくに困難になる。たとえ格付機関と契約関係が存在する場合であっても，発行者にとって格付機関に対し民事法上の賠償請求権を行使することは困難である。それゆえ，たとえば故意または重大な過失による規則（EG）Nr. 1060/2009の違反に基づく格付の引下げは，発行者の名声や資金調達コストにネガティブな影響を及ぼすとともに，損害が契約責任によって補塡されなくても発行者に損害を与えうる。そのため，正当な方法によって規則（EG）Nr. 1060/2009に違反する格付を信頼した投資家のため，ならびに規則（EG）Nr. 1060/2009に違反して表明された格付に基づき損害が発生した発行者のために，相当な補償請求権を定めることは重要であり，投資家および発行者は，格付の結果に影響を及ぼす前述の規則の違反によって発生した損害に対し，格付機関に責任を負わせることができるものとする。格付機関との契約関係がある投資家および発行者は，すでに当該契約違反に基づきこの格付機関に対する請求権を行使できるのに対し，すべての投資家および発行者は，格付機関との間での契約関係の有無に関係なく，規則（EG）Nr. 1060/2009に違反する場合には損害賠償を要求する可能性を有するものとする」と定める。このことから，格付機関との契約関係の有無にかかわらず，投資家および発行者の格付機関に対する民事責任追及の可能性が認められたことに特徴がある。

(29)　この観点につき，Dutta, a. a. O.（Fn. 6），IPRax 2014, S. 35.

第4章
EUの格付機関規則および国際裁判管轄

他方，EUにおいてであれドイツのような構成国においてであれ，格付が国境を超えて表明される事実に直面した場合，格付機関規則に基づく責任が一般に米国の格付機関にも通用するのかという問題が生じる。格付機関規則に基づく責任は基本的に米国に所在する格付機関およびその格付には適用されないと考えられるが，反対にもし適用されうると考えるのであれば，各構成国の裁判所が一般に国際裁判管轄を有することが前提になる[(30)]。以下では，この問題につき，親会社が米国所在の格付機関である，EUに所在する子会社に対する損害賠償の訴えと，当該親会社に対する損害賠償の訴えの双方に分けて言及し，さらに近年，ドイツで扱われたフランクフルト上級地方裁判所の判断についても言及することにする。

1　EUに所在する子会社に対する損害賠償の訴え

まず，EUに所在する子会社に対して，構成国の裁判所の国際裁判管轄を根拠づけることは容易である。なぜなら，ヨーロッパ民事訴訟規則（ブリュッセルIa規則）[(31)]。（以下，条文の引用に際して民訴規則とする）63条1項によれば，

(30)　Dutta, a. a. O. (Fn. 6), IPRax 2014, S. 36.

(31)　Verordnung (EG) Nr. 44/2001 vom 22.12.2000 über die gerichtliche Zuständigkeit und die Anerkennung und Vollstreckung von Entscheidungen in Zivil- und Handelssachen, ABl. 2001 L 12/1 vom 16.1.2001. ただし，デンマーク王国は本規則から除かれる（同規則の検討理由第41号）。なお，本規則については法務省大臣官房司法法制部編『欧州連合（EU）民事手続法』（法曹会・2015）47頁以下にその翻訳があり，本編でも参照した。

当該規則の適用に関しては，定款上の本店所在地，主たる管理地（Hauptverwaltung）または主たる営業所（Hauptniederlassung）のいずれかが存する地に当該子会社の住所が認められ，その住所が常に構成国に存在する結果[32]，普通裁判籍を管轄する構成国の管轄に従うからである（民訴規則4条1項）。さらに，契約または不法行為に係る特別裁判籍（同7条1項・2項）についても構成国に認められる。

たとえ米国の裁判管轄に係る事前合意がなされていても，その合意はせいぜい契約関係にある原告と格付機関との間において考慮されるが，他方，（定期購読者を除く）単に格付を信頼したにすぎない投資家が原告である場合には，そもそも格付機関との間での契約関係の不存在のため，契約関係の外で格付機関の民事責任（不法行為責任）が考慮されるのが原則である。そうであれば，格付が子会社からメディア等を通じて流布された場合，必ずしも格付に係る裁判管轄に関して知り得る立場になかった投資家は，格付機関によって定められた裁判管轄に服するのではなく，EU法上の裁判管轄が排除されないことにより，契約関係の外でも構成国の裁判所が裁判管轄権を有するものと考えられる。

2　米国に所在する親会社に対する賠償責任の訴え

これに対し，米国に所在する親会社に対する損害賠償の訴えについて国際裁判管轄を認めるのは結論として困難である。そもそも米国に所在する親会社の格付機関は，構成国に定款上の本店所在地，主たる管理地または主たる営業所（民訴規則63条1項）のいずれも有しないので，ヨーロッパ民事訴訟規則が人的にも，空間的にも，当該格付機関への損害賠償の訴えに適用されないのが原則である。定款上の本店所在地がロンドンにあるフィッチの場合も，今後はいわゆるブレクジットとの関係で適用されない可能性が残る。

もっとも，ヨーロッパ民事訴訟規則が米国の親会社に適用されえないとしても，米国の格付機関への損害賠償の訴えに対し，国際裁判管轄を認める余地は存在しないのであろうか。すなわち，国際裁判管轄は，構成国の法廷地法（lex fori）に従って定まることが前提であれば，その根拠について構成国の特別裁判籍や補完的裁判籍（subsidiären Gerichtsstand）に求める余地があるのかが問題となるのである[33]。たしかに米国の格付機関は，EUにおける所在地あるい

---

(32)　格付機関規則14条1項に基づく登録義務は，子会社である格付機関の所在地である定款上の所在地に連結する。

は会社または法人としての所在地を欠くために，通常はEUに普通裁判籍があるわけではない。さらに構成国の民事手続法からも，たとえばドイツ法の場合，支店を介した米国の格付機関への特別裁判籍（営業所の特別裁判籍〔ドイツ民事訴訟法21条1項。以下，ドイツ民事訴訟法をド民訴とする〕）[(34)]は，通常の場合，生じない[(35)]。この裁判籍は，「人が，製造業，商業またはその他の営業を営むために直接に取引をなすための営業所を有しているときは，この者に対する，この営業所の業務に関係するすべての訴えは，営業所の所在地の裁判所に提起できる」とするものであるが，瑕疵ある格付が米国の主たる営業所において作成されたのであれば，このような特別裁判籍も問題にならないと解するのが通常である。

他方，特別裁判籍に係る根拠として，米国の格付機関がドイツ国内で不法行為を犯した場合の不法行為の特別裁判籍（ド民訴32条），あるいはドイツ国内で契約上の義務を履行しなかった場合の履行地の特別裁判籍（同29条）が認められる余地があるが，両者の特別裁判籍であっても，格付が米国で作成されかつEU域内に所在しない企業または金融商品を対象としたような場合，たとえドイツ法であっても，ドイツ国内に不法行為地または履行地を設定することは容易でない[(36)]。それゆえ，次の可能性としては，財産および訴訟の目的物に係る裁判籍としての補完的裁判籍（同23条）が残される。この裁判籍は，「財産権上の請求に基づくものであって，国内に住所を有していない者に対する訴えについては，その者の財産または訴えをもって請求する目的物が存在する地を管轄する裁判所が管轄権を有する」とされ，「債権については，債務者の住所をもって財産の所在地とする」と定められるものであり，ここでは格付機関の国内財産を，とりわけ定期購読契約に基づき発生する債権であると想定する[(37)]。これによって，ドイツの裁判所に国際裁判管轄が付与されると結論づ

(33)　Dutta, a. a. O. (Fn. 6), IPRax 2014, S. 36.

(34)　ドイツ民事訴訟法については，法務省大臣官房司法法制部編『ドイツ民事訴訟法典―2011年12月22日現在』（法曹会・2012）において翻訳されており，本編においても参照した。

(35)　Dutta, a. a. O. (Fn. 6), IPRax 2014, S. 36. さらに，Wildmoser/Schiffer/Langoth, Haftung von Ratingagenturen gegenüber Anlegern?, RIW 2009, S. 657, 662でも，原則としてこのドイツの特別裁判籍を発生させることはできないと指摘する。

(36)　Dutta, a. a. O. (Fn. 6), IPRax 2014, S. 36-37; Wildmoser/Schiffer/Langoth, a. a. O. (Fn. 35), S. 662.

(37)　Dutta, a. a. O. (Fn. 6), IPRax 2014, S. 37.

けるのである。しかし，この方法であっても定期購読契約に基づく債権から導かれるので，結論として必ずしもその実効性は十分なものとはいえない。

3　フランクフルト上級地方裁判所2011年11月28日判決(38)

もっとも，外国（米国）の格付機関に対する投資家の損害賠償の訴えについて，ドイツの裁判所の土地管轄および国際裁判管轄の有無が直接に問題になった事案も現れている。前述のように，そもそも親会社が米国に所在する格付機関への損害賠償の訴えにつき，ドイツの裁判所に裁判管轄を認めることは困難であるが，フランクフルト上級地方裁判所は，結論として債権を生じさせる定期購読契約を基礎に，補完的裁判籍（ド民訴23条）からドイツの裁判所に土地管轄および国際裁判管轄を認めたのである。この意味では，当該判決は非常に注目されうるように思われる。以下では，どのような根拠でドイツの裁判所に管轄権が認められたのかを確認することから始めたい。

(1)　事実の概要

「原告は2008年3月に3万ユーロでDivDAX/DAXの仕組債であるExpress証券（Zertifikat）を取得した者（63歳の年金生活者）であり，被告は国際的な格付機関（S&P）である。当該証券の発行者は，オランダに所在するリーマン・ブラザーズ・トレジャリー（Lehman Brothers Treasury Co. B. V.；以下，LBTとする）であり，LBTは，米国のニューヨークにあるリーマン・ブラザーズ（Lehman Brothers Inc.；以下，LBとする）の子会社であった。当該証券の発行者であるLBTは2008年9月15日に倒産手続が開始されたが，それにもかかわらず，発行目論見書ではLBと同様に被告である格付機関によって「A+」の信用評価を付与されていた。LBTの信用評価の判定は，被告である格付機関とLBTとの間で締結されたニューヨーク州法に服する格付契約に基づき行われた。

LBTの破綻の結果として自己の証券が無価値になった原告は，当該証券の買付の決定は，主としてLBとその子会社であるLBTの信用評価に依拠して

(38)　OLG Frankfurt/M., Urteil vom 28.11.2011 - 21 U 23/11, AG 2012, S. 182 = BB 2012, S. 215 = RIW 2012, S. 249 = WM 2011, S. 2360 = ZIP 2012, S. 293. 本件の評釈として，Theewen, EWiR § 23 ZPO 1/2012, S. 227; Däubler, Rechtsschutz gegen Giganten?, NJW 2013, S. 282を参照。

行われたことを主張するとともに，その後，当該信用評価については重大な過失があることも主張した。さらに原告は，被告とLBTとの間での格付契約では，いわゆる第三者のための保護効を伴う契約が問題であるので，その場合，フランクフルト地方裁判所が土地管轄および国際裁判管轄を有することを前提に（補完的裁判籍〔ド民訴23条〕），損害賠償請求権の有無はドイツ法に従うという見解を主張した。以上の主張をもとに，原告は被告に対し当該証券の取得から生じた損害賠償を請求したが，フランクフルト地方裁判所は，土地管轄も国際裁判管轄も有しないとして本件訴えを却下したため，原告が控訴した」のが本件である。

(2)　判決要旨

これに対し，フランクフルト上級地方裁判所の判決要旨を要約すると，「民事訴訟法23条による補完的裁判籍によれば，国内に住所を有しない者に対する財産権上の請求に基づく訴えについては，その者の財産または訴えをもって請求された目的物が管轄区域内にあるところの裁判所が管轄すると規定される。これによれば，その者の財産が国内（フランクフルト・アム・マイン地方裁判所の管轄区域内）にあること，ならびに法律上の争訟の十分な内国関連性（hinreichender Inlandsbezug des Rechtsstreits）が存在することが必要であるが，本件では両者の要件とも存在している。

原告は，財産が国内にあることにつき，被告はとりわけドイツに定住する多数の顧客と定期購読契約を締結し，当該顧客からそれぞれ毎年4,000ユーロが支払われることで，ドイツにおいて数十万ユーロの収益を得ていると主張したが，被告の側ではドイツの会社との定期購読契約の締結のほか，国内所在の財産を有することを争わず，また債権を生じさせる定期購読契約も争っていないので，被告の主たる財産は，フランクフルト所在の企業との定期購読契約の形式において国内に存在している。さらに，十分な内国関連性についても，内国関連性に係る連結点は，本件では，原告の居所および住所がドイツ国内にあり，かつドイツ国民であるという事情において理由づけることができるほか，十分な内国関連性の沿革からも，内国関連性は（国籍を考慮することなく）内国人に対し国内における財産的利益の行使を可能にするものであるので，理由づけることができる。民事訴訟法23条の適用の場合，国内に所在する財産によってすでに国内との一定程度の関連性が存在する。

被告は米国の会社として，オランダの会社と締結されたニューヨーク州法に服する格付契約に基づき，必ずしもドイツで賠償請求を受けることを予期する必要はない。他方，国際的に活動する格付機関として，被告によって作成された信用度の等級が国際的に注目され，全世界的に，したがって，ドイツでも経済主体の決定に影響を及ぼすことが原因で，被告を閉鎖的にさせてはならない。同様に本件証券がもっぱら米国またはオランダ国民ではなく，ドイツに住所を有する投資家によっても引き受けられることに不思議はない」と判示された。

以上から，フランクフルト上級地方裁判所は，結論として「外国の格付機関の主たる財産がドイツの裁判所の管轄区域内にあり，かつ当該訴えが十分な内国関連性を有する場合には，当該格付機関に対する投資家の損害賠償の訴えについて，ドイツの裁判所が土地管轄および国際裁判管轄を有し，その場合の内国関連性については，原告の居所および住所がドイツにあり，さらに原告がドイツ国民である場合で足りる」ことを示したのである。もっとも，この判決に対して被告の側から上告されており，連邦通常裁判所でも(39)，ドイツにおける原告の住所は，民事訴訟法23条の適用のための十分な内国関連性としてみなされうることが判示されているが，被告に対する有効な訴状の送達が十分に審理されていたかどうかに争点が置かれ，控訴審では被告の法的審問権（ドイツ基本法103条１項）が侵害されたことを理由に差し戻している。

4　小　括

原則として構成国の主権領域に住所を有する者に対しては，その国籍に関係なく当該構成国の裁判所に訴えを提起でき（民訴規則４条１項），また被請求者である格付機関の所在地がたとえドイツ以外の構成国に所在する場合であっても，格付機関はその場所の裁判所で訴えられる。また，不法行為請求の場合は，損害結果の発生地または発生のおそれがある地の裁判所において訴えを提起できる（同７条２項）。したがって，被害を被った原告には，当該訴えにつき原因となる事件の被告である格付機関の所在地と，実際に損害が発生した場所の間において選択権があることになる。その場合，原告の訴えが同一の構成国の裁

(39)　BGH, Beschluß vom 13.12.2012 – III ZR 282/11, AG 2013, S. 131 = NJW 2013, S. 386 = NZG 2013, S. 348 = RIW 2013, S. 169 = ZIP 2013, S. 239. 本件の評釈として，Baumert, EWiR § 23 ZPO 1/2013, S. 363; Amort, BGH lässt erstmals Klage gegen ausländische Ratingagentur zu, NZG 2013, S. 859を参照。

判所によって，かつ当該構成国の法に従って判断されるならば，必然的に損害発生地が選択されるであろう。しかしこのことは，EUに所在する格付機関の子会社の場合に該当しうるが，格付機関の所在地がEU域外にあれば，そもそも格付機関の裁判籍は問題にならない。

第二次変更規則35a条による民事責任は，実体法上，EUに所在地がありかつ登録された格付機関の場合に限り，つまり，「EU域内において登録された格付機関によって表明された格付（第二次変更規則2条1項）」についてであって，「EU域内に所在地がある格付機関の格付（同14条1項）」である場合に限り適用されるため，まさに米国に所在地がある格付機関には格付機関規則が適用されないのが原則なのである[40]。このことから，当該規則の適用範囲はすでに人的にも空間的にも制限されていることになる。それゆえ，構成国の裁判所において米国の格付機関に民事責任を負わせることは困難であるか，あるいは限定的であり，せいぜいEUに所在する子会社に対して構成国の裁判所の国際裁判管轄を根拠づけることが可能であるにすぎない。たとえ格付が米国の親会社によって表明され，かつ当該格付が子会社によって引き受けられたとしても，親会社が当該規則に服するのではなく，この場合には子会社が親会社の格付について責任を負う。すなわち，子会社が親会社から引き受けた格付（同4条4項前段）は，EUで表明される格付として扱われ，EUの格付機関である子会社が無限責任を負うにすぎないのである（同4条5項)。なお，ここでは第二次変更規則35a条の法律要件にEU域内において監督法上利用される格付は含まれない。

しかし他方，フランクフルト上級地方裁判所2011年11月28日判決では，外国の格付機関に対してドイツの裁判所が土地管轄および国際裁判管轄を有するか否かの問題につき，ヨーロッパ民事訴訟規則によるのではなく，補完的裁判籍（ド民訴23条）を基礎に，ドイツ法の解釈を通じて土地管轄および国際裁判管轄が認容された。この裁判例は，その意味では従来の管轄権をめぐる難点を打破するものであり，非常に注目される事件であろう。ヨーロッパ民事訴訟規則ではEU域外の国家への適用に限界があることから，当該規則の適用範囲には含まれず，本件の原告は，第二次変更規則35a条ではなくドイツ法固有の第三者のための保護効を伴う契約から請求を根拠づけた。もっとも，この場合，国際

(40)　Roth, Das Haftungsregime für Ratingagenturen zwischen Unionsrecht und mitgliedstaatlichem Recht, in: Festschrift Johannes Köndgen, 2016, S. 453, 456.

的な補完的裁判籍は過剰な管轄（exorbitanter Gerichtsstand）として望ましくないとの見解も主張されるが，いずれにしても，裁判実務上ドイツの裁判所に管轄権を認めたことには重大な意義が認められる。

第5章
準拠法決定の原則

たとえ構成国の国内法によって土地管轄および国際裁判管轄が認められうるとしても，格付機関の民事責任の問題については，準拠法の決定として次の2つの規則の適用の可否も重要になる。すなわち，契約上の債務関係に関するローマⅠ規則(41)と，契約外の債務関係に関するローマⅡ規則(42)である。

1　ローマⅠ規則に基づく契約責任

とりわけ依頼格付の場合には，格付機関に対する被評価企業の契約に基づく損害賠償請求権は，格付機関との契約関係（格付契約）に基づきEU法に従う可能性もあるが，格付の提供者である米国の格付機関は通常は，直接的であれ

(41)　Verordnung（EG）Nr. 593/2008 des Europäischen Parlaments und des Rates über das auf vertragliche Schuldverhältnisse anzuwendende Recht（Rom I）vom 17.6.2008, ABl. 2008 L 177/6 vom 4.7.2008. なお，ローマⅠ規則の翻訳として，杉浦保友「契約債務に適用される法に関する欧州議会及び理事会規則（Rome I）（最終草案全文訳）」(http://www.businesslaw.jp/blj-online/imgdir/pdf/20080620_sugiura-02.pdf〔2018年6月16日現在〕）があり，本章でも以下の条文の引用に際して参照している。

(42)　Verordnung（EG）Nr. 864/2007 des Europäischen Parlaments und des Rates über das auf außervertragliche Schuldverhältnisse anzuwendende Recht（Rom II）vom 11.7.2007, ABl L 199/40 vom 31.7.2007. なお，ローマⅡ規則案の段階を含めて，ローマⅡ規則全般につき，佐野寛「EU国際私法はどこへ向かうのか？―ローマⅡ規則を手がかりとして」国際私法年報14号33頁以下（2012），不破茂『不法行為準拠法と実質法の役割』（成文堂・2009）257頁以下，シュテファン・ライブレ＝西谷祐子〔訳〕「契約外債務の準拠法に関する欧州共同体規則［ローマⅡ］の構想」国際商事法務34巻5号594頁以下（2006），佐野寛「契約外債務の準拠法に関する欧州議会及び理事会規則（ローマⅡ）案について」岡山大学法学会雑誌54巻2号37頁以下（2004），高杉直「ヨーロッパ共同体の契約外債務の準拠法に関する規則（ローマⅡ）案について―不法行為の準拠法に関する立法論的検討」国際法外交雑誌103巻3号1頁以下（2004）を参照した。

EU の子会社を通じて間接的であれ約款による合意を通じて法選択の自由を享受できる（ローマⅠ規則3条1項）(43)。また，たとえ法選択がなく客観的に連結させる場合であっても，たいていの場合，重要になるのは格付機関の所在地での契約法である。したがって，米国の格付機関によって直接引き受けられた契約の場合には，第三国（米国）の法が重要な役割を果たすのは当然である。

このことから，EU 法でも依頼格付の場合においては，格付機関と被評価企業との間の契約関係につき，その法的性質をたとえば役務提供契約（Dienstleistungsvertrag）として評価したとしても，役務提供者としての格付機関の権利は当該格付機関の常居所地国（gewöhnlichen Aufenthalt；米国）の法が準拠されることになる（同4条1項b）(44)(45)。このことは，投資家が格付機関と定期購読契約を売買契約として締結した場合についても，売主の常居所地国の法が準拠されることになるので（同4条1項a）(46)，同一の結論になろう。なお，ここでは，この契約関係は依頼格付の場合に該当するものであって，当該関係にない投資家や勝手格付の場合は除かれる。

2　ローマⅡ規則に基づく不法行為責任

契約関係のない投資家や勝手格付の場合，ローマⅠ規則が適用されないのであれば，ローマⅡ規則に従い，格付機関規則に準拠して米国の格付機関への不法行為責任に関連づけることが可能かどうかが問題になる。当該規則の立法理由によれば，もともと請求権者と格付機関との間に契約関係が存在しない場合にも，格付機関の民事責任が生じることが強調されることから(47)，当該責任

---

(43)　ローマⅠ規則3条1項は，「契約は当事者が選択した法により規律される。その選択は明示でなされるか，又は契約条項若しくは個々の状況によって，明確に証明されるものでなければならない。当事者は自らの選択により，契約の全部又は一部のみに適用されるべき法を選ぶことができる」と規定する。

(44)　ローマⅠ規則4条1項bは，同条1項において「契約適用法が第3条により選択されなかった場合に限り，また第5条から8条の適用を妨げることなく，契約の準拠法は次のように決定される」とし，同項bにおいて「役務提供契約は，役務提供者の常居所地国法が準拠となる」と規定する。

(45)　なお，オーストリア法の議論でも，結論としてドイツに所在する格付機関の子会社と格付契約が締結される場合には，ドイツ法が適用されうるのに対し，米国の格付機関と格付契約が締結される場合には，支店の所在国の法が適用されない限り（ローマⅠ規則19条2項参照），米国の法が適用されうるとする（Karner, Zur Haftung von Rating-Agenturen, ÖBA 2010, S. 587, 589）。

(46)　ローマⅠ規則4条1項aでは，「物品売買契約は，売主の常居所地国法が準拠法となる」と規定する。

は主としてローマⅡ規則の適用範囲でも該当するとされるからである(48)。しかしながら，瑕疵ある格付に対する責任は通常，「名誉棄損（Verleumdung）」を含むプライバシーまたは人格権の侵害に基づく責任（ローマⅡ規則1条2項g）(49)ではないので，当該規則の適用範囲に含まれるものではなく，せいぜい極端にネガティブな格付に対する不法行為請求の場合において被評価企業自体の人格権に関わるかどうかを考慮する余地が残されるにすぎない(50)。EUで統一的に規則の規定を解釈する方法として自律的解釈（autonomer Auslegung）もあるが，この方法によっても，経済学上の算定の諸基準に基づき算出された客観的な信用度の表明（Aussage）は，人格権の侵害とはみなされえないであろう(51)。格付は企業に関係するものであって，人に関係するものではない。さらに，不正競争法上の特別規定も（同6条）(52)被評価企業と格付機関の両者が競争関係に立つわけではないので，これらの場合に格付の表明に対しローマⅡ規則が適用されるわけではない。

(1)　一般抵触規定の適用の可否

したがって，瑕疵ある格付に対する不法行為責任は，ローマⅡ規則における特別規定に関係するものではないので，損害発生地国の法に従うとされる一般抵触規定（ローマⅡ規則4条1項）(53)の適用の可否が問題となる。もっとも，一般的に資本市場での不法行為をそれぞれの市場地（Marktort）に連結させるこ

---

(47)　前掲注（28）を参照。

(48)　Dutta, a. a. O.（Fn. 6），IPRax 2014, S. 1731.

(49)　ローマⅡ規則1条2項gは，同条2項において「次に掲げる事項は，この規則の適用範囲から除外される」とし，同項gにおいて「名誉棄損を含む，プライバシーまたは人格権侵害に基づく契約外債務関係」を規定する。

(50)　学説では，ネガティブな勝手格付を流布する場合において，少なくとも格付機関が格付判定の基礎とされた企業情報も公表するような場合には，被評価企業の一般的人格権の侵害として評価されることもありうるとの指摘がある（Arntz, Die Haftung von Ratingagenturen gegenüber fehlerhaft bewerteten Staaten und Unternehmen, BKR 2012, S. 89, 94）。

(51)　Dutta, a. a. O.（Fn. 6），IPRax 2014, S. 37.

(52)　ローマⅡ規則6条1項は，「不正競争行為に基づく契約外債務関係は，自国の領土において競争関係または消費者の集団的利益が侵害されたか，または侵害されるおそれがある国の法が適用される」と規定する。

(53)　ローマⅡ規則4条1項は，「この規則に別段の定めがない限り，不法行為に基づく契約外債務関係は，損害発生の原因となった事象または間接的な損害の結果がいかなる国において発生したかに関係なく，損害が発生した国の法が適用される」と規定する。

とができたとしても，格付は取引所外の取引でも重要になる結果，瑕疵ある格付に基づく損害賠償責任を市場地に連結させることは容易ではない[54]。また，情報自体が損害を引き起こすわけではないので，瑕疵ある格付情報への信頼の結果として生じた損害の場所は，必ずしも情報の受領地である必要もない[55]。そのため，当該責任は本来ならば固有のカテゴリーとして考慮されなければならず，そうであれば，ローマⅡ規則4条1項において瑕疵ある格付から生じる損害の発生地をどのように決定するのかが問題になる[56]。

さらに，当該損害を純粋な財産損害としても，格付機関は第三者がどの国家において格付を信頼するのかを予見できないし，さらに，格付は情報として世界中に提供されることから，特定の国家でのみ流通させられる製品でもないという事情も，損害発生地の決定を困難にする[57]。それゆえ，瑕疵ある格付に基づく損害賠償の場合，損害発生地は必ずしも準拠法決定問題を解決するものではない。

(2)　被害者の常居所等への連結

これに対し，純粋な財産損害の場合において，被害者の個人的な常居所，住所地もしくは営業所の住所（Geschäftssitz）を財産の中心（Vermögenszentrale）に据える場合には，たしかに瑕疵ある格付に基づき損害を受けたEU域内の投資家および発行者は，格付機関規則に基づく責任追及の可能性を享受できると考えられる。しかしながら，格付機関の不法行為責任の場合，これらは投資家である被害者の抵触法上の利益を一方的に強調するものであり，とりわけ被害者に適用される損害賠償法について格付機関の予見可能性を無視したものになりかねない。

前述のように，格付機関は第三者がどの国家で格付を信頼するのかを予見できず，格付は世界中に提供される。それゆえ，被害者の常居所等の個人的メルクマールに連結させる場合には，格付機関は潜在的に世界のすべての損害賠償責任法に基づく責任を考慮しなければならなくなる[58]。欧州司法裁判所でも，加害者にとって十分でない予見可能性により，不法行為裁判籍（民訴規則7条

(54)　Vgl. Dutta, a. a. O. (Fn. 6), IPRax 2014, S. 38.
(55)　Vgl. Gietzelt/Ungerer, a. a. O. (Fn. 2), S. 338.
(56)　Dutta, a. a. O. (Fn. 6), IPRax 2014, S. 38.
(57)　Dutta, a. a. O. (Fn. 6), IPRax 2014, S. 38.
(58)　Dutta, a. a. O. (Fn. 6), IPRax 2014, S. 38.

2項）に関して純粋な財産損害がどの場所で発生したのかを考慮する必要があるとし，財産損害を被害者の常居所等に連結させることに慎重であったと評されることからすれば[59]，ローマⅡ規則適用の場合にも必ずしも問題がないわけではない[60]。

(3) 被評価企業の所在地

したがって決定的なことは，第一次的に不法行為の法律要件によって保護される財産上の利益が所在する場所（主要な財産の所在）を損害発生地と解しうるのではないかという主張である[61]。この場所は，瑕疵ある格付に対する責任の場合は被評価企業（または国家）の所在地を意味し，この場所であれば，瑕疵ある格付に関係する者の財産上の利益を実質的に判断できることをその根拠としている。すなわち，ネガティブに評価された被評価企業の場合，この場所で資本の受入れに際して不利益を被るし，反対にあまりにもポジティブに評価された被評価企業の場合は，この場所が瑕疵ある格付に基づき投資を行った投資家に不利益を生じさせる基盤にもなるからである[62]。

さらに，被評価企業の所在地に連結させることは格付を作成する者にとっても予見可能性を確保できるため，格付機関は不法行為責任が生じうる場合であっても，格付を表明する前にいかなる国家の法に従うのかを予見できる[63]。また，発行者であれ投資家であれ被害者にとっても被評価企業の所在地は明白に認識できるものでもあろう[64]。欧州司法裁判所も，近年，不法行為裁判籍（民訴規則7条2項）に関して，被害者（債権者）の財産損害が企業の経営から

---

(59)　EuGH, Urteil vom 30.11.1976 – Rs. C-21/76, NJW 1977, S. 493によれば，1968年のヨーロッパ民事訴訟規則5条3号を背景に，損害発生の原因になった地（行為地）と損害発生地が一致しない場合には，原告の選択に従い，被告は損害が発生した地の裁判所でも，損害の基礎にある原因となった出来事の地の裁判所でも，訴えられうると判示された。

(60)　ヨーロッパ民事訴訟規則7条2号（不法行為裁判籍）に係る欧州司法裁判所の判例は，ローマⅡ規則4条の解釈にとっても貴重な指針を提供すると指摘される（von Hein, Art. 4 Rome II, in: Calliess (ed.), Rome Regulations (2nd. Ed 2015), Rn. 20, S. 506）。

(61)　たとえばBamberger/Roth/Spickhoff, Kommentar zum Bürgerlichen Gesetzbuch, 3. Auf., 2012, Art. 4 Rom II-VO Rn. 7, S. 2599では，第一義的に「財産上の利益」が考慮され，被害者の常居所が考慮されるのは予備的でしかないとする。

(62)　Dutta, a. a. O. (Fn. 6), IPRax 2014, S. 39.

(63)　Dutta, a. a. O. (Fn. 6), IPRax 2014, S. 39.

(64)　Dutta, a. a. O. (Fn. 6), IPRax 2014, S. 39.

引き起こされた場合には，純粋な財産損害に対する当該企業の責任に係る準拠法決定は，企業の所在地が決定的である旨を判示しているので(65)，必ずしも被評価企業の所在地に連結させえないものではない。

このように，被評価企業の所在地によって決定されるのであれば，EU域内の被害者は，被評価企業の所在地の損害賠償法に従って責任追及できる余地があることになろう。その場合，被評価企業の実質的な所在地が重要であって，各企業主体の定款上の（形式的な）所在地が重要であるわけではない(66)。発行者および投資家の財産上の利益は企業の経営に関わるものであり，企業主体の組織そのものに関わるものではないからである。ここでも同様に，欧州司法裁判所が，会社の定款上の所在地ではなく，「会社の経営と当該経営に関係する財務状況が連結する場所」(67)を考慮したことが重要な根拠としてあげられる。もしこのように解釈できるのであれば，ローマⅡ規則に従い，被評価企業の所在地を財産上の利益が所在する場所と解することで，当該所在地の不法行為法（損害賠償法）に基づき格付機関の民事責任を追及できる余地が認められることになる。

(65)　EuGH, Urteil vom 18.7.2013 – Rs. C-147/12, ZIP 2013, S. 1932（ÖFAB）. 本件は，ヨーロッパ民事訴訟規則7条2項所定の不法行為の特別管轄が問題になったものであり，経営者側（Verwaltungsratsmitglied）および主要株主に対する法人格否認（Durchgriffshaftung）に基づく請求における不法行為裁判籍が扱われた事件である。会社の事業経営とこれに関係する財務状況が連結する場所である企業の所在地を，本規則7条2項における損害結果が発生しまたは発生するおそれのある地として解釈された。ローマⅡ規則を解釈する場合にも，この指針が貴重であるのは前述のとおりである（前掲注（60）を参照）。

(66)　Dutta, a. a. O.（Fn. 6），IPRax 2014, S. 39.

(67)　EuGH, a. a. O.（Fn. 65），S. 1936, Rn. 53-54.

第6章
本編の要約

ビッグスリーと呼称されるS&P，ムーディーズ，フィッチの所在地が米国に所在する事実からすると，第二次変更規則を通じて，これらの格付機関の民事責任を追及する場合，当該責任に係る法律要件が狭く解釈されてはならず，構成国の法と併せて考慮されるべきであり，その場合には現状として国際裁判管轄や国際私法上の問題が避けられない。

EU からみれば，格付機関の民事責任は常に国境を超える問題を生じさせるため，格付機関規則による損害賠償責任の法体系が貫徹されるだけでなく，各構成国の法が問題である場合においても，当該構成国の不法行為責任（またはドイツ法によれば契約関係上の第三者責任）に基づく追及の余地が残されなければならない。EU の立法者も，実際に当該問題が国境を超えて生じることは認識していたとされ，2009年格付機関規則を通じて，機関投資家がその格付を利用する限りでは，米国の格付機関に対し EU 域内での子会社の設立を強制した。しかし，子会社を設立した場合，人的にも空間的にも当該規則の適用範囲はその子会社に制限されるので，EU 域内の被害者（投資家または発行者）は，当該子会社の財産に限り責任追及が可能とされた。したがって，格付が米国の親会社で作成されかつオンライン等を通じて表明されたとしても，その子会社が第三国で表明された格付を引き受けた場合には，当該子会社がその格付に対して無限に責任を負うものと擬制された（格付機関規則４条３項・５項）。

そうであれば，米国の格付機関は，格付機関規則によっても EU 域内での賠償責任のリスクを相当に最小化できるため，第二次変更規則35a 条が与える影響は小さいものといわざるをえない。フィッチの場合はイギリスのロンドンにも主たる所在地があるとはいえ，また S&P も子会社（Standard & Poor's Credit Market Services Europe Limited）をイギリスに設立したといっても，ブレクジットの関係からすれば将来的に責任追及も困難であることが予想される。ヨーロッパ民事訴訟規則でも，定款上の本店所在地，主たる管理地または主たる営業所の業務に係る紛争については，これらの地の裁判所に訴えることになるので（民訴規則63条１項・４条１項），親会社が米国に所在する格付機関が被告適格を有するわけではない。このことから，格付機関規則35a 条に基づき各構成国の裁判所において米国の格付機関に民事責任を負わせ，その実効性を確保するには，これらの格付機関にも民事責任が及ぶ特別の措置が必要となろう。

他方，フランクフルト上級地方裁判所では，外国の格付機関の主たる財産がドイツの裁判所の管轄区域内にあり，かつ当該訴えが十分な内国関連性を有する場合には，当該格付機関に対する投資家の損害賠償の訴えについて，ドイツの裁判所が土地管轄および国際裁判管轄を有するとし，その場合の内国関連性については，原告の居所および住所がドイツにあり，さらに原告がドイツ国民である場合で充足する旨が判示され，国際裁判管轄の有無に関して一定の方向性が示された。ここでは，たしかに当該格付機関への民事責任の追及がドイツ法固有の問題として捉えられ，これによってドイツ法（契約上の第三者責任）の適用が開かれた。しかし，準拠法の決定に関しては，格付機関規則の適用には限界があるように思われる。ローマⅡ規則によっても，学説上準拠法の決定に際しては，被評価企業の所在地を財産上の利益が所在する場所として，当該所在地の不法行為法（損害賠償法）によって格付機関の民事責任を追及できる余地が認められるが，ここでは当該所在地国の法の適用が問題であり，必ずしも格付機関規則の適用が問題なのではない。以上のことからすれば，現状では被害者である原告は，格付機関規則に依拠する場合，単に構成国において欧州証券市場監督局に登録された格付機関の EU の子会社に訴えを提起する方法だけが残されているにすぎず，当該規則の適用は限定的であることが確認できる。格付機関規則自体の適用問題については，今後の EU の措置を待たざるをえない。

第７編

格付機関の格付に対する信頼と金融機関の取締役の責任

―ドイツにおける経営判断原則との関係において―

第1章
はじめに―本編の目的

いわゆるサブプライムローン問題は，2008年9月のリーマン・ブラザーズの経営破綻（リーマンショック）を契機として，米国の金融機関だけでなくEUの金融機関も巻き込んで金融市場の世界的混乱を引き起こし，金融システムを機能不全にさせた(1)。この世界的混乱は，サブプライムローンの証券化商品がEUの金融機関によっても保有されたことにより，いったんサブプライムローンのデフォルトが発生すると，当該証券化商品の資金回収不能がたちまちEUの金融機関にも影響を及ぼし，EU経済にも直接に大打撃を与えることになった。その後も2009年10月のギリシャの財政危機を発端とするいわゆる欧州債務危機によって，ユーロの暴落等に基づくヨーロッパの経済不況の深刻さはいっそう増加し(2)，先行き不透明な金融危機を迎えることになった。これらの危機を通じて，EU経済はサブプライムローン問題と欧州債務危機といった二重の苦難に直面することになった。

このような金融危機の克服は，EUにおいて喫緊の課題として認識されたことから，欧州委員会は当該危機の克服のため，いち早く2010年6月2日に「コーポレート・ガバナンス緑書」(3)を提示することで，金融危機において露見した金融機関のコーポレート・ガバナンスの脆弱性を克服するための公開審議を開始した。この審議過程において，金融機関のコーポレート・ガバナンスの

(1) たとえば櫻川昌哉＝福田慎一編『なぜ金融危機は起こるのか』〔小川英治〕（東洋経済新報社・2013）223頁。

(2) 櫻川＝福田・前掲注（1）223-224頁参照。

(3) Grünbuch Corporate Governance in Finanzinstituten und Vergütungspolitik vom 2.6.2010, KOM（2010）284 endgültig. なお，この緑書については，http://ec.europa.eu/internal_market/company/docs/modern/com2010_284_de.pdf（2018年6月16日現在）において参照できる。

改善の検討を行った結果，欧州委員会は金融機関の経営機関（Verwaltungsräte）によっても，監督機関（Aufsichtsinstanzen）によっても，金融危機に際して直面したリスクの種類や範囲が完全に理解されていなかったと認識した。[(4)]また金融危機の発生原因の一つである金融機関による過剰なリスクの引受けも，有効な内部統制メカニズムによるリスク管理の不備によるものであると結論づけた[(5)]。その結果，改善の一環として取締役および監査役（以下，取締役等とする場合がある）が継続教育（Fortbildung）や先進教育（Weiterbildung）を受け続けることが不可欠であり，金融機関の構造を十分に熟知しかつ効果的な監督が可能となるよう要請している[(6)]。これに対してドイツ国内でも同様に，金融機関の監査役だけでなく上場会社のすべての独立した監査役は，監査役の適性として少なくとも計算または決算監査に関する分野で専門知識を有しなければならない旨を株式法に定めた（ドイツ株式法100条5項。以下，「株式法」とする）。また，金融機関の監査役に対しては枠条件を明定しただけでなく，信用制度法（KWG）において，金融機関および金融持株会社の経営機関および監督機関による監督のための諸規制を導入したため，これに基づき連邦金融サービス監督機構（BaFin）は，取締役等が信頼できかつ専門知識を有していない場合，業務の遂行を禁止できるものと定めた（ドイツ信用制度法36条3項1文。以下，「信用制度法」とする）。

とりわけこのような信用制度法上の金融機関の取締役等に対する適性要件の設定は，金融危機の発生原因の一つとして，後述するデュッセルドルフ上級地方裁判所のIKB社事件[(7)]も示すように，証券化商品への投資決定という経営判断に際して当該取締役等が無批判に（盲目的に〔blindlings〕）格付機関による外部の格付を信頼したと考えられたことによる。取締役等が銀行セクター出身であるにもかかわらず格付を無批判に信頼したことは，情報入手不足あるいは情報分析ミス，さらに監査役にとっては不適切な監視活動であると理解され[(8)]，ひいてはこれらが金融危機の発生に寄与した側面があると認識された。そのた

(4)　Grünbuch Corporate Governance, a. a. O. (Fn. 3), S. 2.

(5)　Grünbuch Corporate Governance, a. a. O. (Fn. 3), S. 2.

(6)　Grünbuch Corporate Governance, a. a. O. (Fn. 3), S. 13; Habbe/Köster, Neue Anforderungen an Vorstand und Aufsichtsrat von Finanzinstituten, BB 2011, S. 265.

(7)　OLG Düsseldorf, Beschluß vom 9.12.2009 - I-6 W 45/09 (IKB Deutsche Industriebank AG), AG 2010, S. 126 = NJW 2010, S. 1537 = ZIP 2010, S. 28. なお，本件は，BGH, Beschluß vom 1.3.2010 - II ZB 1/10, AG 2010, S. 244 = NZG 2010, S. 347 = WM 2010, S. 470によって確定した。

め，このような適性要件の設定は，とりわけ金融システムに組み込まれた金融機関の取締役等に対し，少なくとも第三者情報を入手しかつ分析するだけの能力が求められることを背景に，単純に格付を信頼してはならないということを示すものでもある。格付機関の格付は証券の発行者や投資家の側にも一定の意義があることは否定できず，今後も利用されうるものである。とはいえ，将来的に問題となるのは，金融機関の取締役等を念頭に置いた場合，当該取締役等が専門知識を有することを前提に経営判断として投資決定するに際して，第三者情報としての格付をどの程度信頼できるのか，あるいは信頼してもよいのか，さらに格付を信頼した場合，取締役等は株式法上の経営判断原則（株式法93条1項2文）に基づき責任を免れる余地があるのかに尽きるように思われる。

2008年9月の金融危機からすでに約10年が経過し，法的な観点からも金融危機の見直しが求められている現在，ドイツでは，後述するIKB判決を前提としてこのような問題に関する議論の進展がみられる(9)。そこで本編では，前述の問題意識のもと，まず，前提として格付機関の格付の機能および意義とその問題点を確認した上で，次にIKB判決を含め格付に対する信頼とこれに対する経営判断原則の適用の可能性を論じることにしたい。

---

(8)　Terwedow/Kļaviņa, Inwieweit dürfen sich Vorstand, Aufsichtsrat und Abschlussprüfer auf Ratings erworbener Finanzprodukte verlassen?, Der Konzern 2012, S. 535, 536.

(9)　ドイツ法の検討につき，本編では前掲のHabbe/Köster, a. a. O. (Fn. 6), S. 265; Terwedow/Kļaviņa, a. a. O. (Fn. 8), S. 535のほか，基本的にEmpt, Vorstandshaftung und Finanzmarktkrise, KSzW 2010, S. 107; Fleischer, Vertrauen von Geschäftsleitern und Aufsichtsratsmitgliedern auf Informationen Dritter – Konturen eines kapitalgesellschaftsrechtlichen Vertrauensgrundsatzes, ZIP 2009, S. 1397; ders., Verantwortlichkeit von Bankgeschäftsleitern und Finanzmarktkrise, NJW 2010, S. 1504; Florstedt, Zur organhaftungsrechtlichen Aufarbeitung der Finanzmarktkrise, AG 2010, S. 315; Jobst/Kapoor, Paradoxien im Ratingsektor – Vertrauendürfen und Vertrauenmüssen von Vorstand, Aufsichtsrat und Abschlussprüfer auf Ratings erworbener Finanzprodukte, WM 2013, S. 680; Lang/Balzer, Handeln auf angemessener Informationsgrundlage – zum Haftungsregime von Vorstand und Aufsichtsrat von Kreditinstituten, WM 2012, S. 1167; Lutter, Bankenkrise und Organhaftung, ZIP 2009, S. 197; Meyer, Finanzmarktkrise und Organhaftung, CCZ 2011, S. 41; Schaub/Schaub, Ratingurteile als Entscheidungsgrundlage für Vorstand und Abschlussprüfer?, ZIP 2013, S. 656; Spindler, Sonderprüfung und Pflichten eines Bankvorstands in der Finanzmarktkrise – Anmerkung zu OLG Düsseldorf, Beschluß vom 9.12.2009 – 6 W 45/09 – IKB, NZG 2010, S. 281によっている。

第2章
格付機関による格付の機能および意義とその問題点

1　格付の機能および意義

格付機関は，もともと1975年の米国における「全国的に認知された統計的格付組織（NRSRO）」に基礎を置くものであるが，現在ではすでにその格付が資本市場に参入するための不可欠な前提となり[(10)]，公的な目的のために当該格付を前提とした自己資本比率規制等が設けられているのは周知のとおりである。この現象は，格付機関にいわば国家の主権を委嘱したものと理解されており[(11)]，その結果，証券の発行者は証券発行に際して法律に基づく格付機関の判定に依拠せざるを得なくなった。この事実はいわゆる発行者が格付の対価を支払う「発行者支払モデル」を生じさせたが[(12)]，そもそもこのモデルには利益相反を伴う危険が内在するのではないかとの疑義が生じている[(13)]。

しかし，発行者の側からすれば，前述のように法律の規定に基づき格付の依頼（依頼格付）をなさざるをえないのであって，そうであれば，当該発行者支払モデルに依拠するとしても，当該発行者の格付需要に応じる格付機関の存在が必要になることは当然であろう。その需要に応じたのが，大規模格付機関で

(10)　Jobst/Kapoor, a. a. O.（Fn. 9），S. 680.
(11)　Jobst/Kapoor, a. a. O.（Fn. 9），S. 680.
(12)　この経緯については，第2編第3章2を参照。
(13)　Vgl. Arntz, Strengere Regeln für Ratings: Die neue Verordnung über Ratingagenturen, ZBB 2013, S. 318, 321; Deipenbrock, Die zweite Reform des europäischen Regulierungs- und Aufsichtsregimes für Ratingagenturen – Zwischenstation auf dem Weg zu einer dritten Reform?, WM 2013, S. 2289, 2293.

あるムーディーズ，S&Pおよびフィッチ（いわゆるビッグ・スリー）であり，現在までこれら3社の格付機関がそれぞれの実績（track record）に基づき，自己の格付が信頼されるのに十分な評判を得たとされる(14)。その評判に基づき，投資家自身もこれらの格付機関に信頼を置くようになり(15)，また発行者の側でも，マーケットリーダー（Marktführer）としての格付機関のポジティブな評価は，その評価対象である金融商品が市場に受け入れられることで高値で売り捌く機会を得ることができ，ひいては資本調達コストもわずかで足りるという利点を有した(16)。

このことから，格付機関は金融資本市場におけるいわゆるゲートキーパー的機能を果たすようになった。

2　格付プロセス

このような格付を作成するプロセスでは，発行者と格付機関との間の協力関係を前提に，発行者自身から提供される資料および公的にアクセス可能なデータ資料に基づき，発行者自身がアナリストチームによって評価される。評価に際しては発行者の売上高，収益および自己資本比率のような定量的要因（hard facts）が考慮されるとともに，企業文化，企業構造もしくは経営の品質のようなコーポレート・ガバナンスの観点に基づく定性的要因（soft facts）も判断されるため，企業の業務執行機関との対話も実施される(17)。

他方，まれに実施される勝手格付の場合には後者の定性的要因は考慮されない。分析の終了後，発行者には意見を表明しかつ誤った評価を修正させることは可能である。このようにして算定された企業の格付は公表され，算定の基礎が変更する場合にはこれに応じてその都度適合させられる。格付機関の格付は証券売買の推奨ではなく，発行者である債務者の債券から生じる利息および償

(14)　Jobst/Kapoor, a. a. O. (Fn. 9), S. 680.

(15)　もっとも2008年の金融危機では，「サブプライムローン等を裏付資産とするRMBS（住宅ローン担保証券）や，それらを再加工した債務担保証券（CDO）などが，主として米国系の格付機関によって，大量・大幅に引き下げられたことから，証券化商品の格付について，その多くが的外れであったのではないかとの疑念から，投資家の信頼が失われ，それまで解消されていた情報の非対称性が顕在化した」といわれる（高橋正彦「証券化と格付機関規制」証券経済学会年報48号159頁（2013））。

(16)　Jobst/Kapoor, a. a. O. (Fn. 9), S. 680.

(17)　Vgl. Blaurock, Verantwortlichkeit von Ratingagenturen – Steuerung durch Privat- oder Aufsichtsrecht?, ZGR 2007, S. 603, 605; Jobst/Kapoor, a. a. O. (Fn. 9), S. 680.

還義務を適時にかつ完全に履行する能力や準備に係る意見の表明でしかない[18]。

3　金融商品の格付の機能―投資家の視点

投資家からすれば，格付機関は情報仲介者としての機能を果たす存在である[19]。投資決定を下す投資家は通常，証券発行者の内情を認識できないことから，自由市場に典型的な情報の非対称性に直面し，不均衡な情報配分リスクにさらされる[20]。情報が均等に配分される完全市場でさえ，完全に情報を把握しかつ評価する人間の能力が限定的である以上，グローバル化が進行し，金融商品がますます複雑化する現状では，投資家の合理的行動も限定される[21]。したがって，格付の意義は，このような調査に要するコストを引き下げることにある。

ところで，金融商品とは，有価証券もしくは有価証券類似の証券（ドイツ有価証券取引法2条1項），短期金融資産（Geldmarktinstrumente〔同法2条1a項〕）ならびにデリバティブ（同法2条2項）をいう。これらの各金融商品のうち，たとえば不動産担保証券（MBS）や債務担保証券（CDO）に係る格付では，当該格付が証券の発行者である債務者および各金融商品のデフォルトの蓋然性に係る指標として作用する点に意義があり，また，クレジット・デリバティブ・スワップ（CDS）のようなデリバティブの場合には，信用リスクのプロテクション売買の契約相手方の決定に影響を及ぼすことに意義があるとされる[22]。さらに，格付はリスク指標を超えて市場行動にも影響を及ぼすことから，信用度を引き下げる場合，通常は金融商品の需要も低下する結果，投資家に売却のインセンティブが発生する[23]。このように，市場価格に重大な影響を及ぼす格付機関の評価に対して市場が敏感に反応することから，必然的に投資家に

(18)　Vgl. Blaurock, a. a. O. (Fn. 17), S. 604; Jobst/Kapoor, a. a. O. (Fn. 9), S. 681.
(19)　Vgl. Blaurock, a. a. O. (Fn. 17), S. 633; Jobst/Kapoor, a. a. O. (Fn. 9), S. 681.
(20)　Vgl. Blaurock, a. a. O. (Fn. 17), S. 608; Jobst/Kapoor, a. a. O. (Fn. 9), S. 681; Tönningsen, Die Regulierung von Ratingagenturen, ZBB 2011, S. 460, 461. そのため，髙橋真弓「格付をめぐる法規制のあり方について」南山法学25巻1号55-56頁（2001）では，簡易な文字あるいは記号で示される格付には，情報の偏在をスムーズに緩和するという特性を有することが指摘される。
(21)　Vgl. Blaurock, a. a. O. (Fn. 17), S. 609; Jobst/Kapoor, a. a. O. (Fn. 9), S. 681.
(22)　Jobst/Kapoor, a. a. O. (Fn. 9), S. 681.
(23)　Jobst/Kapoor, a. a. O. (Fn. 9), S. 681.

とっても事実上この信用度評価を無視できなくなる。

4　格付に対する信頼の問題点

約10年の歳月を経た世界的な金融危機を振り返れば，経済学と法律学の伝統的思考パターンが間違っていたのではないかと推測される要因がある[(24)]。その一つが，ゲートキーパーである格付機関は「ほとんど過ちを犯さない」との認識である。金融危機の発生以前において多数の金融機関や企業が複雑な金融商品を取得したが，その反面，専門的知識を有する当該金融機関や企業の取締役でさえ，金融商品の基本的特徴を理解していた者は必ずしも多くなかったといわれる[(25)]。この状況は，当該取締役が期待された利回り見込みを考慮しながら複雑な金融商品の構造を理解し，かつその価値を批判的に調査しなかったことを意味するが，このような状況に陥ったのも，当該金融商品が格付機関によって表面的に評価され，かつ安全なものとして最高の格付注記を付与されていたからにほかならない[(26)]。ここでは，取締役を含む関係者が格付機関の格付を無批判に信頼し，かつ当該金融商品の残存リスクを過小に評価していた傾向が見受けられる[(27)]。

従来，格付機関は金融資本市場の品質や健全性（Integrität）を確保するとの観点に基づき，グローバルな金融市場や有価証券市場がその機能を発揮する鍵となる役割を果たしてきた。これに対し，証券の発行者にとっては格付機関はいわば資本市場への「ドアの開閉装置」としての役割を演じる者である一方，投資家にとっては情報の非対称性を解消するための不可欠な情報仲介者であった[(28)]。ここでは格付機関が，市場に対して容易にかつ迅速に，また安い費用でデータを提供し，その結果として関係者の情報入手の困難さを緩和し，そのデータでもって潜在的投資家にも実質的な投資決定を下すことを可能にした。

しかしながら，金融危機以降は，格付機関はこれまでとは異なる目線でみられることになった[(29)]。なぜなら，金融危機の発生はたしかにマクロ経済学やミクロ経済学に基づく多数の要因に基づくものもあるが，その核心部分には不

---

(24)　Schaub/Schaub, a. a. O.（Fn. 9），S. 656.
(25)　Schaub/Schaub, a. a. O.（Fn. 9），S. 656.
(26)　Schaub/Schaub, a. a. O.（Fn. 9），S. 656.
(27)　Schaub/Schaub, a. a. O.（Fn. 9），S. 656.
(28)　Jobst/Kapoor, a. a. O.（Fn. 9），S. 680.
(29)　Jobst/Kapoor, a. a. O.（Fn. 9），S. 680.

動産担保証券や債務担保証券を用いたリスク分散に原因があり，その原因の作出につき格付機関がきわめて楽観的な評価を行うことで，当該証券の発行に重要な役割を果たしたからである[(30)]。このことから，米国において，いったん仕組み金融商品市場が内部崩壊するおそれが生じたとき，格付機関が素早く各証券を格下げすることで対応した結果，格下げが危機的破綻を促進させる原因になったのである。この事実は，格付機関による誤った評価がいったん白日にさらされた場合には，格付機関の表明（Aussagen）に対して著しい信頼の喪失が生じることの証左となるものである[(31)]。

他方，その後に発生した国債危機においても，引き続き格付機関が市場行動を抑制する場合において鍵となる地位を占め，かつその格付が市場によって決定的なリスク指標として用いられた事実がある。その理由としては，投資家の側に代替的な情報源が不足していることが一因として考えられてきた[(32)]。その意味でも，格付機関が果たす役割は小さくないが，その反面，前述のように格付の品質そのものに対していったん疑義が生じたような場合には，法的な観点から取締役や監査役等が，どの程度金融商品の格付を信頼できるのかという問題も生じさせた。

最近，シュツットガルト上級地方裁判所においても，「ドイツ経済最強の親玉」であるフォルクスワーゲンの監査役，フェルディナント・ピエヒ（Ferdinand Piëch）氏が，オプション取引の固有のリスク評価を含めて企業の重要な取引を把握しかつ判断することもしなかったことから，この点に監査役としての義務違反が確認された[(33)]。金融危機の発生に対し，このように監査役を含む取締役に責任を帰属させる要因の一つには，彼らの多くが銀行セクター出身であるにもかかわらず，情報分析ミスや直接に取引する者に関する情報入手不足があったとされる[(34)]。米国の場合，その大半がサブプライム証券であることを前提に，しばしば反論として主張されてきたことが，「取得される証券は主幹格付機関によって最高のAAAの格付評価を受けていたこと」および「そのような格付を用いた事業モデルが市場もしくは業界で一般的に行われていた

(30)　Jobst/Kapoor, a. a. O. (Fn. 9), S. 680.
(31)　Jobst/Kapoor, a. a. O. (Fn. 9), S. 680.
(32)　Jobst/Kapoor, a. a. O. (Fn. 9), S. 680.
(33)　本件については，OLG Stuttgart, Urteil vom 29.2.2012 - 20 U 3/11, ZIP 2012, 625を参照。
(34)　Terwedow/Kļaviņa, a. a. O. (Fn. 8), S. 535-536.

こと」であった[(35)]。

しかしながら，この場合，高い利回りには高いリスクが付随する（ハイリスク・ハイリターン）という市場の当然の認識に依拠するならば，資本市場の動向が誤って展開したような場合において，そもそも性質上そのような展開を早期に認識する必要はなかったのか，仮に認識の必要がないとしても，取締役等が自己の責任を免れるにはどの程度取得する金融商品の格付を信頼してよいのかが問題となりうる。また，これに関連して格付を信頼する場合には，金融機関の取締役等はいったい何を知り，そのためにどのような専門知識を持ち合わせる必要があるのかが問題とされ，たとえ信頼した場合であっても，取締役等は経営判断原則の適用に基づき責任を免れる余地があると解すべきなのかも問題となる[(36)]。その解明のため，以下では章を改めて，取締役の責任と経営判断原則に関するドイツ株式法の規制を概観した後，格付に関連づけてこれらの問題に取り組むことにしたい。

---

(35)　Terwedow/Kļaviņa, a. a. O. (Fn. 8), S. 536.
(36)　Terwedow/Kļaviņa, a. a. O. (Fn. 8), S. 536.

第３章
取締役の責任
―経営判断原則と格付の信頼

１　取締役の一般的注意義務

株式会社の取締役は業務執行に際して，通常のかつ誠実な業務指揮者の注意を払わなければならない（株式法93条１項１文）。この注意義務は，たとえば「自己のために商行為である行為によって他人に対して注意義務を負う者は，通常の商人の用いるべき注意につきその責任を負う」との規定を定める商法所定の注意義務（ドイツ商法347条１項）[37]を超える高度な注意義務であると理解される[38]。このことは，取締役が自己の資金で経営するのではなく，他人の財産の受託者として義務を負わされることを意味することから，取締役に対し固有の業務指揮者として具体的な行為を行うことが求められる[39]。そのため，たとえば金融機関の取締役の注意義務は，事業会社の取締役（Industrievorstand）の注意義務よりも高く設定されるべきとする見解もある[40]。

取締役がこのような注意義務を具体化する場合，常に企業の種類，規模および事業目的，当該企業の景気データならびに業界の特殊性等のような個別事情を考慮する必要があるが，実際は個別事情の客観的な性質上，取締役は現実の状況下で客観的に必要な事情だけを考慮しているにすぎない[41]。さらに，通常のかつ誠実な業務指揮者の必要な注意（株式法93条１項１文）を払って行動し，

(37)　条文訳については，法務省大臣官房司法法制部〔編〕『ドイツ商法典＜第１編～第４編＞』（法曹会・2016）215頁を参照。

(38)　Lang/Balzer, a. a. O.（Fn. 9），S. 1168. なお，取締役の責任要件の分類につき，高橋英治『ドイツ会社法概説』（有斐閣・2012）156頁を参照。

(39)　Empt, a. a. O.（Fn. 9），S. 107.

かつ会社に潜在的に発生する損害を回避するため，取締役は一定の場合には専門家に助言を求め，かつ必要な特別の知識を欠く場合には自己が有する専門知識だけに頼らない義務も存在する(42)。取締役がこのような義務に違反する場合には，取締役は会社に対して当該義務違反に基づき発生する損害を賠償する義務を負わされる（株式法93条2項）。

2　セーフハーバーとしての経営判断原則

もっとも，このような取締役の注意義務違反を確定する場合であっても，経営には常にリスクを伴うことを無視できない。取締役の側からすれば経営判断の結果に対して予見するのはほとんど不可能であり，その結果の成否にはさまざまな要因が絡み合うので，事後的に当該経営判断が間違いであったことが判明したからといって，取締役に義務違反を認めることは妥当ではない(43)。たとえ諸要因が絡み合う状況でも，最終的に取締役は市況や市場データの動向に関して将来指向の判断を下さなければならないが，その予測は必ずしも想定された事実に事後的に適合するわけではなく，当該判断が企業の存続の危機さえ生じさせる場合もあろう(44)。

このことは，一定の経営判断にはリスクを伴うことがあることを意味し，そのため，予測の不確実性に強力な制裁を科すことは，取締役の過度なリスク回避行為を生じさせ，潜在的な利益獲得の機会を逃すことにもつながる。このような事態を避け適切な解決を見出すには，法律上，一定の場合には注意義務違反に基づく取締役の責任が問われない仕組みを用意する必要があり，株式法で

(40)　Lang/Balzer, a. a. O. (Fn. 9)，S. 1168. なお，わが国でも金融機関の経営者の注意義務は，事業会社の経営者の注意義務よりも一般的には高い水準が要求されるとする見解が多数であるが（参照，吉井敦子『破綻金融機関をめぐる責任法制』（多賀出版・1999）268頁，吉原和志「取締役の経営判断と株主代表訴訟」小林秀之＝近藤光男編『新版株主代表訴訟大系』（弘文堂・2002）119頁，川口恭弘「事業の公益性と取締役の責任」同志社大学日本会社法制研究センター編『日本会社法制への提言』（商事法務・2008）119，124-125頁，岩原紳作「金融機関取締役の注意義務—会社法と金融監督法の交錯」落合誠一先生還暦記念『商事法への提言』（商事法務・2004）212頁），銀行融資の特殊性を過度に強調することに対し疑義を呈する見解もある（森本滋「経営判断と『経営判断原則』」田原睦夫先生古稀・最高裁判事退官記念論文集『現代民事法の実務と理論（上巻）』（きんざい・2013）668頁）。

(41)　Terwedow/Kļaviņa, a. a. O. (Fn. 8)，S. 537.

(42)　Terwedow/Kļaviņa, a. a. O. (Fn. 8)，S. 537.

(43)　Schaub/Schaub, a. a. O. (Fn. 9)，S. 657.

(44)　Schaub/Schaub, a. a. O. (Fn. 9)，S. 657.

はこの仕組みを経営判断原則として規定した（株式法93条１項２文）[45]。すなわち，「取締役が企業家的決定（unternehmerischen Entscheidung）において適切な情報に基づき，会社の福利のために行為したものと合理的に認めることができる場合には，義務に反しない」のである。この場合，取締役に対して一定の経営上の裁量が付与されていることに疑いはなく[46]，前述の要件が存在すれば取締役の義務に基づく行為であることが推定され，義務違反が存在しないために取締役は免責される。このことは，経営判断の側面では常に「人は後になってからいつも利口になる（man ist hinterher immer schlauer）」ことが想定される所以でもあり，裁判官の側でも経営判断の評価に際していわゆる「後知恵バイアス（Rückschaufehler; hindsight bias）」が回避されなければならないとされる所以でもある[47]。

他方，経営判断原則の場合には，その適用に際して，取締役はどの程度格付を信頼してよいのかという問題も生じる。取締役は，前述のように適切な情報に基づき合理的に行為したものと認められる場合には，免責に係る株式法上の特権を享受する。そのため，取締役が金融商品の取得に係る決定を下す場合に

---

(45)　経営判断原則は，連邦通常裁判所によっても ARAG/Garmenbeck 判決（BGHZ 135, 244）において認められた。この判決を検討する邦語文献としては，布井千博「取締役に対する民事責任の追及と監査役の提訴義務―ARAG/Garmenbeck 事件を素材として」奥島孝康教授還暦記念第一巻『比較会社法研究』（成文堂・1999）383頁以下，大山俊彦「監査役会の『企業者的な裁量の余地』（unternehmerischer Ermessensspielraum）について（いわゆる経営判断の法理）―ドイツ連邦最高裁のARAG/Garmenbeck 損害事件を踏まえて」明治学院大学法律科学研究所年報17号142頁以下（2001）および高橋英治『ドイツと日本における株式会社法の改革―コーポレート・ガバナンスと企業結合法制』（商事法務・2007）220頁以下がある。なお，ドイツの経営判断原則を検討するわが国の文献も多数存在し，本章では以下の文献を参照した。マルクス・ロート＝早川勝（訳）「ドイツの経営判断原則と取締役の責任の追及―ドイツ株式法の近時の改正」同志社大学ワールドワイドビジネスレビュー７巻２号105頁（2006），福瀧博之「ドイツ法における経営判断の原則―株式法93条１項２文と Marcus Lutter の見解」関西大学法学論集57巻４号132頁（2007），同「ドイツ法における経営判断の原則と利益衝突―ドイツ株式法と Marcus Lutter の見解」関西大学法学論集57巻６号181頁（2008），同「経営判断の原則についての覚書―ドイツ法における法解釈学的な位置づけ」関西大学法学論集64巻５号１頁（2015），同「ドイツ法における法典化後の経営判断の原則について」関西大学法学論集65巻４号18頁（2015），内藤裕貴「経営判断原則の再考(1)～（３・完）―ドイツにおける経営判断原則の立法化を中心として」法研論集（早稲田大学大学院）153号219頁，154号183頁，155号225頁（2015）および高橋英治『会社法の継受と収斂』（有斐閣・2016）338頁，同「ドイツにおける経営判断原則」日本取引所金融商品取引法研究３号１頁（2016）。

(46)　Empt, a. a. O.（Fn. 9），S. 107.

(47)　Spindler, a. a. O.（Fn. 9），S. 283.

は，その決定は必然的に十分な情報に基づき，すなわち，信頼できる高い格付に基づき下されたことが必要となろう[48]。そうであれば，格付の場合には，高い格付それ自体がすでに「適切な情報」であるとして判断できるのか，たとえ適切な情報として判断できたとしても，その情報がどの程度妥当なのかが検討を要する問題となる。

3　経営判断原則の諸要件

(1)　適切な情報に基づく行為

経営判断原則の第一の要件は，適切な情報に基づく合理的な行為であり，取締役の一般的な注意義務としての「通常のかつ誠実な業務指揮者の注意」に対応する。この場合，「適切な情報」に基づく合理的な行為という要件は，取締役が経営判断を下す場合にどのような情報で足りるのかが重要であり，その意味では取締役に対しどのような情報が必要であるかをみずから判断させる余地を残す[49]。もっとも，経営判断に必要な情報は「適切」でなければならず，具体的な経営判断の状況に関係するものでなければならないが，取締役は必ずしも理論的に提供可能な一切の情報を利用しかつその価値を評価するよう要請されているわけではなく，要請されるのは「適切な」情報上の根拠にすぎない。このことから，個別事案によるところも大きいが，重要なのは何が適切であるかを判断するための基準であり，とくに掲げるならば，一般的には以下の判断基準を考慮することとされている[50]。すなわち，①リスク・プロファイルによる評価，②経営判断に要する時間，③情報入手の可能性，④費用便益分析である。

第一に，取締役の経営判断とこれに対する実際の結果が会社にとって重要であればあるほど，原則として経営判断に際してより慎重な準備がなされなければならない。このことから，経営判断に係るリスク・プロファイルも，適切性の重要な判断基準の一つとなる[51]。種々のリスクが統合的に把握されてリスク管理のために用いられるリスク・プロファイルでは，事前に予測できる限りの想定可能な範囲内においてリスクが評価される。金融商品の取引はその複雑

(48)　Terwedow/Kļaviņa, a. a. O. (Fn. 8), S. 537.
(49)　Meyer, a. a. O. (Fn. 9), S. 42.
(50)　Meyer, a. a. O. (Fn. 9), S. 42.
(51)　Meyer, a. a. O. (Fn. 9), S. 42.

性に基づき，金融機関のリスク負担能力を超過するようなデフォルトリスクが蓄積する形態での市場リスク（いわゆるクラスターリスク〔Klumpenrisiko〕）のように[(52)]，場合によっては高度なリスクを生じさせることもある。したがって，このような高度なリスクを把握し投資決定の根拠とするには，リスク分散のために，計画された金融商品の取引に係るリスク・プロファイルが作成され，リスク・プロファイル全体において当該取引に結合したリスクが評価されなければならない[(53)]。

次に，取締役が経営判断の基礎として用いる情報を収集するのに必要な「時間」も，情報の適切性を判断するための一つの基準になる[(54)]。時間が考慮されるのも，入札公募（Ausschreibung）やM&A取引のように，経営判断が時として短時間で下されなければならない場合もあるからである。その意味では，「時間」もまた適切性の判断基準に影響を及ぼすことが考えられる。もっとも，この場合には時間そのものが軽率な経営判断を許す，いわば「特許状」を意味するものではないことは当然である[(55)]。

第三に，取締役が経営判断の基礎として情報を入手する可能性も，事実上のものであれ法律上のものであれ，経営判断の基礎にある適切性の判断を決定づける。取締役が企業買収を決定する場合のように，対象企業の限定された情報に頼らざるをえない状況もあるからである[(56)]。

最後に，取締役は情報の適切性の判断に際して，既存の情報を超えるさらなる情報入手の可能性がある場合には，情報入手のために必要な費用と，どの程度当該情報を通じて収益が獲得されるかについての認識との適切な関係（費用便益関係）を考慮しなければならない[(57)]。

以上のような4つの判断基準によって，情報の根拠の「適切性」が判断される。

(2)　会社の福利に基づく行為

さらに，取締役は「会社の福利」のために経営判断を下されなければならな

(52)　Lutter, a. a. O. (Fn. 9), S. 199.
(53)　Terwedow/Kļaviņa, a. a. O. (Fn. 8), S. 542.
(54)　Meyer, a. a. O. (Fn. 9), S. 42.
(55)　Meyer, a. a. O. (Fn. 9), S. 42.
(56)　Meyer, a. a. O. (Fn. 9), S. 42.
(57)　Meyer, a. a. O. (Fn. 9), S. 42.

い。この場合の経営判断とは，当該判断が企業にとって過大なリスクであってはならないことを意味し，過大でないと判断されるためには，取締役は企業の存続，採算性および企業価値の向上に向けた会社の利益を考慮し，かつこれらを指向しなければならない[58]。もっとも，企業の存続を危殆化させるほどのリスクを引き受ける経営判断が会社の福利に合致するかどうかは，すべての諸事情を事前に考慮して判断される必要がある。その場合には，リスクが実際に実現する蓋然性を考慮すると同時に，一般的なリスクヘッジ（Absicherung）を利用して引き受けられたリスクであるかどうかも考慮される[59]。その検討の結果，取締役が過度なリスクを引き受けるべきではないとの結論にいたれば，会社の福利のためにリスクを引き受ける行為をするべきではない。

4　デュッセルドルフ上級地方裁判所2009年12月9日決定（IKB Deutsche Industriebank AG 事件）と学説の反応

このような取締役の適切な情報に基づく会社の福利のための合理的行為が，経営判断原則の適用が認められる主要な要件であることを確認できるとしても，それでは取締役が外部の格付機関による格付を信頼することが合理的行為として認められるのであろうか。金融商品が組成される場合，格付機関は助言を求める当該商品の発行者から格付の対価を受けることから（発行者支払モデル），格付機関にはそもそも高い格付を付与するインセンティブが存在し，その意味では格付機関の格付に潜在的な利益相反が内在するといわれる。

しかし，たとえそのような状況であっても，取締役が外部の格付を取得することは，それ自体固有の経営判断に取って代わるものではないにしても[60]，格付が適切な情報入手の主要部分を構成する側面があることは否定できない。そうであれば，取締役が格付を入手しかつ使用する場合，取締役は格付の入手のほか，格付の信頼性にも依拠した適切な情報に基づく経営判断が下されなければならない。その場合には，取締役が一般的に格付機関の権限，信用および独立性に対して正当な期待を有していることが必要であり，この期待は格付機関に固有の経験や格付機関の市場における評判等から判断される[61]。

(58)　Terwedow/Kļaviņa, a. a. O. (Fn. 8), S. 543.
(59)　Vgl. Empt, a. a. O. (Fn. 9), S. 113; Terwedow/Kļaviņa, a. a. O. (Fn. 8), S. 543.
(60)　Meyer, a. a. O. (Fn. 9), S. 43.
(61)　Meyer, a. a. O. (Fn. 9), S. 43.

この観点につき，実際に2009年12月９日のデュッセルドルフ上級地方裁判所決定（IKB 事件）[62]では，取締役は証券化商品の過剰な複雑性および不透明性に基づき，たとえ十分な情報に依拠しても経営判断を下しえない状況では，格付機関による外部の格付を入手しただけでは取締役の情報入手義務を免除するものではない旨が判示された。本件は，もともとＹ社（IKB 社；申立ての相手方）の株主Ｘ（申立人）らが，2007年夏に発生したＹ社の危機的状況に関連して，Ｙ社の取締役および監査役の義務違反の可能性を調査するため，裁判所による特別検査役の選任を請求した株主総会の特別検査役選任事件である。その事実の概要を簡潔に述べれば「2008年３月27日のＹ社の株主総会において，Ｙ社の危機的状況を発生させた諸事情に関して，当時の大株主であった復興金融公庫（KfW）の議題２および議題３（取締役と監査役の免責）に係る議決権行使の結果に対し，Ｙ社の取締役および監査役の義務違反の調査のための特別検査役として，弁護士等を選任する旨が決議された。しかし，その間に復興金融公庫が90％を超えるＹ社の大量株式（Aktienpaket）をアメリカの投資会社であるLSF6（LSF6 Europa Financial Holdings L.P.）に売却したことから，LSF6が再度2009年３月27日に招集したＹ社の臨時株主総会において，従前に選任された特別検査役の選任がLSF6の議決権行使によって撤回された。これに対して株主であるＸらが，Ｙ社の取締役および監査役がＹ社の危機的状況を発生させた諸事情に関連して義務違反を行ったかどうかを審査するために，改めて特別検査役の選任（株式法142条１項）を申し立てた（X1ないしX3の持分総額を合算すれば，特別検査役の選任に係る10万ユーロの基準に達していた（株式法142条２項））。」というものである。原審のデュッセルドルフ地方裁判所がＸらの申立てを許可したことから，Ｙ社が即時抗告を申し立てた。

本件の争点は特別検査役の選任権の濫用など複数に及ぶが，本章に関連する部分は，Ｙ社における取締役および監査役の義務違反の存否の判断である。その判断に際してとくに問題となるのが，Ｙ社がその定款（２条１項・２項）上，主として産業経済の促進ならびにそのための融資を目的とし，付随的に「すべての種類の銀行業および金融サービス業」を目的としているにもかかわらず，取締役が他の目的会社を通じ，格付を利用して有価証券取引やアメリカのサブプライムローンのような証券化商品の取引を行ったことにある[63]。

---

(62)　OLG Düsseldorf, Beschluß vom 9.12.2009, a. a. O.（Fn. 7）.

この問題について裁判所は，「取締役の義務違反は，取締役が適切な情報に基づき会社の福利のために，試行錯誤した結果に基づき経営判断を下したことが認められる場合には存在しないが，経営判断に際して，取締役は提供されるすべての情報源を利用し尽くさなければならず，利用し尽くした場合にはじめて第三者の情報を信頼できる」ことを前提に，次のように判示した。すなわち，「①Y社の証券化セクターにつき，定款上の事業目的によれば証券化商品の取引をまったく行ってはならないか，たとえ取引を行うにしても僅少な範囲でしか取引できないにもかかわらず，当該証券化セクターでの取引がY社の事業分野の約46%にまで及んでいることから，このように定款に違反する場合には，取締役は経営判断原則（株式法93条1項2文）に基づく保護によって裁量の余地を与えられないこと」，「②Y社の取締役は，十分な情報に基づき取引しなかったかもしくはクラスターリスクのような過剰なリスクを引き受けたことから，当該取締役の義務違反について十分な疑いがあること」，「③格付機関の格付は，その利用条件上，提供された情報の正確性，完全性，現実性および有用性に対する保証を常に行うわけではなく，また資産担保証券が比較的新しい仕組み金融商品であったことからすると，格付機関自身に当該証券の評価に係る十分な経験が存在したわけでもなかったこと」から，取締役が投資決定のための重要な唯一の情報源として格付機関の格付を利用した場合には，取締役は提供可能なすべての情報源を利用し尽くす義務に違反し，したがって，取締役は格付機関による外部の格付を入手しただけでは情報入手義務を免除されるものではないというものである。

これに対して学説でも同様に，取締役は外部の格付を利用でき，場合によっては利用しなければならないが，単にこの情報源だけを信頼してはならないと主張されている(64)。たしかに取締役が外部の助言者もしくは専門家から助言を得たとしても，取締役がその助言を信頼するかどうかは，通常は個別事案によるところが大きい。たとえば医師の場合にも，医師が患者の容体に対し疑義を有する場合には，他の診療分野の医師の診断を鵜呑みにするのではなく，少なくとも当該医師みずから必要な専門知識をもって患者の容体を知るよう義務づけられる(65)。金融機関の取締役の場合にも，実際上，外部の格付の利用だ

(63)　Florstedt, a. a. O. (Fn. 9), S. 316-317.
(64)　Spindler, a. a. O. (Fn. 9), S. 284. なお，Lutter, a. a. O. (Fn. 9), S. 199も同旨。
(65)　Spindler, a. a. O. (Fn. 9), S. 284.

けに限定されるものではないことから，その意味では単に情報源の一つとして想定されるものであり，また格付の作成における利益相反の潜在はまさに格付自体の特徴であることを前提に，格付自体に最初から利益相反が内在しないものと想定すべきではない(66)。

しかしながら，裁判所によって強調されたように，格付機関自身がいまだ証券化商品の市場において豊富な経験を有しないのであれば，格付機関の評価は証券化市場における投資決定に際して補足的なものでしかなく，その評価が唯一の決定の基礎であってはならないとの判断は重要であり，まさに新種の市場やリスクの場合には，取締役は自己の分析を通じて発生の可能性があるシナリオや損益の評価のために，幅広い情報の根拠を入手する必要がある(67)。相応の情報に基づく根拠を欠くのであれば，株式法93条１項２文に基づく経営上の裁量の余地という「セーフハーバー」も考慮されず，その場合には通常，取締役の注意義務違反を生じさせる(68)。

5　取締役による外部の格付の信頼の射程

学説では，前述したデュッセルドルフ上級地方裁判所の決定は，リスクの大きい証券化商品の取引に対する取締役の責任に関して議論のきっかけを与える意味においても評価され(69)，その議論としては，外部の格付が投資決定の一要素として利用される場合にどこまで取締役は外部の格付を信頼できるのかという形で問題とされる。当該裁判所の決定では，格付機関の評価に対する取締役の過度な信頼が批判されると同時に，格付機関による外部の格付を入手しただけでは，取締役固有の情報入手義務を免除するものではないことが確認された。さらに，格付の過度の信頼は「使用可能なすべての認識源を利用し尽くす義務に対する取締役の重大な違反」であることも示唆される(70)。

この方向性は，格付の利用者は格付を無批判に信頼するのではなく，利用者自身も分析を実施するものとすると定めるEUの格付機関規則(71)においても

(66)　Spindler, a. a. O. (Fn. 9), S. 284.
(67)　Spindler, a. a. O. (Fn. 9), S. 284.
(68)　Spindler, a. a. O. (Fn. 9), S. 284.
(69)　Vgl. Fleischer, a. a. O. (Fn. 9), NJW 2010, S. 1504; Schaub/Schaub, a. a. O. (Fn. 9), S. 657; Spindler, a. a. O. (Fn. 9), S. 281.
(70)　OLG Düsseldorf, Beschluß vom 9.12.2009, a. a. O. (Fn. 7), ZIP 2010, 28, 32.
(71)　Erwägungsgrund Nr. 10 VO (EG) 1060/2009 des Europäischen Parlaments und des Rates v. 16.9.2009, ABl. EU Nr. L 302/1 v. 17.11.2009.

同様であるが，ドイツの株式法自体には第三者情報に対する取締役の信頼の射程または限界に係る直接的な定めはないため，一般的な諸原則が提示されることが必要となる。その諸原則としては，当該裁判所の決定および学説上，主として①情報提供者（Auskunftsperson）の慎重な選定ならびに②取得情報の妥当性検査（Plausibilitätskontrolle）が掲げられ[72]，この諸原則に基づき利用者自身も第三者情報である格付を無批判に信頼することなく分析を行わなければならないことが指摘された。以下では，この分析に係る諸原則の内容を中心に概観することにしたい[73]。

(1)　情報提供者の慎重な選定義務（cura in eligendo）

第一に，利用者は情報提供者である格付機関の選定に際して，属人的信頼性ならびに専門的信頼性に係る調査義務を負う[74]。

①　格付機関の属人的信頼性

まず属人的信頼性として，一般的には格付機関が過去に有した固有の経験，ならびに市場もしくは業界における評判も投資決定のための基礎にされるが，とりわけ格付機関が客観的な情報，すなわち情報提供者として独立性に基づく情報を保証できるような属性も有していなければならない[75]。最低限の要件としての独立性は，直接もしくは間接に格付機関に利益相反がない場合に存在するが[76]，問題はどのような基準によって利益相反の不存在を判断できるかであり，この場合，判断基準としては，格付機関に対する報酬とガバナンス構造の２つの問題が提示されている[77]。まず，格付機関の主要な収入源が発行者から依頼された格付に対する対価であることから（発行者支払モデル），発行

---

(72)　その他，第三者に明確にすべき事実関係に係る情報提供者の情報提供義務がある（Jobst/Kapoor, a. a. O.（Fn. 9），S. 684）。

(73)　なお，わが国でも第三者の情報に対する取締役の信頼に対して，第三者の適切な選任などの一定の要件のもとで保護されることが主張されている（畠田公明『コーポレート・ガバナンスにおける取締役の責任制度』（法律文化社・2002）75頁，神吉正三『融資判断における銀行取締役の責任』（中央経済社・2011）244頁）。

(74)　Vgl. Fleischer, a. a. O.（Fn. 9），ZIP 2009, S. 1403; Jobst/Kapoor, a. a. O.（Fn. 9），S. 682-683; Schaub/Schaub, a. a. O.（Fn. 9），S. 659; Terwedow/Kļaviņa, a. a. O.（Fn. 8），S. 538-539.

(75)　Vgl. Fleischer, a. a. O.（Fn. 9），ZIP 2009, S. 1403; Jobst/Kapoor, a. a. O.（Fn. 9），S. 682.

(76)　Vgl. Fleischer, a. a. O.（Fn. 9），ZIP 2009, S. 1403; Jobst/Kapoor, a. a. O.（Fn. 9），S. 682.

(77)　Jobst/Kapoor, a. a. O.（Fn. 9），S. 682-683.

者から支払われる報酬への依存をどのように根拠づけられるのかが問題となる。格付機関がネガティブな見通しで格付を付与する場合，発行者が他の格付機関に変更するおそれがあるために（格付漁り），格付機関が優良な格付を付与するよう圧力にさらされる危険がある(78)。そのため，格付機関が引き続き評価の依頼を受けうるには，発行者に対しそもそも好意的な評価を行うというインセンティブが存在する。

また，格付市場自体がほぼ３社の大規模格付機関によって占有される寡占市場であり，格付機関の利用者が増加すればするほど，一利用者の便益も高まるネットワーク効果や，他の格付機関への乗り換えが困難となるロックイン効果に基づく硬直的な構造を有することも考慮すれば(79)，このような寡占市場における格付機関との関係が競争阻害要因であるともいえる。競争を機能させるにはこのようなインセンティブや競争阻害要因を克服する必要も存在する。

以上の危険や競争阻害要因への対策として考慮されたのが，主として同一の発行者に対する格付機関の活動期間を時間的に制限する，2011年末に欧州委員会により提示された格付機関のローテーション制度であったとされる(80)。したがって，発行者から対価の支払いを受ける発行者支払モデルに依拠するとしても，ローテーション制度に基づき特定の格付機関の格付に対する依存の軽減を確保することが報酬の観点から要求される。

さらにガバナンス構造の問題として，格付プロセスでは格付の調査のためにどのような人物が格付委員会に参加しているのかが不明である場合が少なくない(81)。発行者の経営陣と対話を行うアナリストが格付委員会に出席することは容易に推測できるとしても，アナリストチームのメンバーが報酬の交渉に参加し，被調査企業に対して資本参加していれば，利益相反の存在を否定できない。それゆえ，ガバナンスの構造上，そのための回避措置も要求される。

(78)　Jobst/Kapoor, a. a. O. (Fn. 9), S. 682.

(79)　Jobst/Kapoor, a. a. O. (Fn. 9), S. 683のほか，ロックイン効果を指摘する見解として，Arntz, a. a. O. (Fn. 13), S. 322; Deipenbrock, a. a. O. (Fn. 13), S. 2292; Haar, Haftung für fehlerhafte Ratings von Lehman-Zertifikaten – Ein neuer Baustein für ein verbessertes Regulierungsdesign im Ratingsektor?, NZG 2010, S. 1281, 1282を参照。

(80)　Vorordnungsvorschlag der Europäischen Kommission zur Änderung der VO (EG) Nr. 1060/2009 über Ratingagtenturen v. 15.11.2011, KOM (2011) 747 endg., S. 9.

(81)　Jobst/Kapoor, a. a. O. (Fn. 9), S. 683.

このように属人的信頼性の観点からすれば，格付機関の選定に際して属人的信頼性を確保するために，格付機関に対する報酬とガバナンス構造の調査が要求される。

② 格付機関の専門的信頼性

次に専門的信頼性について，一般的に格付機関は格付を行うための必要な専門知識を有することを前提とするが，具体的な事案においてはそれぞれの格付の対象に対する格付機関の調査に係る経験も重要となる(82)。専門的信頼性に関しては，IOSCO 基本行動規範の第1.2号，第2.2号でも(83)，できる限り高い客観性を有する格付として，慎重に調査された正確な現在の企業データや市場データならびに長期的データという実務上の基準を用いた客観的正確性が求められた(84)。

この要求は，金融危機に際して，主として①格付は一般に機密事項である内部プロセスにおいて作成の経緯を経ることから，その不透明性が格付の根拠ならびに格付機関の信頼性の一般的調査を困難にしたこと(85)，②勝手格付の場合には，調査対象企業と格付機関との間の情報交換がないことから，格付分析はもっぱら公的にアクセス可能な情報に依拠せざるをえなかったこと(86)，③格付機関が債務担保証券の事例に対する実績を欠くために，信頼できる記録上のデータについてもその経験についても不十分であったことからすると，格付機関が市場占有率の維持，収益の最大化および迅速な業務処理のために格付の

(82) Jobst/Kapoor, a. a. O. (Fn. 9), S. 683-684.

(83) 2008年5月のIOSCO 基本行動規範第1.2号および第2.2号では，次のように定められる。すなわち，第1.2号では，「信用格付機関は，厳格かつ体系的であり，また可能であれば，歴史的経験に基づく何らかの形の客観的な検証の対象となり得る格付となるような格付方法を用いるべきである」とされ，第2.2号では，「信用格付機関及びそのアナリストは，その実質及び外見の両面において独立性及び客観性を維持するため，注意を払い，また専門的な判断を行うべきである」と定められる（なお，本文訳については，金融庁のホームページ上において仮訳が公表されている（https://www.fsa.go.jp/inter/ios/f-20041224-3/03.pdf〔2018年6月16日現在〕)。

(84) なお，2009年の格付機関規則でも，8条1項では，「格付会社は，その信用格付業において利用した格付方法，モデルおよび信用格付の主要な前提条件について付録IEに規定されているとおりに公表しなければならない」と規定され，また8条3項では，「格付会社は，厳格，体系的，継続的，かつ，バックテスティングを含む歴史的経験に基づく検証の対象となり得るような格付方法を利用しなければならない」と規定される（本条の訳文については，三井秀範監修『詳説・格付会社規制に関する制度』（商事法務・2011）289-290頁を参照)。

(85) Jobst/Kapoor, a. a. O. (Fn. 9), S. 683.

(86) Jobst/Kapoor, a. a. O. (Fn. 9), S. 683.

品質をおろそかにした可能性があり（底辺への競争），格付機関自身に十分なリスク分析の実施能力が不足していたこと[87]，という3つの根拠が存在したことに基づく。

とりわけ③の根拠に関しては，格付機関は仕組み金融商品に係る市場の機能が停止した時にはじめて評価を修正するとともに，厳格な格下げによってネガティブな展開が加速したことがその証左として掲げられている[88]。以上のIOSCOの行動規範の根拠に鑑みても，格付機関の専門的信頼性が確保されていることの調査がなされることが要求されよう。

(2)　取得情報に係る妥当性検査（Plausibilitätskontrolle）

最後に，第三者情報が信頼できるものとみなされる最終的な要件として，取得情報に係る妥当性検査が掲げられる[89]。この場合，助言を求める利用者にとっては提供された情報を根本的に精査することが問題なのではなく，むしろ単純に明白な矛盾が存在すること，根拠が不足すること，および根拠が不完全であることを明らかにする必要があるにすぎない。つまり，明らかに瑕疵がある第三者情報に依拠することの防止が目的なのである[90]。

このことは，発行者に係る日常の経済活動上の時間の消費や経費の支出ならびに迅速な行動を考慮したならば，第三者情報としての格付に基づく個々の投資決定に際して，幅広い調査を行うことは取締役に要求できないことによる[91]。実際，格付に基づく投資決定に際して一般的な特別の調査義務を課すこと自体，投資決定の障害になる可能性があろう。取締役に対して不十分な専門知識のために外部の格付を利用する可能性を認める反面，取締役に信用度評価の完全な調査を求めることはいわば矛盾する状況であり，それゆえ，取締役は明白な矛盾等が存在しない限り，原則として外部の格付を信用することができる[92]。

---

(87)　Jobst/Kapoor, a. a. O.（Fn. 9），S. 683-684.

(88)　Jobst/Kapoor, a. a. O.（Fn. 9），S. 684.

(89)　Vgl. Fleischer, a. a. O.（Fn. 9），ZIP 2009, S. 1404; Jobst/Kapoor, a. a. O.（Fn. 9），S. 684; Meyer, a. a. O.（Fn. 9），S. 43.

(90)　Vgl. Fleischer, a. a. O.（Fn. 9），ZIP 2009, S. 1404; Jobst/Kapoor, a. a. O.（Fn. 9），S. 684.

(91)　Jobst/Kapoor, a. a. O.（Fn. 9），S. 684.

(92)　Vgl. Fleischer, a. a. O.（Fn. 9），NJW 2010, S. 1505; Jobst/Kapoor, a. a. O.（Fn. 9），S. 684.

もっとも，経営戦略的に重要な決定が下される場合や大規模な金額を投資する場合，新種のもしくは複雑な金融商品に投資する場合または大規模なリスクを引き受けるような場合には事情は異なり(93)，このような場合における個々の格付への単純な信頼は，経営判断原則の諸要件（株式法93条１項２文）を充足せず，取締役の免責の余地はないものといわなければならない。このような状況では，引き受けられたリスクの評価とともに，利用される格付の妥当性検査も強化されるべきであるからである(94)。したがって，その場合には他の格付機関による評価とその根拠，従前に格付が存在する場合にはその更新の有無，市場分析，金融商品の場合には当該金融商品に係るリスク構造の分析，外部および内部の専門家への照会ならびに内部のリスク管理システム（株式法91条２項，信用制度法25a条）から導き出された結果と格付との比較など，必然的に広い範囲に及ぶ調査によって(95)格付の妥当性が分析されなければならない。

6　小　　括

以上のように，取締役がどこまで格付を信頼できるのかという問題は，主として情報提供者としての格付機関の慎重な選定ならびに取得情報の妥当性検査という２つの基準に従って分析された結果として判断される。その場合，格付機関の事前の選定に際しては，格付機関の属人的信頼性ならびに専門的信頼性についての調査義務を負うとともに，取得情報に係る事後の妥当性検査に関しては，提供された情報の根本的な調査ではなく，明白な矛盾，根拠不足または根拠の不完全性が存在するかどうかについての調査義務を負う。このような分析の結果として，取締役は最終的に格付機関によって提供された格付が信頼できるかどうかを審査するが，もっとも，この分析の結果，格付を信頼したことに基づき自己の注意義務が免除されるものではない。つまり，その意味では，格付は単に補足的なリスク指標である情報源の一つとして適格であると想定されるにすぎないのである(96)。

経営判断原則（株式法93条１項２文）によれば，取締役は具体的な状況下において通常の業務指揮者であれば経営判断の時点で考慮したであろう情報を入

(93)　Vgl. Fleischer, a. a. O.（Fn. 9），NJW 2010, S. 1505; Habbe/Köster, a. a. O.（Fn. 6），S. 267; Jobst/Kapoor, a. a. O.（Fn. 9），S. 684.

(94)　Jobst/Kapoor, a. a. O.（Fn. 9），S. 684.

(95)　Jobst/Kapoor, a. a. O.（Fn. 9），S. 684.

(96)　Jobst/Kapoor, a. a. O.（Fn. 9），S. 688-689.

手しなければならず，経営判断に際して，取締役がそのような適切な情報に基づき合理的な方法によって会社の福利のために取引するものと認められる場合にはじめて，取締役は注意義務を免れる。デュッセルドルフ上級地方裁判所の判例[97]では，IKB社の取締役は証券化セクターにおける証券化商品の取引の開始および実施に際して，十分な情報上の根拠なく取引を行ったとの結論に達しており，その情報上の根拠に関して外部の格付だけを利用しかつ無批判に信頼したことが非難されている。取締役は具体的な情報の必要性に関して裁量の余地を有し，その裁量の範囲内では原則として独自に情報の必要性を考慮できるが，とくに証券化商品の取引のような戦略的決定の場合には，日常業務に係る措置よりも高い情報の必要性が存在することになる[98]。経営判断原則を考慮する場合，通常，リスク・プロファイルによる評価，経営判断に要する時間，情報入手の可能性および費用便益分析のような基準に従って適切な情報上の根拠を複合的に判断し，その結果として行われる経営判断は，取締役に対し適切な情報に基づく行為として義務を免れさせる。

しかし，複雑な証券化商品の取引の場合には，学説から指摘されるように[99]，IKB社の取締役が外部の格付を証券化セクターにおいて取引を開始しかつ実施することに関する唯一の投資決定の基礎としたことから，その限りでは外部の格付を信頼する以外に幅広い情報入手を行わなければならなかったのは明白である。また，格付はたしかに原則として適切な情報の基礎でありうるが，単なる信用度評価であり，補足的なリスク指標として重要であるにすぎないので，付加的な情報源の一つとして利用されるとしても，格付機関の利用条件において明示されるように，常に情報の正確性等を保証するものではない[100]。さらに格付機関自身，資産担保証券のような比較的新しい仕組み証券について十分な経験も有していなかった[101]。このような事実からすれば，取締役が証券化商品の取引において注意義務を免れるには，なおさら適切な情報上の根拠を判断するための基準を充たすとともに，みずから格付分析を行うことも要求される性質のものであったと理解される。

---

(97)　OLG Düsseldorf, Beschluß vom 9.12.2009, a. a. O.（Fn. 7）.
(98)　Habbe/Köster, a. a. O.（Fn. 6），S. 267.
(99)　Spindler, a. a. O.（Fn. 9），S. 284.
(100)　OLG Düsseldorf, Beschluß vom 9.12.2009, a. a. O.（Fn. 7），ZIP 2010, S. 32.
(101)　OLG Düsseldorf, Beschluß vom 9.12.2009, a. a. O.（Fn. 7），ZIP 2010, S. 32; Jobst/Kapoor, a. a. O.（Fn. 9），S. 684; Lutter, a. a. O.（Fn. 9），S. 198.

もっとも，当該裁判所の判旨によれば，いわゆる「後知恵バイアス」に基づく判断であったのではないかとの疑義を生じさせる[102]。しかし，IKB社のような中規模金融機関の取締役がクラスターリスクの引受けのような金融機関そのものの存続を危殆化させるおそれのある取引を行う場合において，当該取締役が相当大規模な範囲内で外国の証券化商品の取引に関与するならば，事業会社の場合とは異なり，それだけ正当化のための根拠が要求されるべきであろう。たしかに，一定のリスクを引き受けることは経営判断そのものに包含され，その意味では後知恵バイアスも回避される余地を残すが[103]，他方，存続を危殆化させるほどのリスクについては，少なくとも取締役が意図的に当該リスクを引き受けたことを正当化できるだけの根拠の明示が要求されなければならない。

---

(102)　Vgl. Florstedt, a. a. O. (Fn. 9), S. 317; Habbe/Köster, a. a. O. (Fn. 6), S. 266.
(103)　Schaub/Schaub, a. a. O. (Fn. 9), S. 658.

第4章
本編の要約

取締役が不十分な情報に基づき経営判断を行うことは，相当な賠償責任リスクを引き受けることを意味し，適切な情報に基づき会社の福利のために注意義務を払って経営判断を下す場合にのみ経営判断原則を成立させる。しかし，デュッセルドルフ上級地方裁判所のIKB社事件の場合，アメリカやEUにおいて多数の金融機関を倒産させる原因にもなった，いわゆる証券化商品の取引に係る金融機関の取締役の投資決定に対して不十分な情報に基づく経営判断であったとして，経営判断原則の成立を否定したことは重要であり，この方向性は，少なからずその後の金融機関の実務にも影響を及ぼすことになった。

クラスターリスクの引受けのように，金融機関の取締役の経営判断が金融システム全般にまで影響を与える可能性を有するのであれば，当該取締役が格付機関による外部の格付だけを無批判に信頼したことに対し，不十分な情報に基づく経営判断であると判断されたのもあながち誤った方向ではない。その意味ではわが国でも，アメリカ法と異なり経営判断の内容が著しく不当であれば注意義務違反を問われることから[(104)]，格付を無批判に信頼した場合において金融機関の取締役に対し裁量の幅を制限する解釈は考慮に値するであろう。

(104)　江頭憲治郎『株式会社法〔第7版〕』(有斐閣・2017) 473頁を参照。米国の経営判断原則については，川浜昇「米国における経営判断原則の検討(1)(2・完)」法学論叢114巻2号79頁以下 (1983)，114巻5号36頁以下 (1984) 等を参照。わが国において経営判断原則の一定の定式化を主張する見解として，堀田佳文「経営判断原則とその判断基準をめぐって」落合誠一先生古稀記念『商事法の新しい礎石』(有斐閣・2014) 281頁のほか，さらに森田果「わが国に経営判断原則は存在していたのか」商事法務1858号4頁 (2009) も参照。なお，格付への無批判の信頼が問題となったわけではないが，金融機関の取締役に対する経営判断原則の適用を限定的に解するわが国の判例として，とくに旧拓銀特別背任事件上告審決定 (最決平成21年11月9日判例時報2069号156頁) では，「経営判断の原則が適用される余地は限定的なものにとどまるといわざるを得ない」と判示されている。

第8編

結　語

これまで検討した格付機関または格付の役割と格付機関の民事責任追及の可能性は，わが国でも議論の進展がみられるとはいえ，必ずしもEUや米国ほどの多数の蓄積があるわけではない。しかしながら，本書が対象としたEUやドイツではすでに活発な議論がなされていることからすると[(1)]，その成果は，とりわけ格付機関の民事責任の特別規定がいまだ存在しないわが国でも参考にすべき部分が多い。以下では，各編で検討した要約部分をまとめ，本書の提言とすることで結語としたい。

---

(1)　実際，ヨーロッパの専門誌では特集を組んで取り組んだものも存在する。たとえばSpecial Issue: Regulating Credit Rating Agencies in the EU, edited by Gudula Deipenbrock and Mads Andenas, European Business Law Review, Volume 25 Issue 2, 2014.

第1章
格付機関の役割

⑴　格付機関の歴史的生成過程では，まず，現在の意味での格付機関の格付は1909年にジョン・ムーディーによって鉄道会社の株式・社債になされたことにその発端があることを指摘できる。そこで，1909年を境に区分すると，それ以前の格付機関の前身としては，①信用興信所としての信用調査機関，②経営と金融の専門報道機関，③投資銀行家が考えられ，鉄道会社発行の債券に係る投資家の情報需要はこれら３つの機関によって満たされていたことが重要である。すなわち，信用調査機関では，信用調査員によって独自のネットワークが構築され，かつ商人の信用度判定に重要な情報が収集されたのに対し，専門報道機関では，非公式チャンネルへのアクセスの困難さから，アメリカ合衆国鉄道年鑑のような専門書が出版され，銀行投資家の場合は，鉄道会社の取締役会での議席の獲得を通じていわば内部情報を入手できた立場にあったことから，この立場を通じて投資家への情報需要を満たす役割を果たしてきたのである。

⑵　1909年以降では，なぜ潜在的投資家も投資銀行家のように内部情報にアクセスできないのかという疑義が生じたことから，1909年に最初の格付がムーディーによって公表されたことが重要である。このことは投資家に受け入れられ，当時の格付市場を急速に成長させたことから，1910年以降の数年間に，フィッチ・パブリッシング・カンパニー等の現在の格付機関の原点となる会社を出現させた。その後，1970年代に入り，格付機関の事業モデルが投資家支払型から発行者支払型へと変化したことが重要である。この変化は，主として高速度の複写機の出現により，定期購読者がコピー技術の進歩した複写機を利用して格付の対価を支払わない投資家と格付レポートを共有したことから（二次的利用），いわゆる「ただ乗り」問題に対処する必要性から生じたものであった。

⑶　1980年代以降は格付の国際化が進展した時期であり，S&P 等の大規模

格付機関が情報仲介者としての役割を果たした時期でもある。その背景には，外国での債券の売出しや国内の金融資本市場のグローバル化があった。1990年代には格付は国際的に通用する市場情報として定着したが，それ以降，2001年と2002年のエンロンおよびワールドコムの破綻を契機に，格付機関は「機能不全（Versagen）」に陥ったことが重要である。ここでは，格付機関が市場参加者に対して，企業ひいては国民経済全体が破綻するおそれがあることを警告する必要があったにもかかわらず，事前に格付を引き下げなかったか，あるいは事後的に適時に格付を引き下げなかったことが批判された。その後も，2007年のサブプライム問題や2008年のリーマンショックを契機とするグローバルな金融危機の勃発に際して，格付機関は複雑な金融商品の格付に際して誤った展開を生じさせ，格付機関による格付に相当な批判が向けられた。

⑷　しかしそうであっても，従前と同様に，現在も格付機関の役割または格付の経済的意義は変わらない。取引される証券のデフォルトリスクに関して投資家の情報需要が高まれば高まるほど，この情報需要を満たす者として格付機関の役割も増大する。この情報需要を満たす信用度格付は，金融商品の判断に際して発行者と投資家との間での情報の非対称性の緩和に寄与するほか，さらに，金融資本市場にとって国民経済上の資本配分に係る重要なコミュニケーション手段として，投資家が投資する際の取引コストの低下にも寄与する。この意味では，格付機関は発展した金融資本市場の最も重要な情報仲介者としての役割を果たす。また，格付は通常，発行者による証券発行の成否や資本調達コストに重要な影響を及ぼすだけでなく，特定の証券の売買または保有に係る推奨ではないけれども，実務においては事実上あたかも投資の推奨であるかような性質（事実上の勧誘的機能）がある。

⑸　一方当事者が他方当事者よりも多くの情報を有する情報の非対称性に基づく不確実性に対処するため，格付機関は各投資計画に係る包括的情報（「AAA」等の格付記号）を提供することで情報の非対称性を解消し，金融資本市場全体の情報効率に寄与する機能を担う。この格付記号によって，投資の成功要因やリスク要因に係る将来指向の客観的評価が与えられる。さらに，格付は金融資本市場での金融証券の過大評価や過小評価を防止することで，いわゆるバブルの発生を防止できる効果もある。なぜなら，依頼格付の場合，未公開の企業情報や各企業経営者との対話を通じて，特別な情報も評価の際に取り入れることが可能であるからである。

(6)　また，格付は資金供与者の情報源として利用される以外にも，資金受入者の側では，格付を通じて他人資本の調達に要する資本コストの増減を考慮に入れられるので，資金受入者の情報源としても利用される。そのため，格付自体には一種の「証明書付与機能」が認められ，格付が良ければ他人資本に係るリスク・プレミアムが引き下げられることからすると，必然的に金融資本市場へのアクセスの際に格付に依拠させる必要が生じる。そのため，発行者にとっては，格付には金融資本市場における証券の発行のチャンスを高める一種の証明書または品質保証スタンプとしての意義がある。さらに，金融機関や証券会社の自己資本比率を監督するような場合，格付は「外部格付」として国家の監督目的のためにも利用される。以上から，格付機関は情報提供によって金融資本市場における適切な価格形成を促進し，投資家に対し投資決定のための透明性ある比較の対象を提供し，かつ市場における相場の変動を防止する機能を果たす。

(7)　次に，格付機関の取締りに係る決定的な要素として，①格付機関の公認機関としての登録手続，②登録された格付機関に係る行為ルール，ならびに③欧州証券市場監督局による格付機関の監督の3点があげられる。このうち，②の行為ルールに関して重要なのは，発行者支払モデルから生じる利益相反の解消または防止である。そのための措置として，再証券化商品の格付に関しては1社の格付機関による4年を超える格付表明の禁止や，個々の格付アナリストの適切な段階的ローテーションシステムの導入等が義務づけられたことは重要である。もっとも，利益相反の可能性はとりわけ発行者支払モデルから生じる構造上の欠陥として認識されるが，実際上，発行者支払モデルに代わる選択肢がないことから，さしあたり発行者支払モデルという事業モデルは維持された。その代わり，格付機関の独立性の強化が図られたことは重要である。しかし本来的には，発行者支払モデルを変更してはじめて利益相反も最小化できることになろう。それ以外にも，競争の促進の強化の観点から，発行者に対し最低2社の格付機関への格付の依頼義務等が課されていることも重要である。

第2章
格付機関の民事責任論

(1)　格付機関の民事責任の導入は，EUでも非常に画期的なことであった。2009年の格付機関規則ではその導入は見送られたが，2013年の第二次変更規則においてはじめて明文の規定が導入された（第二次変更規則35a条）。格付機関からすれば，これまで自己の判定は意見の表明または見解にすぎず，規制当局からの介入や裁判手続からも保護されうるとの認識であったが，格付機関の注意の程度があまりにも欠如していた事実が存在したことから実務上の批判が大きく，規制当局にとっても無視できるものではなかった。そのため現在では，格付機関が故意または重大な過失によって有責的に規則（第二次変更規則）の付録III所定の違反行為を犯した場合，投資家または発行者が発生した損害の賠償を請求できるようになったことは重要である。この意味では，当該規則は私的エンフォースメントとして格付機関の取締りの強化と理解されうるものである。

この第二次変更規則35a条は，今後，わが国において民事責任を立法化する際にも参考になるように思われる。とりわけ規則の違反行為に係る証明責任の分配方法につき，たしかに格付機関が規則に違反し，その違反行為が格付に影響を及ぼしたということの証拠の提出を投資家または発行者側に求めてはいるが，その際，裁判所は格付機関の内部情報を入手できない場合があることを斟酌すると規定し，原告（投資家および発行者）側の立証の基準を疏明にまで引き下げたことは重要である。

(2)　違反行為自体は付録Ⅲで限定されているので，証明すべき対象は明確であるとはいっても，原則として投資家または発行者の側で格付機関の義務違反が「格付に及ぼした影響」を疏明しなければならない。しかし，このことが実際に可能かどうかは，格付機関の内部情報は一般に機密情報である以上，必ずしも疑問なしとはいえない。そうであれば，当該規則の課題は残されており，今後も慎重な対応が必要となることは明白である。ただし，前述のような格付機関の役割や格付の事実上の勧誘的機能等を根拠に，格付の内容自体ではなく有責的な違反行為に対し，格付機関への民事責任が導入されたこと自体の意義は大きい。

⑶　EUの主要構成国をみても，フランス法では明文規定（通貨金融法Ｌ．544-5条）をもって，イギリス法ではレギュレーションによって，法律上格付機関への不法行為に基づく民事責任追及の可能性が認められた。オーストリア法でも，専門家に対する客観法上の注意義務違反に基づく責任追及の可能性が主張されている。これに対し，ドイツ法の現状では契約法ルールの解釈から，とりわけ投資家の格付機関に対する民事責任追及の可能性が認められる。そもそもフランス法やイギリス法のように特別の責任規定が存在せず，また，投資家と格付機関との間に契約関係が存在しないにもかかわらず，格付機関の契約責任を追及できるとするドイツ法の解釈は重要であって，現行の明文規定を有しないわが国でも参考にされうるものである。

その法的根拠として重要なのが，「第三者のための保護効を伴う契約」法理である。発行者と格付機関との間の格付契約を媒介に，投資家が格付判定を通じて両者の関係に接触することは発行者も格付機関も想定していること，また格付の事実上の勧誘的機能に基づき投資家に投資決定のインセンティブが付与されることから，格付機関は投資家が格付を信頼して財産を処分することを意図していることがこの法理を適用させる根拠となっている。さらに，大衆投資家にとって格付の正確性や信頼性を確認するのは困難であり，格付機関のゲートキーパー的性格からすれば，たとえ著しく遅延した格下げのように格付に瑕疵があっても免責条項を盾にまったく責任を負わないとすることは，金融資本市場に不信感を生じさせる。これらのことから，この法理によって契約責任も追及できると解することは大いに意義がある。現在の世界的趨勢を考慮すると，今後は格付機関の民事責任に対しては厳格にならざるをえず，被害者救済の範囲を拡大する可能性からも，不法行為責任以外に契約責任追及の余地を残しておくべきである。

⑷　わが国でも，格付機関の民事責任が追及された裁判例(2)がある。結論と

（2）　名古屋高判平成17年６月29日（第５編第３章２を参照）。

して控訴が棄却されたことで格付機関の責任は否定されたが，格付機関の民事責任を論じる上では，たとえ不法行為構成であるとしても，投資家に対する格付機関の民事責任追及の可能性が示されたことは重要である。格付機関は格付を投資判断の資料として利用する投資家に対しても，独立した立場で誠実公正にその業務を行う義務を負うことからすれば（金商法66条の32参照），誠実公正義務には，格付契約（依頼格付）の場合において債務者である格付機関が，債権者（発行者）以外の第三者（投資家）の財産に及ぼす危険を防止すべき注意義務も含まれるものと解される。

格付への信頼を基礎に格付自体が事実上の勧誘的機能を果たすことで，投資家に投資決定のためのインセンティブを付与する側面もあろう。そうであれば，依頼格付の場合，瑕疵ある格付を信頼した第三者である投資家は，「第三者のための保護効を伴う契約」法理に基づき格付契約から生じる保護義務に含まれることで法的保護を受け，その結果，投資家に対し直接に格付機関に契約責任を追及できる地位が付与される。いまだ金商法の明文規定がないわが国の民事責任体系であっても，やはり不法行為責任以外に契約責任によっても追及できる基礎は存在するように思われる。

(5)　もっとも，たとえ両責任が両立する場合でも，実際上問題となるのは投資家の証明責任である。この点に関して，今後立法論的にも検討されるべきことは，たとえば独立公正な格付活動に際して明白な利益相反が存在したにもかかわらず作成された格付の場合等のように，EUの第二次変更規則付録Ⅲ所定の具体的な違反行為のリストを参考に，格付機関の誠実公正義務違反として，当該義務違反を生じさせた具体的原因または過程を明確化することである。

これは，当該義務違反と損害との間の直接の因果関係の証明に際して，投資家が格付機関のどのような義務違反の存在を実際に証明できるかが不明確であり，現実に証明には困難が伴うことから，投資家が証明すべき義務違反行為の対象リストを確定させることが重要であるからである。この確定の後，証明責任の転換や証明から疎明への責任軽減を図るさらなる措置が検討されるべきであろう。

(6)　さらに，投資家に対する格付機関の損害賠償に際して損害賠償が巨額になるおそれのあることが懸念される。この懸念に対しては，ドイツの学説が主張するように，賠償責任額のいわば「調節ネジ」として損害賠償に最高限度額を設けるため，賠償責任基金を創設し，被害を被った投資家は各損害につき当該責任基金から案分比例に従って賠償を受けられるべきとする見解や，格付機関は仕組み金融商品の評価に基づき相当な手数料収入を得られることから，当該手数料収入に着目し格付機関の賠償を当該利益の吐き出し（Gewinnabschöpfung）に限定するべきとする見解があり，これらの見解が参考になる。

(7)　また，多数の国境が接するEUに限定した場合，現状として国際裁判管轄や国際私法上の問題は避けられない。S&P等の所在地が米国にあることからすると，第二次変更規則に基づき格付機関の民事責任を追及する場合，当該規則による損害賠償責任が貫徹されるだけでなく，各構成国の不法行為責任（またはドイツ法では契約関係上の第三者責任）に基づく追及の余地も残される必要がある。たしかに2009年の格付機関規則では，米国の格付機関に対しEU域内での子会社設立の強制に成功したが，当該規則の適用範囲は人的にも空間的にも子会社に限定されるのが実状である。EU域内の被害者（投資家または発行者）に対しても，当該子会社の財産に限り責任財産が構成される。したがって，米国の格付機関は格付機関規則によってもEU域内での賠償責任のリスクを相当に最小化できるので，第二次変更規則35a条が与える影響も小さいといわざるをえない。当該規則に基づき，各構成国の裁判所で米国の格付機関に民事責任を負わせてその実効性を確保するには，やはり特別の措置が要求されることになろう。

もっとも，ドイツの国内法の問題として裁判実務上，フランクフルト上級地方裁判所2011年11月28日判決において，ドイツの裁判所が土地管轄および国際裁判管轄を有すると判断したのは画期的である。

(8)　最後に，金融機関の取締役がどこまで格付を信頼していいのかという格付に付随する問題もある。とりわけ2008年の金融危機は，証券化商品への投資決定という経営判断に際して，取締役等が無批判に（盲目的に〔blindlings〕）格付機関による外部格付を信頼したことが発生原因の一つとして認識されている。IKB社事件でもデュッセルドルフ上級地方裁判所2009年12月9日決定において同様に判示された。取締役が銀行セクター出身であるにもかかわらず格付を無批判に信頼したことは，情報入手不足あるいは情報分析ミス，監査役にとっては不適切な監視活動であると理解され，ひいてはこれらが金融危機の発生の一因と理解されたのである。そのため，金融システムに組み込まれた金融機関の取締役に対し，少なくとも第三者情報を入手しかつ分析するだけの能力が求められることは当然の前提として，単純に格付を信頼してはならないとのテーゼは示唆的であろう。

たとえばクラスターリスクの引受けのように，取締役の経営判断が金融機関の金融システム全般にまで影響を与える可能性を有するのであれば，取締役が格付機関による外部格付だけを無批判に信頼したことは，不十分な情報に基づく経営判断であると判断されうる。もっともこの場合に，取締役が専門知識を有することを前提に金融機関の経営判断としての投資決定を行うに際して，どの程度第三者情報としての格付を信頼できるのか，あるいは信頼してもよいのかは問題であり，さらに格付を信頼した場合であっても，取締役は経営判断原則に基づき責任を免れる余地があるかが重要になる。わが国でも，経営判断の内容が著しく不当であれば注意義務違反を問われることからすると，格付を無批判に信頼した場合において金融機関の取締役に対し裁量の幅を制限する解釈は考慮に値するであろう。

第3章
今後の課題

本書は，格付機関の役割を前提に民事責任規制導入の必要性に迫った。EUでは，2013年の第二次変更規則をもって格付機関の厳格な民事責任を導入して以降，ドイツでは下級審裁判例ではあるが，当該規則を用いて格付機関の民事責任を追及した事案が発生している。いまだ判例の蓄積が少ない分野ではあるが，格付機関が果たす役割は重要であり，今後もその存在意義を喪失することはない。そうであれば，今後の課題として，格付機関がどのような場合に民事責任を追及されるのかをより詳細に検証していくプロセスは必要であろう。もっとも，その検証作業は次の機会にゆだねたい。

また，わが国でも格付機関の民事責任が問われた判例・裁判例は存在するとはいえ，そもそも金融商品取引法において民事責任の立法化が実現されているわけでもない。そうであれば，本書で検討したEU法やドイツ法には，今後，格付機関をめぐるわが国の指針または展望として活用できる素地があるように思われる。いまだ残された各論的課題も少なくないが，その検討は引き続き今後の研究で補いたい。

あとがき

本書は，初出一覧に掲げたように，筆者がこれまで福岡大学法学論叢等に掲載した格付機関を扱った論文につき，大幅な加筆修正の上，１冊の学術書として体系的にまとめたものである。

もともとこのような格付機関に関心を有したのは，2008年のリーマン・ブラザーズの破綻に際して「A＋」や「A」の等級の格付が維持されていたというニュースに接し，単純にこの事実に疑問を有したからである。今，当時を回顧すれば，何かしら経済がどんよりとし，派遣切り等が問題となった時期にも重なり，今後の経済の動向がまったく予想できない状況であったように思われる。このような状況のもと，たまたまそのようなニュースに触れたわけであるが，そうすると，格付を信頼した投資家はどうなるのか，格付機関の責任はどうなのかが気になりだした。これをきっかけに，本学の図書館を訪れた際に，筆者が比較法の対象とするEUやドイツを調べていくと，（本書でも引用しているが）ドイツの専門誌である“Recht der Internationalen Wirtschaft”誌において，Widmoser/Schiffer/Langoth, Haftung von Ratingagenturen gegenüber Anlegern?, RIW 2009, S. 657 の論稿を発見した次第である。本論文のタイトルからも明らかなように，まさに格付機関の投資家に対する責任が論じられている当論稿は非常に興味深く，この発見によって，今後のテーマとして研究を進めていくきっかけを与えられた。その最初の成果が，「投資家に対する格付機関の契約責任―ドイツにおける『第三者のための保護効を伴う契約』法理を基礎として」同志社法学62巻６号477頁（2011）である。もともと，これで一応の区切りとして他のテーマに移る予定であったが，この公表の後もさまざまな論文が国内外で公表されたのに伴い，やはりフォローを続けたい気持ちも生じ，中長期的に扱うべきテーマとして適当なのではないかと認識し，引き続き研究を進展させてきた。その成果が本書である。

もっとも，本文で扱ったように，なかには国際裁判管轄のような国際私法の分野にまで及んだことは筆者の能力の限界を超える作業であった。そのため，単純な誤解や検討の不十分な箇所があるのではないかと恐縮しているところである。今後の議論の展開やその慎重な検討については，諸先生方の今後のご批判を踏まえて，さらに別の機会でフォローすることでご容赦いただければと思う。

前述した最初の成果の公表が2011年であり，直近の成果が2018年であるので，本書が成るまで約８年程度かかった計算になる。その間，ほぼ毎年のように，ドイツのハンブルクにあるマックス＝プランク外国私法・国際私法研究所を利用させていただき，文献収集や研究員との情報交換をさせていただいた。その費用も，平成25年度～平成26年度の科学研究費若手研究(B)【課題番号：25780081】（格付機関の法的責任と投資家の保護）ならびに平成27年度～平成29年度の科学研究費基盤研究(C)【課題番号：15K03234】（格付機関の民事責任規制の体系的考察）の両者から補うことができ，有意義な研究を実施できた。その意味では，本書の出版をもって少なからず研究助成の御恩に報いることができたのではないかと思っている。また，当研究所では，ハラルド・バウム教授（Prof. Dr. Harald Baum）から，研究所近くにあるグランドエリゼ・ホテルで昼食をいただきつつ貴重な意見を頂戴し，またさまざまな研究員の紹介も受け，彼らの意見も参考にできた。当研究所において文献収集だけでなく，私のつたないドイツ語でインタビューまで実施できたのは，やはり研究室における机上の研究だけでは窺い知ることのできない貴重な経験であった。改めて当研究所とバウム教授，研究員の皆様のご協力に御礼申し上げたい。

筆者の研究スタイルは，指導教授である早川勝先生（徳島文理大学教授・同志社大学名誉教授）のご指導によるところが大きい。大学院生時代に早川先生から研究室においてドイツ語ならびにドイツ法を徹底的に仕込まれ，後期課程ではドイツ留学の機会も与えていただいたが，今日，研究を継続できるのも，その時の経験が現在の自分の血肉となっているからである。今更ながら早川先生の学恩の深さに感謝申し上げるとともに，早川先生に本書をささげることをお許しいただきたい。

また，大学院当時のドイツ留学は，語学に四苦八苦しつつ短期間ではあったが，その期間中に世話役であったヘリベルト・ヒルテ教授（Prof. Dr. Heribert Hirte, LL.M. (Berkeley)）から，とくにケルンのご自宅への招待も受け，当時の研究テーマであった現物出資のアドバイスを受けたことは記憶に新しい。今，思い返すと，当時のさまざま経験が去来するが，これらの経験が筆者の土台になっていることを改めて実感している。今後の研究によって学恩に報いていきたい。

もちろん，逐一，掲げることはできずご容赦願いたいが，ご指導・アドバイスをいただいた他の多くの諸先生方にも深く感謝しつつ，微力ながら学界の発展に寄与できればと願っている。

最後に，出版状況が悪いなか，本書の出版にご配慮いただいた中央経済社の露本敦氏に厚く御礼申し上げたい。

索　　引

[さ行]

[た行]

[な行]

[は行]

[ま行]

[や行]

[ら行]

[わ行]

[英文・数字]

久保　寛展（くぼ・ひろのぶ）
1973年生まれ
1996年　京都産業大学法学部卒業
2000年　ドイツ学術交流会（DAAD）の奨学生としてドイツ・ハンブルク大学法学部に留学（2001年9月まで）
2003年　同志社大学大学院法学研究科博士後期課程修了　博士（法学）（同志社大学）
現在　福岡大学法学部教授

【主著】

『ドイツ現物出資法の展開』（成文堂・2005年）
『プリメール会社法〔新版〕』（共著）（法律文化社・2016年）
「ヨーロッパ資本市場同盟構想における中小企業の資金調達の多様化および簡易化措置」福岡大学法学論叢61巻4号1037頁（2017年）
『企業取引法』（共著）（中央経済社・2018年）
他

格付機関の役割と民事責任論
―EU法・ドイツ法の基本的視座

2019年3月1日　第1版第1刷発行

著　者　久　保　寛　展
発行者　山　本　　継
発行所　㈱　中　央　経　済　社
発売元　㈱中央経済グループパブリッシング

〒101-0051　東京都千代田区神田神保町1-31-2
電　話　03（3293）3371（編集代表）
03（3293）3381（営業代表）
http://www.chuokeizai.co.jp/
印刷／東光整版印刷㈱
製本／誠　製　本　㈱

ISBN978-4-502-29251-4　C3032